本书得到内蒙古自治区科技计划项目(加工专用型燕麦原粮标准化生产与精深加工技术研究,项目编号:2020GG0211)的支持

# 乌兰察布燕麦

王凤梧　主编

中国农业大学出版社
·北京·

## 内 容 简 介

本书主要内容包括燕麦概述、中国燕麦之都——乌兰察布、燕麦产区分布与重点旗县燕麦产业发展、燕麦主推品种介绍、燕麦栽培技术、燕麦文化与传统食品、产业愿景等。全书是对乌兰察布地区燕麦产业发展的回顾与总结，图文并茂地展现了科技工作者在长期科学实践中积累的丰硕成果。

**图书在版编目(CIP)数据**

乌兰察布燕麦 / 王凤梧主编 . --北京：中国农业大学出版社，2024. 8.

ISBN 978-7-5655-3275-7

Ⅰ. F326. 11

中国国家版本馆 CIP 数据核字第 2024YQ9496 号

**书　　名**　乌兰察布燕麦

Wulanchabu Yanmai

**作　　者**　王凤梧　主编

| | | | |
|---|---|---|---|
| **策划编辑** | 张　玉 | **责任编辑** | 张　玉 |
| **封面设计** | 中通世奥图文设计 | | |
| **出版发行** | 中国农业大学出版社 | | |
| **社　　址** | 北京市海淀区圆明园西路 2 号 | **邮政编码** | 100193 |
| **电　　话** | 发行部 010-62733489，1190 | 读者服务部 | 010-62732336 |
| | 编辑部 010-62732617，2618 | 出　版　部 | 010-62733440 |
| **网　　址** | http://www. caupress. cn | **E-mail** | cbsszs@cau. edu. cn |
| **经　　销** | 新华书店 | | |
| **印　　刷** | 河北虎彩印刷有限公司 | | |
| **版　　次** | 2024 年 11 月第 1 版　　2024 年 11 月第 1 次印刷 | | |
| **规　　格** | 170 mm×240 mm　　16 开本　　13 印张　　192 千字 | | |
| **定　　价** | 65.00 元 | | |

**图书如有质量问题本社发行部负责调换**

# 编 委 会


**主　编**　王凤梧

**副主编**　梅　雪　郑成忠　张子臻　徐振朋　王千军

**参　编**　王小明　王美玲　王维娟　王锦华　牛　洁

尹玉和　石　军　石　丽　卢继兵　兰云峰

吕永清　朱　伟　朱树萍　朱晓宙　邬秀芳

刘丽华　米俊珍　孙娟娟　李艳中　李　婷

李赛如　李燕兵　连　冰　吴凯龙　何竹青

张志芬　张利军　张建平　罗　茂　岳志霞

赵玉平　赵国宝　赵宝平　郝玉莲　柳树兴

高　利　高　峰　郭建军　黄文娟　康艳军

董利生　韩　冰　焦伟红　廉培勇　谭桂莲

# 前　言

燕麦是禾本科一年生草本植物，是很好的粮食作物、饲料饲草作物和功能性保健食品的原料作物，是世界公认的营养价值最高的谷物类作物之一。燕麦是一种低糖、高营养、高能食品。性味甘平，能益脾养心、敛汗；富含膳食纤维，能促进肠胃蠕动，利于排便；热量低，升糖指数低，具有降脂降糖的功效，也是高档补品之一。

3 000 多年前，中国已有裸燕麦的历史记载，晋冀蒙的阴山一带被认为是燕麦的起源地。乌兰察布地处阴山山脉，是世界公认的燕麦黄金生长带，史学界公认的燕麦正统发源地之一，也是我国最大的燕麦主产区。燕麦在乌兰察布已经有 2 000 多年的历史，是当地最有代表性的农作物之一。乌兰察布作为燕麦发源地之一，有流传久远的民谣，即“乌兰察布有三宝，莜面、山药、羊皮袄”。乌兰察布 70%以上的耕地是旱地，在干旱贫瘠的土地上，人们长期以来选择裸燕麦（莜麦）作为主要的粮食作物。

乌兰察布地处北纬 42°，东经 113°，海拔 1 500 m 的高原地区，年均气温 4 ℃，年日照时长平均可达 3 200 多小时，气候冷凉干燥，昼夜温差大，日照充足，干旱少雨但降水期集中，特别适宜耐瘠、耐寒、耐旱、喜光的裸燕麦生长，造就了乌兰察布燕麦独一无二的区域优势，被誉为“全球燕麦黄金产区”。尤其是阴山一带的燕麦全国知名，营养价值和品质俱佳，素有“阴山莜麦甲天下”的美誉。2016 年，“乌兰察布莜麦”被农业部登记为地理标志产品。这里当地出产的莜麦（裸燕麦）外观完整、大小均匀、颗粒饱满、光泽度好、病虫害少，品质国内领先。

近年来，在国家精准扶贫相关政策引导与市场需求双重驱动下，乌兰察布市燕麦产业呈现强劲发展势头。全市燕麦种植面积稳定在150万亩左右，面积和产量居全国地级市首位。现有集产品研发、加工、销售于一体的大型燕麦企业6家，从事加工销售的中小企业200多家，形成了引、育、繁、推、加、销、贮的产业链格局。乌兰察布今后将持续推动燕麦产业高质高效发展，带动更多农民增收致富，助力乡村振兴。

本书主要内容包括燕麦概述、中国燕麦之都——乌兰察布、燕麦产区分布与重点旗县燕麦产业发展、燕麦主推品种介绍、燕麦栽培技术、燕麦文化与传统食品、乌兰察布燕麦产业愿景等。全书是对乌兰察布地区燕麦产业发展的回顾与总结，图文并茂地展现了科技工作者在长期科学实践中积累的丰硕成果。

由于编者水平有限，加之时间仓促，书中如有疏漏之处，敬请广大读者和同行专家批评指正。

**编　者**

2023年11月

# 目　　录

# 第一章 燕麦概述

## 第一节 燕麦的起源与分布

### 一、燕麦的起源与分类

燕麦是禾本科燕麦属一年生草本植物，最早被视为一种杂草。迄今为止，世界公认的燕麦起源中心有四个：第一是大粒裸燕麦的起源地，中国华北北部及西部地区，且裸燕麦只起源于中国；第二是地中海北岸，分布着由野红燕麦演变而来的普通栽培燕麦、地中海燕麦和砂燕麦；第三是南亚伊朗高原一带；第四是非洲，是由野生种瓦维洛夫燕麦进化成的埃塞俄比亚燕麦的起源地。

依据燕麦外部形态特征，将籽粒成熟时，颖壳极易脱落的称为裸燕麦，俗称莜麦、铃铛麦、油麦等。它是粮饲兼用作物，其籽粒磨成面粉（称莜面）可供食用。我国主要栽培裸燕麦，大多食用，少量饲用。将燕麦籽粒成熟时，颖壳紧紧包着籽粒，不易脱落的称为皮燕麦。

目前燕麦属共有 25 个种，其中栽培种有 5 个，分别是六倍体种地中海燕麦、六倍体种普通栽培燕麦、四倍体种埃塞俄比亚燕麦、二倍体种砂燕麦和六倍体种大粒裸燕麦，其余 20 个种均为野生种。其中皮燕麦品种有 23 个，裸燕麦品种有 2 个，经过人工驯化，在生产上大面积种植的只有 2～3 个种，裸燕麦中的大粒裸燕麦和皮燕麦中的普通栽培燕麦，其次是东方燕麦和地中海燕麦。

## 二、燕麦的传播

### (一)燕麦在世界的传播

考古学家认为燕麦植株在史前文明中已经存在,其生长在黍、粟、小麦、大麦等粮食旁边,被认作是一种杂草,之后跟随着二粒小麦和大麦的生产而传播。随着社会生产力的进步,人类对食品的需求、牲畜和战马对饲料的需求、气候的变化等原因,人们开始驯化野燕麦并推广种植,经过长期的演化和驯化,燕麦体现出了与其他禾谷类作物的不同之处,它对寒冷气候和瘠薄土壤具有极强的适应性,由此逐渐演变成为一种独立的栽培作物。

对于皮燕麦在世界的传播,目前有两种说法,一种说法是燕麦作为军马饲料和贫民粮食由黑海北岸传入德国的莱茵地区,之后作为栽培作物从德国传到了希腊和罗马。另一种说法是在公元前 2200 年—公元前 1300 年(欧洲的青铜器时代),燕麦经小亚细亚传到欧洲,欧洲开始大面积栽培种植皮燕麦,并逐渐发展出了几个重要产区。公元前一世纪时,罗马科学家普林尼(Pliny)曾记述,日耳曼民族把燕麦作为饲料和医药,在荒年时也会被人们做成燕麦粥食用。考古学家发现在公元前 600 年左右(铁器时代)燕麦在不列颠地区仍被视为一种杂草,当时驯化燕麦的可能性不大,认为燕麦是中世纪前进入英国的,约在 1600 年前在西欧固定下来。1602 年随移民移居,燕麦被带到了美国栽培,而后逐渐传播到加拿大。

1926 年,著名的植物学家瓦维洛夫认为中国是裸燕麦的起源及多样化中心。1981 年,中国农业科学院作物品种资源考察队在中国西藏自治区山南、昌都地区采集到了半皮半裸的裸燕麦野生种,这一事实有力地证明了裸燕麦起源于我国,是由普通的野燕麦演化驯化而来的。最终我国科学家通过对文字与古籍的考证、种质资源与野生燕麦标本的分析,认为裸燕麦起源于中国的华北北部和西北地区,山西和内蒙古交界地区靠近山西一带为裸燕麦的多样性富集中心和起源地。据山西省志记载,从唐代开始,裸燕麦从内蒙古自治区、新疆维吾尔自治区、西藏自治区等地被引种到南美和北美等地区。到了元朝初期,成吉思汗及其子孙征战欧洲时又将裸燕麦传到西方国家，有文字记载“成吉思汗横跨欧亚大陆，人吃马喂，靠的就是莜麦”。16 世纪中期，英国就有了裸燕麦种植的记载。名为“Chinese”的燕麦在 19 世纪上半叶被首次引入到美国。1903 年加拿大为了饲喂牲畜和生产谷物，利用引进的中国裸燕麦作为杂交亲本与加拿大燕麦杂交，选育出了新品种。自此，裸燕麦在世界几大燕麦主产地区均有分布。当代裸燕麦品种多来自 19 世纪及 20 世纪初期从中国西藏及俄罗斯的高海拔地区收集的种质资源。随后，与此种质极为相似的大量种质被陆续引进。

## (二)燕麦在中国的传播

我国作为裸燕麦的发源地，具有悠久的燕麦栽培历史。裸燕麦在我国又称为莜麦，“莜”在我国的多种字典中都只有一个意思，即莜麦。从其名称和文字的记载与起源上看，裸燕麦在我国殷商时期就有种植，距今 3 000 多年。战国时期到两汉之间成书的《尔雅·释草》中首次提到“蘥”，即雀麦(燕麦)。西汉著名史学家司马迁在《史记·司马相如列传》所引《子虚赋》中写有：“其高燥则生葴菥苞荔，薛莎青薠。”意思为，那高峻干燥的地方，生长着马蓝、形似燕麦的草，还有苞草、荔草、艾蒿、莎草及青薠。其中“菥”，按孟康(三国)的注释：“菥，禾，似燕麦”，可见燕麦在当时已经是一种区别于杂草的独立栽培作物，因此可以判断我国燕麦的种植至少已有 2 200 多年的历史。东汉许慎著的《说文解字》中对蘥的解释为：(蘥)爵麦也，见释艸，爵当依今释艸作雀。《唐书·吐蕃传》中记载，在所谓“秦陇巴西”的高寒地区，如松潘草原和青藏高原也都早已栽种青稞麦，即裸燕麦。李时珍〔明〕的《本草纲目》、朱橚〔明〕的《救荒本草》、李维祯〔明〕的《山西通志》中均有燕麦的记载，徐光启〔明〕所著的《农政全书》里更是提道：“生于荒野林下，今处处有之”，这说明明朝时燕麦在中国的栽培面积已经非常可观了。

在公元前 9 世纪左右，裸燕麦由山西省五寨县传入内蒙古，逐步普及到我国北方其他地区的山区、丘陵和农牧地区。

## 三、燕麦的分布

### (一)世界燕麦的分布

燕麦含有丰富的蛋白质(25%～30%)、膳食纤维,适口性好,适应性强,其茎叶可制成干草和草粉,籽粒可作为粮食,秸秆可作为饲料、饲草来喂养家畜,是一种粮饲兼用的经济作物,是世界八大粮食作物之一,还具有极好的营养保健功能。燕麦属中物种众多,分布十分广泛,但物种最丰富的地区主要分布于北纬 25°～45°,西经 20°至东经 90°,从加那利群岛延伸至地中海盆地,再从中东地区延伸到喜马拉雅山脉,其分布于世界五大洲 76 个国家,俄罗斯、美国、欧盟、澳大利亚等国的燕麦产业更是当地的主要农业产业之一。

据美国农业部的统计,2015—2020 年全球燕麦种植面积均在 950 万 $hm^2$ 以上,截至 2020 年 3 月,全球燕麦种植面积约为 957.6 万 $hm^2$,总产量达 2 296.2 万 t。2016—2020 年间全球燕麦种植、加工、贸易、消费情况均较为稳定(表 1-1)。

表 1-1 全球燕麦种植、加工、贸易、消费情况

| 项目 | 2016 | 2017 | 2018 | 2019 | 2020 |
|---|---|---|---|---|---|
| 收获面积/万 $hm^2$ | 964.2 | 989.4 | 986.9 | 999.1 | 957.6 |
| 期初库存/万 t | 308.6 | 318.0 | 332.3 | 299.2 | 210.4 |
| 总产量/万 t | 2 225.4 | 2 439.0 | 2 365.3 | 2 224.8 | 2 296.2 |
| 进口量/万 t | 224.7 | 218.9 | 239.7 | 210.2 | 232.4 |
| 总供给量/万 t | 2 758.7 | 2 980.5 | 2 932.9 | 2 747.4 | 2 738.5 |
| 出口量/万 t | 238.9 | 231.2 | 248.5 | 226.6 | 251.8 |
| 饲用及其他/万 t | 1 574.4 | 1 725.0 | 1 673.8 | 1 601.7 | 1 548.4 |
| 食品、种子、工业消费量/万 t | 640.8 | 680.5 | 706.1 | 704.3 | 720.5 |
| 总消费量/万 t | 2 215.2 | 2 405.5 | 2 384.4 | 2 306.0 | 2 268.9 |
| 单产/($t/hm^2$) | 2.31 | 2.47 | 2.4 | 2.23 | 2.4 |

注:数据来源于美国农业部。

根据美国农业部提供的数据来看(表 1-2),欧盟连续 5 年燕麦产量

排名第一位，俄罗斯、加拿大、澳大利亚、美国在这 5 年中分别排在第 2～5 名，截至 2020 年欧盟和以上 4 个国家的总产量为 1 835.9 万 t，占了全球产量的 79.95%。2020 年度世界燕麦产量排名前 10 位的为欧盟(807.9 万 t)、俄罗斯(442.0 万 t)、加拿大(422.7 万 t)、巴西(87.9 万 t)、澳大利亚(86.0 万 t)、美国(77.3 万 t)、中国(62.5 万 t)、阿根廷(60.0 万 t)、智利(47.7 万 t)、乌克兰(42.7 万 t)。

**表 1-2 燕麦主产地产量** 万 t

| 地区 | 2016 | 2017 | 2018 | 2019 | 2020 |
|---|---|---|---|---|---|
| 欧盟 | 764 | 804.4 | 805.8 | 779.0 | 807.9 |
| 俄罗斯 | 455 | 475.0 | 544.8 | 471.5 | 442.0 |
| 加拿大 | 343 | 323.1 | 373.3 | 343.6 | 422.7 |
| 澳大利亚 | 130 | 226.6 | 122.7 | 113.5 | 86.0 |
| 美国 | 130 | 93.8 | 72.0 | 81.5 | 77.3 |
| 巴西 | 35 | 82.8 | 63.4 | 79.5 | 87.9 |
| 中国 | 60 | 52.5 | 55.0 | 57.5 | 62.5 |
| 阿根廷 | 48.5 | 78.5 | 49.2 | 57.2 | 60.0 |
| 智利 | 47 | 71.3 | 57.1 | 38.5 | 47.7 |
| 乌克兰 | 49 | 51.0 | 48.1 | 42.3 | 42.7 |
| 白俄罗斯 | 40 | 39.0 | 46.0 | 34.2 | 36.8 |
| 哈萨克斯坦 | 24.4 | 33.5 | 28.5 | 33.6 | 26.7 |
| 挪威 | 23.6 | 35.9 | 28.3 | 14.4 | 30.0 |
| 土耳其 | 21 | 22.5 | 25.0 | 23.0 | 23.0 |
| 阿尔及利亚 | 11 | 11.0 | 11.0 | 11.0 | 11.0 |
| 墨西哥 | 9 | 7.1 | 7.2 | 10.3 | 9.9 |

注：数据来源于美国农业部。

## (二)我国燕麦的分布

从 2017—2020 年我国燕麦种植面积与总产量逐年增加，截至 2020 年，我国燕麦收获面积为 52.5 万 $hm^2$，总产量达 62.5 万 t，总供给量为 101.7 万 t(表 1-3)。我国是裸燕麦的原产地，目前，我国裸燕麦的种植面积约占燕麦总种植面积的 92%，主要集中在河北、山西、内蒙古地区。青海、新疆等地主要种植皮燕麦，以饲草为主。

表 1-3　中国燕麦种植、加工、贸易、消费情况

| 项目 | 2017 | 2018 | 2019 | 2020 |
|---|---|---|---|---|
| 收获面积/万 $hm^2$ | 45.0 | 47.5 | 50.0 | 52.5 |
| 总产量/万 t | 52.5 | 55.0 | 57.5 | 62.5 |
| 进口量/万 t | 27.8 | 38.9 | 22.4 | 22.2 |
| 总供给量/万 t | 86.2 | 109.1 | 104.0 | 101.7 |
| 饲用及其他/万 t | 45.0 | 55.0 | 55.0 | 52.0 |
| 食品、种子、工业消费量/万 t | 26.0 | 30.0 | 32.0 | 35.0 |
| 总消费量/万 t | 71.0 | 85.0 | 87.0 | 87.0 |
| 单产/($t/hm^2$) | 1.17 | 1.16 | 1.15 | 1.19 |

注：数据来源于美国农业部。

裸燕麦在我国的栽培种植历史较长，分布区域也较为广阔。由于地区间的气候条件、土壤条件和农业条件都相差较大，因此，中国裸燕麦经长期的自然选择和人工选择形成了比较丰富的种质资源和差异显著的生态类型。目前我国主要有四大燕麦种植地区：第一是我国华北地区的山西、河北、内蒙古，占全国燕麦种植面积的 70%；第二是我国西北地区的陕西、甘肃、宁夏、青海、新疆，占全国燕麦种植面积的 20%；第三是我国西南地区的云南、贵州、四川，占全国燕麦种植面积的 5%；第四是西藏、黑龙江、吉林、安徽、湖北等燕麦产区，占全国燕麦种植面积的 5%。

# 第二节　燕麦的育种进展

## 一、燕麦种质资源

燕麦种质资源是燕麦生产者世世代代流传下来的宝贵财富，据联合国粮食及农业组织（FAQ，2010）统计（表 1-4），在全世界范围内收集了约 13 万份燕麦种质资源，分别保存在 100 多个基因库，在保存的燕麦材料类型方面，野生材料占 24%，地方品种占 14%，育种品系占 13%，育成品种占 12%，其他品种占 37%。

多年来，世界各国对收集的燕麦资源开展了不同程度的鉴定和评价研究，目前，已经陆续发现了多种优异的燕麦种质资源，包括抗病资源和高蛋白优质资源等，具体简介如下。

### （一）抗病资源

不同倍性的野生种对病害的敏感度不同，二倍体种易感冠锈病，四倍体种通常抗冠锈病但不抗秆锈病。在西班牙、意大利、希腊、土耳其、以色列、叙利亚、伊朗、伊拉克、突尼斯、阿尔及利亚、埃塞俄比亚和摩洛哥等地收集的燕麦资源中，均发现了备受关注的抗病材料。细燕麦抗白粉病、秆锈病和冠锈病，多年生异化授粉种大穗燕麦抗寒及高抗秆锈病、冠锈病、大麦黄矮病和蚜虫。现代育种技术已能成功克服杂交不融合的问题，已有很多从砂燕麦、小硬毛燕麦和细燕麦向六倍体种转育抗病基因的例子。

**表 1-4　世界燕麦种质资源保存情况**　　%

| 保存国家 | 保存材料 | | | 材料类型 | | | |
|---|---|---|---|---|---|---|---|
| | 份数 | 百分比 | 野生种 | 地方品种 | 育种品系 | 育成品种 | 其他 |
| 加拿大 | 27 676 | 21 | 55 | 12 | 20 | 12 | 1 |
| 美国 | 21 195 | 16 | 49 | 14 | 24 | 13 | |
| 俄罗斯 | 11 857 | 9 | 19 | 41 | <1 | 1 | 39 |
| 德国 | 4 799 | 4 | 15 | 33 | 9 | 38 | 4 |
| 肯尼亚 | 4 197 | 3 | <1 | | | | 100 |
| 澳大利亚 | 3 674 | 3 | | | <1 | <1 | 99 |
| 中国 | 3 357 | 3 | | | | | 100 |
| 英国 | 2 598 | 2 | <1 | 17 | 22 | 53 | 8 |
| 波兰 | 2 328 | 2 | <1 | 5 | 44 | 482 | 3 |
| 保加利亚 | 2 311 | 2 | <1 | 1 | 6 | | 91 |
| 摩洛哥 | 2 133 | 2 | | <1 | | | 100 |
| 捷克 | 2 011 | 2 | | 3 | 1 | 53 | 42 |
| 以色列 | 1 604 | 1 | 100 | | | | |
| 日本 | 1 540 | 1 | | 2 | 6 | | 92 |
| 法国 | 1 504 | 1 | | | | | 100 |

续表1-4

| 保存国家 | 保存材料 | | | 材料类型 | | | |
|---|---|---|---|---|---|---|---|
| | 份数 | 百分比 | 野生种 | 地方品种 | 育种品系 | 育成品种 | 其他 |
| 西班牙 | 1 318 | 1 | ＜1 | 97 | | 1 | 1 |
| 匈牙利 | 1 301 | 1 | ＜1 | 6 | | 8 | 86 |
| 阿根廷 | 1 287 | 1 | | | 100 | | |
| 秘鲁 | 1 200 | 1 | | | | | 100 |
| 印度 | 1 125 | 1 | 1 | | | | 100 |
| 其他国家 | 31 638 | 24 | 24 | 12 | 7 | 13 | 66 |
| 总计 | 130 653 | 100 | 24 | 14 | 13 | 12 | 37 |

### (二)优质资源

燕麦野生种中有几种被证实不仅是抗性基因来源，也是重要品质特性的来源。大多数野生燕麦的蛋白质和脂肪含量比栽培种高，最引人关注的是从西班牙南部和摩洛哥采集到的大燕麦和墨菲燕麦，不但籽粒蛋白质含量高，而且千粒重也高，种皮中蛋白含量高达25%～30%，赖氨酸和脂肪含量也很高；野生种大西洋燕麦、大马士革燕麦和小硬毛燕麦的$\beta$-葡聚糖含量高；六倍体野生种野红燕麦已经成功用于育种，野红燕麦的一些特性在燕麦育种中非常重要，其籽粒大，蛋白质含量达25%，具有平衡的氨基酸组成，脂肪含量达10%，$\beta$-葡聚糖含量达6%，同时抗寒、抗锈病、抗白粉病、抗黑穗病及抗线虫。种子千粒重较高的材料主要来自意大利、伊朗、西西里、突尼斯和阿尔及利亚，蛋白质含量高的材料来自伊拉克、利比亚、意大利、伊朗、叙利亚和埃塞俄比亚，脂肪含量高的材料分别来自以色列、埃塞俄比亚、阿尔及利亚、摩洛哥和突尼斯；此外，还有更多适于加工生产的优质品种也陆续出现在人们的视野中。

## 二、我国燕麦育种进展

我国燕麦育种工作起步较晚，1940年，金陵大学农学院郝钦铭先生编撰了《作物育种学》，其中一章记录了燕麦，但有关燕麦育种与遗传的内容，均参考国外。据查证，我国燕麦的育种工作于1950年后开始。

1951年，河北省农林科学院张家口分院（原河北省张北农事试验场）开展了裸燕麦品种比较的实验，之后山西省农业科学院高寒研究所（山西省原雁北专属农场）、内蒙古农牧科学院（原内蒙古农业科学研究所）等单位也陆续开展燕麦的育种工作，又渐渐发展到甘肃、宁夏、青海、吉林等地。全国农作物品种资源征集有两次大规模的活动，第一次就是在20世纪50年代。第二次在20世纪50年代末，中国农业科学院作物研究所从21个国家（苏联、丹麦、加拿大、法国、瑞典、匈牙利、蒙古、日本等）引入燕麦资源486份。

20世纪60年代初，内蒙古、河北、山西等裸燕麦种植主产区的科研单位增设了裸燕麦科学研究试验室，开始组织裸燕麦的区域试验。60年代中期，我国开始燕麦杂交育种工作，但只进行裸燕麦品种间的杂交育种，通过品种间或种间的有性杂交，历经10年，选育出了一批新品种，如山西省高寒作物研究所育成的晋燕1号（雁红1号）、河北省高寒作物研究所育成的冀张莜1号（578）等。截止到1966年，我国共拥有燕麦资源1 497份。

20世纪70年代，我国燕麦的育种研究得到了空前的发展，在裸燕麦品种间杂交的基础上，开展了皮燕麦和裸燕麦之间的杂交，特别是在内蒙古自治区、河北省、山西省等地迅速展开，并成为当时我国燕麦育种的主要技术方法。通过近20年的努力，我国育种工作者们在不同的环境条件下，有针对性地培育出一批高产的新品种，如适宜高水肥地种植的晋738-64-2，适宜旱滩或水滩地种植的晋燕7号等。1973年，中国农业科学院又陆续引入200余份燕麦资源。

20世纪70年代末至80年代初，我国开展了第二次全国农作物品种资源大规模征集活动。80年代起我国育种工作者开始了单倍体育种研究。1981年，中国农业科学院作物品种资源考察队在我国西藏自治区山南、昌都地区新发现170份燕麦品种资源，其中普通野燕麦161份、异燕麦属西南燕麦种5份、野生近缘植物扁芒草4份。从20世纪70年代中期至80年代中期，全国各地育种单位进行的第一次大合作，我国燕麦选育品种出现了第一次高峰期，共选育出了 22 个新品种。

20 世纪 90 年代我国开始了四、六倍体燕麦间的杂交。1994 年，山西省农业科学院崔林研究员发现了我国首例燕麦雄性不育材料 CA 基因，利用 CA 雄性不育新种质，建立了遗传基础丰富的轮回选择群体，可供多种育种目标选用。1996 年张家口市农科院在裸燕麦田中发现单基因显性核不育材料 ZY 基因，通过核不育手段结合远缘杂交育种培育出冀张莜 11 号、冀张莜 12 号、冀张燕 1 号和冀张燕 2 号等新品种。到了 20 世纪 90 年代中期时，我国燕麦品种间杂交育种技术不断成熟，各育种单位利用燕麦的地方品种，采用引进选育、系统育种、品种间杂交等多种方式，共选育出了 38 个新品种。在 1980 年和 1996 年，我国育种工作者先后编写了燕麦品种资源目录，共计编入目录资源 2 978 份，其中裸燕麦 1 699 份(国内 1 663 份，国外 36 份)，皮燕麦 1 278 份(国内 309 份，国外 969 份)，野燕麦 1 份。从国外 26 个国家中共引进燕麦资源 1 005 份，引入燕麦资源较多的份数国家为丹麦(502 份)、加拿大(103 份)、苏联(84 份)、美国(63 份)和匈牙利(52 份)。

1998 年以来，在我国农业部“948”燕麦重大项目、国家燕麦荞麦产业技术体系建设等项目的支持及国内科研单位与多个国家(加拿大、俄罗斯、美国、澳大利亚、挪威、瑞典、芬兰等)的合作研究下，带动了全国燕麦新品种的选育和进一步推广，燕麦各科研单位形成了第二次合作，我国出现了第二次燕麦品种选育高峰期。我国育种科学家们根据不同环境气候条件培育出 4 种不同熟期的品种，分别为双季极早熟品种(4 个)、避旱早熟品种(9 个)、抗倒中熟品种(7 个)和抗旱晚熟品种(6 个)；并根据燕麦产品生产加工的需求不同，培育出 6 类不同加工用途的新品种，有大众化磨粉专用品种(8 个)、高蛋白加工专用品种(8 个)、高 $\beta$-葡聚糖加工专用品种(2 个)、大粒型燕麦片加工专用品种(4 个)，燕麦米加工专用品种(6 个)、燕麦饲料饲草专用品种(11 个)，1998—2014 年，我国燕麦团队选育并通过审(认)定的燕麦品种数为 60 个，占 1949 年以来育成燕麦品种数的 60%以上，中裸燕麦品种 48 个，皮燕麦品种 12 个。仅用 16 年时间，不仅解决了燕麦四倍体和六倍体杂交不育、倒伏、病害等的难题，还使我国燕麦生产实现了两个翻一番：燕麦种植面积由 33.3 万 $hm^2$ 左右增加到 70 多万 $hm^2$；全国平均亩产从 75 kg 增加到 150 kg。

2010 年，我国已编入资源库的燕麦种质资源达到 3 202 份之多，其中 2 187 份产自于我国（其中大粒裸燕麦 1 901 份，占总数的 86.9%），国外引进种植资源达 1 015 份，而且据不完全统计，有 800 份左右还未编入库。到 2012 年时，我国保存在国家作物种质库的燕麦品种资源有 3 488 份，包括国内燕麦品种资源 2 404 份，国外燕麦品种资源 1 082 份，裸燕麦 2 033 份，皮燕麦 1 455 份。截至 2016 年，我国拥有燕麦种质资源共 5 282 份，居世界各国第 5 位。从国外引进燕麦种质资源共计 2 099 份，包括 29 个物种，这些种质资源引自 28 个国家，其中引进资源较多的国家有加拿大（1 041 份）、丹麦（502 份）、匈牙利（52 份）、苏联和俄罗斯（84 份）、美国（64 份）和澳大利亚（24 份）。与此同时，引进物种 29 个，中国成为世界上拥有燕麦物种资源最多的 3 个国家（加拿大、俄罗斯、中国）之一。

# 第三节 燕麦的价值与发展前景

## 一、燕麦的价值

燕麦是一种重要的杂粮，也是药食同源的作物，不仅能供人食用，还能用作饲草。燕麦是一种低糖、高营养、高能食品，性味甘平，能益脾养心、敛汗，有较高的营养价值。体虚自汗、盗汗或肺结核病人可用燕麦煎汤服，或舂去皮做燕面蒸食或做饼食用。燕麦富含膳食纤维，有利于促进肠胃蠕动和排便，能有效降低血脂和控制血糖升高。燕麦还具有抗细菌、抗氧化的功效，能够增强人体免疫力。

### （一）营养价值

随着人民群众生活水平的提高，肉类摄入增加，米面谷类加工精细，食物中膳食纤维素缺乏，容易造成超重和肥胖，还易引发“三高”（高血脂、高血压、高血糖)疾病。据世界卫生组织调查表明,由高血压、高血脂和高血糖导致的心血管疾病已成为影响人类健康的头号杀手。现代医学证实燕麦是一种含有丰富膳食纤维,具有降血脂、降血压、抗氧化等多种功效的食品。研究燕麦降血脂和降血压机理,并从中分离提取有价值的成分加工成功能食品,是目前营养学关注的热点之一。燕麦可作为今后预防和治疗高血脂、动脉粥样硬化、冠心病等主要心血管疾病的一种较为理想的药物原料。

中国医学科学院卫生研究所综合分析表明,我国裸燕麦蛋白质含量在禾谷类作物中居首位,粗蛋白质含量达 15.6%,脂肪含量达 8.5%。燕麦是氨基酸较为平衡的谷物,氨基酸组成比较全面,特别是有助于增进智力和骨骼发育的赖氨酸含量每 100 g 高达 680 mg。常吃燕麦食品能改善由于长期食用精加工粮食导致的赖氨酸缺乏症。

燕麦中水溶性膳食纤维、硒和维生素 E 的含量丰富,还含有谷类食粮中缺少的皂苷(人参的主要成分)。硒有助于增强人体免疫力,具有防癌、抗癌、抗衰老等作用,燕麦中硒的含量是大米的 34.8 倍,小麦粉的 3.7 倍,玉米的 7.9 倍,居谷物之首。燕麦中水溶性膳食纤维分别是小麦和玉米的 4.7 倍和 7.7 倍。每 100 g 燕麦粉中维生素 E 含量高达 15 mg,有利于末梢血管的扩张,可以改善血液循环,减轻更年期症状。燕麦富含锌能促进伤口愈合,含丰富的核黄素、磺胺素、叶酸等 B 族维生素,有利于保护神经系统,具有抗炎、消除肌肉疼痛并增强免疫力的作用。燕麦中含有的纤维、磷、钾、铁、泛酸和微量铜,不仅能够降低胆固醇,对脂肪肝、糖尿病、便秘等也有辅助疗效。

燕麦常和其他食物搭配食用,比如燕麦与牛奶同食,有利于蛋白质、膳食纤维、维生素及多种微量元素的吸收。燕麦与山药同食有助于延年益寿,是糖尿病、高血压、高血脂患者的食疗佳肴。燕麦与南瓜同食,可以益肝和胃,润肠通便,降血压、降血脂。

### (二) 食用价值

燕麦在杂粮消费中占很大比例,燕麦中富含膳食纤维,能大量吸收人体内的胆固醇并将其排出体外。此外，燕麦吃了易饱耐饥，有助于控制食欲，延缓胃的排空，是不可多得的天然减重食物。

燕麦的吃法很多，常见的有搓成长条的莜面“鱼鱼”；推成刨花状的“猫耳朵窝窝”；用莜面和熟山药泥混合制成的“山药饼”；燕麦包野菜的“菜角”；也有直接将燕麦炒熟加糖或加盐而成的“炒面”，炒面可以干吃也可以用水调成糊状喝；将生山药蛋磨成糊状和莜面挂成丝丝的“圪蛋子”；用熟山药和燕麦拌成小块状再炒制成的“谷垒”；小米粥煮拨鱼鱼的“鱼钻沙”等。

## （三）饲用价值

燕麦籽实含有大量易消化、高热量的营养物质，蛋白质、脂肪、维生素、矿物元素和纤维素五大指标，居小麦、玉米、水稻、大麦、高粱以及糜子之首，是马、牛、羊的良好精料，也是饲养幼畜、老畜、病畜和重役畜以及鸡、猪等家畜家禽的优质饲料。燕麦籽实中还含有较高含量的$\beta$-葡聚糖和抗氧化成分，而$\beta$-葡聚糖能促进动物肠道中的双歧杆菌和乳酸杆菌增殖，抑制大肠埃希菌繁殖，改善肠道健康。

燕麦草中可消化纤维、可溶性碳水化合物和过瘤胃的蛋白含量高，部分燕麦草由于含糖量高，有“甜干草”的美誉。燕麦的青刈茎叶较其他麦类作物茎叶更富于营养，嫩而多汁，青饲或调制干草都适宜，并且燕麦草适口性好、消化率高，能和豆科牧草豌豆或箭筈豌豆混播。燕麦麸皮对于猪等杂食动物来说也是较好的纤维性饲料原料。

## （四）药用价值

燕麦含高蛋白质、低糖，是糖尿病人的优选食品，长期食用燕麦有利于糖尿病和肥胖的控制。燕麦中含量丰富的亚油酸可降低胆固醇在心血管中的积累，有助于降血脂、降血压，防治心脏疾病。动脉粥样硬化性冠心病患者经常食用燕麦，有利于降低胆固醇和甘油三酯，对于因肝病变、肾病变、糖尿病以及脂肪肝等引起的继发性高脂血症也有一定改善。此外，燕麦还用于产妇催乳、婴儿发育不良以及老年体弱症，还可用来治疗皮肤干燥和瘙痒。

### (五)美容价值

燕麦中含有燕麦蛋白、燕麦肽、β-葡聚糖和燕麦油等成分，具有抗氧化功效，还有增加肌肤活性、延缓肌肤衰老、美白保湿、减少皱纹色斑以及抗过敏等功效。美国、日本、韩国、加拿大、法国等国家称燕麦为“家庭医生”“植物黄金”和“天然美容师”。考古专家发现古代埃及后妃们有用燕麦水洗浴的习惯，也会用燕麦米煮粥的汤汁直接敷在脸上。

除此之外，燕麦在造纸、药品、纺织、塑料、滑石粉和工业能源等领域也有一定作用，不过所占市场份额不大。

## 二、燕麦的发展前景

### (一)燕麦产业的发展

中国种植燕麦已有三千多年历史，是裸燕麦的发源地。燕麦种植优势区域相对集中，据国家燕麦荞麦产业技术体系统计，2021 年我国燕麦种植面积是 85 万 $hm^2$ 左右(其中籽粒燕麦 43 万 $hm^2$，饲草燕麦 42 万 $hm^2$)，收获燕麦籽粒 68.69 万 t，收获燕麦饲草 306.19 万 t，总体上呈逐年上升趋势。与燕麦产业发达的国家和地区相比，我国燕麦产业面临工业化程度低、高新技术应用比率小、高附加值产品较少以及种植粗放等问题。随着人们对燕麦中多种营养成分以及保健功效的认识不断增加，燕麦产品近年来消费量增长幅度较大，以燕麦为原料的食品、医药和化妆品等深加工业发展前景良好，也进一步推动了中国燕麦产业发展，在优化农业机构、改善居民健康营养状况等方面取得了一定成效。

任长忠等在《中国燕麦荞麦产业“十三五”发展报告(2016—2020)》中指出，中国是世界第六大燕麦生产国家，根据国家燕麦荞麦产业技术体系调研结果，燕麦在粮谷类作物种植面积中居第六位，次于小麦、玉米、水稻、大麦、高粱。根据美国农业部数据，我国燕麦种植面积和总产量均稳定在 80 万 $hm^2$ 和 85 万 t。

内蒙古燕麦科研成果积累较多，尤其是燕麦育种研究处于全国领先地位，不过科技成果的应用转化存在推广普及率不高、品种更新换代慢、优良品种覆盖率低等问题。内蒙古燕麦加工利用起步较早，虽然产品种类逐步丰富，生产规模不断壮大，但产业链之间发展不协调，总体上仍处于起步阶段。近年来乌兰察布市积极搭建产学研合作平台，推动了内蒙古燕麦产业健康稳步发展。燕麦根系发达，在贫瘠土壤上也能生长，可以防止水土流失和沙漠化，能够有效保护生态环境。通过培育新品种、发展精准农业以及充分利用燕麦生物适应能力等途径，在不与其他农作物争地的情况下，也能扩大燕麦生产。

乌兰察布市燕麦发展近年来呈现增长势头，2009—2022 年生产数据见表 1-5。

由表 1-5 数据看出，燕麦种植面积从 2009 年到 2016 年持续增长，在 2017 年略有降低，2018 年和 2019 年均有一定程度的降低，2020 年到 2022 年逐年增加。如图 1-1 所示。

### (二)燕麦新产品的开发研究

随着居民营养知识的普及，饮食结构不断调整，对燕麦的认知度不断提高。燕麦除了作为传统食品活跃在餐桌上，更是以多种形态展现在大众面前。除了常见的普通燕麦粉，市面上出现了越来越多的燕麦全粉、燕麦精粉、燕麦麸皮以及石磨燕麦粉等。不光有普通燕麦米，还有整粒型、破皮型、切断型等多种燕麦米。燕麦片被消费者接受度高，回购率高，消费量逐年上升，加工技术较为成熟，能够形成规模生产。目前主要有全燕麦片、复合燕麦片、快熟燕麦片、即食燕麦片等种类。

燕麦不仅仅以燕麦面、燕麦米和燕麦片的形式出现在大众视野，现在还有更多的燕麦产品悄然进入人们的生活中，如燕麦乳、燕麦浓浆、燕麦速溶冲调粉等燕麦冲调食品，还有些作为休闲食品出现在市场上，如燕麦冷冲调食品、燕麦糊、燕麦酥、燕麦速溶冲调粉、燕麦超微粉等。

**表 1-5　2009—2022 年旗县粮食作物及燕麦种植面积**

| 年份 | 作物 | 合计 | 集宁区 | 卓资县 | 化德县 | 商都县 | 兴和县 | 凉城县 | 察右前旗 | 察右中旗 | 察右后旗 | 四子王旗 | 丰镇市 |
|---|---|---|---|---|---|---|---|---|---|---|---|---|---|
| 2009 | 粮食面积(亩) | 7 051 734 | 50 850 | 503 083 | 535 495 | 922 700 | 699 890 | 792 542 | 386 105 | 867 090 | 576 735 | 1 058 780 | 658 464 |
| | 燕麦面积(亩) | 138 480 | 0 | 2 310 | 20 400 | 55 890 | 29 805 | 7 005 | 4 425 | 4 995 | 11 550 | 0 | 2 100 |
| 2010 | 粮食面积(亩) | 7 262 127 | 54 180 | 523 225 | 530 415 | 845 887 | 828 005 | 826 926 | 427 995 | 893 340 | 554 000 | 1 094 690 | 683 464 |
| | 燕麦面积(亩) | 157 370 | 2 250 | 14 580 | 13 500 | 74 900 | 11 505 | 1 965 | 15 000 | 13 590 | 4 995 | 1 935 | 3 150 |
| 2011 | 粮食面积(亩) | 7 215 784 | 52 995 | 503 790 | 553 500 | 828 279 | 824 782 | 801 858 | 419 595 | 930 495 | 533 490 | 1 107 000 | 660 000 |
| | 燕麦面积(亩) | 166 715 | 0 | 14 295 | 12 720 | 53 360 | 30 000 | 3 630 | 21 150 | 25 710 | 1 005 | 1 695 | 3 150 |
| 2012 | 粮食面积(亩) | 7 412 895 | 56 435 | 541 325 | 578 424 | 838 233 | 842 602 | 846 253 | 431 995 | 941 481 | 549 140 | 1 110 214 | 676 793 |
| | 燕麦面积(亩) | 227 490 | 600 | 38 450 | 29 020 | 57 230 | 32 680 | 14 440 | 15 805 | 31 810 | 675 | 900 | 5 880 |
| 2013 | 粮食面积(亩) | 7 506 354 | 55 410 | 547 977 | 581 010 | 882 687 | 857 779 | 829 427 | 442 795 | 989 280 | 555 905 | 1 081 010 | 683 074 |
| | 燕麦面积(亩) | 330 985 | 3 000 | 89 525 | 44 000 | 57 405 | 33 400 | 20 415 | 39 795 | 37 625 | 330 | 1 500 | 3 990 |
| 2014 | 粮食面积(亩) | 7 484 979 | 69 100 | 503 675 | 583 800 | 947 420 | 803 730 | 800 981 | 505 405 | 1 006 557 | 541 695 | 1 044 803 | 677 813 |
| | 燕麦面积(亩) | 554 250 | 12 400 | 88 820 | 80 000 | 96 410 | 41 450 | 41 770 | 82 005 | 50 735 | 20 660 | 20 000 | 20 000 |
| 2015 | 粮食面积(亩) | 7 647 608 | 70 210 | 500 825 | 622 822 | 925 690 | 845 495 | 801 602 | 529 611 | 1 021 609 | 563 729 | 1 080 245 | 685 770 |
| | 燕麦面积(亩) | 662 606 | 12 460 | 65 460 | 112 621 | 149 965 | 52 500 | 31 510 | 75 495 | 15 210 | 51 910 | 50 795 | 44 680 |

续表 1-5

| 年份 | 作物 | 合计 | 集宁区 | 卓资县 | 化德县 | 商都县 | 兴和县 | 凉城县 | 察右前旗 | 察右中旗 | 察右后旗 | 四子王旗 | 丰镇市 |
|---|---|---|---|---|---|---|---|---|---|---|---|---|---|
| 2016 | 粮食面积(亩) | 7 822 295 | 72 050 | 528 481 | 668 327 | 1 005 694 | 810 610 | 818 563 | 547 130 | 1 018 120 | 590 185 | 1 073 867 | 689 268 |
| | 燕麦面积(亩) | 1 162 610 | 9 500 | 100 530 | 163 005 | 192 910 | 110 000 | 44 180 | 101 995 | 150 950 | 121 605 | 97 935 | 70 000 |
| 2017 | 粮食面积(亩) | 7 613 513 | 72 650 | 515 588 | 647 445 | 953 333 | 781 957 | 781 838 | 552 495 | 1 015 535 | 554 499 | 1 074 173 | 664 000 |
| | 燕麦面积(亩) | 1 158 551 | 8 500 | 100 800 | 160 000 | 193 480 | 114 470 | 44 496 | 90 000 | 159 530 | 111 680 | 94 595 | 78 000 |
| 2018 | 粮食面积(亩) | 7 145 745 | 45 120 | 421 410 | 677 025 | 803 505 | 582 825 | 774 855 | 529 995 | 1 061 010 | 554 505 | 1 030 800 | 661 695 |
| | 燕麦面积(亩) | 991 605 | 5 685 | 94 395 | 271 590 | 150 210 | 66 750 | 38 010 | 63 000 | 131 490 | 48 510 | 41 955 | 80 010 |
| 2019 | 粮食面积(亩) | 6 805 965 | 46 260 | 401 160 | 587 775 | 790 425 | 595 425 | 770 565 | 490 995 | 662 025 | 560 130 | 1 225 380 | 675 825 |
| | 燕麦面积(亩) | 877 245 | 1 095 | 80 445 | 245 835 | 115 875 | 82 635 | 37 365 | 48 000 | 114 645 | 44 235 | 47 370 | 59 745 |
| 2020 | 粮食面积(亩) | 6 863 460 | 54 210 | 401 085 | 605 895 | 857 250 | 634 200 | 736 860 | 421 050 | 692 115 | 564 645 | 1 271 910 | 624 240 |
| | 燕麦面积(亩) | 963 300 | 4 455 | 77 520 | 270 435 | 115 275 | 94 050 | 35 070 | 35 775 | 117 465 | 69 270 | 61 320 | 82 665 |
| 2021 | 粮食面积(亩) | 6 905 220 | 70 530 | 369 780 | 607 065 | 863 310 | 678 735 | 742 545 | 422 205 | 692 955 | 569 310 | 1 272 765 | 624 900 |
| | 燕麦面积(亩) | 1 067 055 | 10 485 | 69 075 | 304 560 | 133 950 | 125 730 | 33 480 | 53 715 | 128 565 | 71 520 | 63 975 | 72 000 |
| 2022 | 粮食面积(亩) | 7 000 400 | 61 650 | 372 465 | 610 320 | 876 315 | 688 530 | 744 915 | 426 735 | 710 820 | 571 590 | 1 296 135 | 632 025 |
| | 燕麦面积(亩) | 1 209 600 | 9 690 | 131 400 | 292 260 | 162 810 | 128 715 | 26 565 | 49 635 | 115 650 | 68 130 | 201 075 | 23 700 |

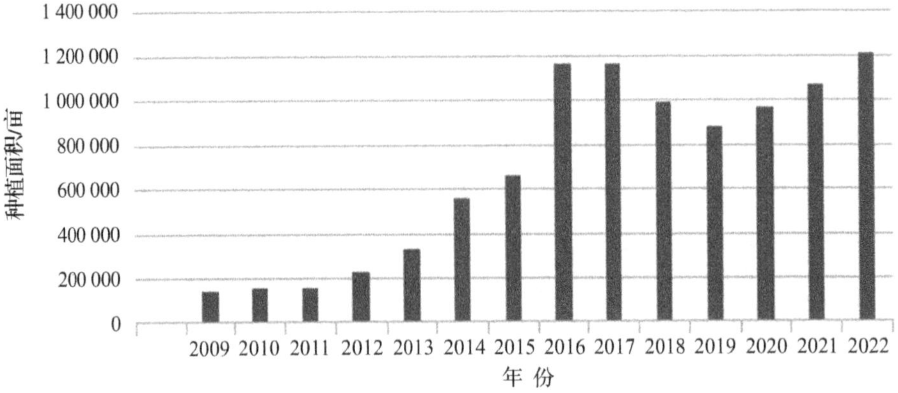


**图 1-1　2009—2022 年乌兰察布市燕麦种植面积(亩)**

燕麦因蛋白质含量高,制成饮料可以解决食用谷物需要再加工的麻烦。燕麦饮料具有燕麦本身的风味,色泽乳黄,具有良好的流动性,经常饮用可有效增加可溶性膳食纤维的摄入量,可获取燕麦中的大部分营养成分,具有良好的保健功能,可满足当前人们希望保持生理健康和营养膳食平衡的需求,同时也使燕麦产品的附加值大大提高。在西北地区人们还把燕麦制成甜醅,四川彝族用燕麦做成杆杆酒,这些产品味香而醇,清爽可口,还有酒的清香。此外,还有燕麦白酒、燕麦啤酒、红曲酒等燕麦饮品,产品种类不断丰富。

现代燕麦饮品/乳品替代品这一概念最先由瑞典隆德大学的科学家提出,在 Oatly 公司的大力推广下,自 1995 年起该产品在多国市场上扩大推广。燕麦饮品研发成功的关键在于产品的多功能理念,既有类似牛奶的感官性状及用途,可直接饮用,营养丰富,又能作为原料生产出相对于传统乳制品的系列产品。现已开发出了咖啡伴侣、酸奶和冰激凌等系列产品,产品已经占据了北欧植物性液体食品市场相当大的份额,远高于豆浆等产品,并迅速向欧洲其他主要市场拓展,部分产品出口至新加坡等 20 多个国家和地区。

随着人们健康意识的提升,燕麦作为特定人群的保健食品被越来越多人熟知,如可供高血糖人群食用食品:燕麦饼干、燕麦面条等一系列以燕麦为主要原料的加工食品。燕麦中有益的功能物质如燕麦多肽、燕麦油、燕麦$\beta$-葡聚糖等，吸引着研究者的注意力。

除了燕麦食品外，燕麦化妆品也发展迅速，尤其在婴幼儿产品领域有很大的潜力，如面霜、乳液、面膜、香皂、沐浴露、香波、护发素等。

1. 用于保湿润肤和护发

燕麦最主要的成分之一是蛋白质，蛋白质经酶解可得到小分子的肽和氨基酸，这一类分子中都含有亲水基团，可以吸收水分或锁住皮肤角质层水分，具有非常好的保湿功效，可以促进成纤维细胞合成胶原蛋白，促进伤口愈合，具有良好的皮肤修复功能。蛋白质、多肽和氨基酸还是组织和细胞生长发育必需的营养，添加在化妆品中，还可以营养细胞、滋润肌肤、促进皮肤组织健康生长。大分子量的燕麦蛋白可以在较低浓度下成膜，起到包埋或隔离小分子物质的作用，可快速传递活性成分或定时释放，改善发质和干涩皮肤。

头发的基本成分是角质蛋白，燕麦蛋白质类可以提供营养，促进头发健康生长，还能在头发表面形成保护膜，使水分相对稳定，减少摩擦力，保持头发的光滑、柔顺和亮泽，减少因梳理等引起的头发损伤。

燕麦富含的优质油脂主要由不饱和脂肪酸组成，燕麦油脂成分和水合特性能在油中乳化大量的水分，可以作为表皮层水合保湿剂的有效载体；燕麦油能在皮肤表面形成一层油膜起到长效保湿的作用；燕麦精油中的不饱和脂肪酸成分能够软化皮肤、滋润养颜。

2. 用于美白祛斑

燕麦提取物中含有大量的能够抑制酪氨酸酶活性的生物活性成分，其抑制能力与化妆品常用的美白剂——熊果苷接近，但燕麦提取物的成本要比熊果苷低得多。皮肤的颜色主要取决于表皮内黑色素的含量，黑色素细胞内的酪氨酸在酪氨酸酶等的催化下经过一系列生化反应生成黑色素。在黑色素的形成反应中，酪氨酸酶是主要的限速酶，抑制酪氨酸酶的活性即可抑制黑色素的生成。

3. 用于抗皱抗氧化

燕麦中含有大量的抗氧化成分，可以有效地抑制黑色素形成过程中氧化还原反应的进行，清除自由基，减少自由基对皮肤细胞的伤害，减少黑色素的形成，淡化色斑，减少皱纹的出现，令皮肤富有弹性和光泽。其中一种抗氧化成分燕麦蒽酰胺又称燕麦生物碱，是燕麦特有的物质，不仅具有清除自由基、抗皱的功效，还有抗刺激的特性，例如紫外线照射皮肤时，可以有效去除肤表泛红，保护过敏性皮肤。

## 参考文献

[1] 谭秀英，严俊，范昱，等. 以色列野生燕麦种子形态、营养品质及其与起源地生态地理因素的相关性[J]. 河南农业科学，2019，48(11)：27-33.

[2] 周凡. 燕麦遗传多样性分析及耐盐性筛选[D]. 贵阳：贵州大学，2018.

[3] 张莹. 不同刈割期对春播、秋播燕麦干草产量和品质的影响[D]. 杨凌：西北农林科技大学，2016.

[4] 程天亮. 不同刈割期对燕麦产量和品质的影响[D]. 杨凌：西北农林科技大学，2013.

[5] 郑殿升，张宗文. 大粒裸燕麦(莜麦)(*Avena nuda* L.)起源及分类问题的探讨[J]. 植物遗传资源学报，2011，12(5)：667-670.

[6] 彭远英. 燕麦属物种系统发育与分子进化研究[D]. 成都：四川农业大学，2009.

[7] 韩冰，杨才，田青松. 有机燕麦草生产[M]. 北京：中国农业科学技术出版社，2017：34-35.

[8] 杨才. 有机燕麦生产[M]. 北京：中国农业出版社，2010：70-71.

[9] 李勇，孙治. 燕麦营养学[M]. 北京：北京大学医学出版社，2019：3-9.

[10] 任长忠，胡跃高. 中国燕麦学[M]. 北京：中国农业出版社，2013：1-6.

[11] 杨才. 关于我国裸燕麦起源、种植史与生态类型区划分的商榷[C]. 中国燕麦研究进展 2010，燕麦产业工作委员会 2010 年会论文集[C]. 2010：48-49.

[12] 李婷，左芳雷，李再贵，等. 燕麦的研究现状及其发展前景[J]. 农业机械，2012(24)：88-92.

[13] 李璠. 中国主要栽培植物的起源和传播(上)[J]. 世界业，1982(2)：40-43.

[14] 李颖，毛培胜. 燕麦种质资源研究进展[J]. 安徽农业科学，2013，41(1)：72-76.
[15] 任长忠，崔林，杨才，等. 我国燕麦高效育种技术体系创建与应用[J]. 中国农业科技导报，2016，18(1)：1-6.
[16] 杜忠. 燕麦在中国的利用现状综述[J]. 安徽农学通报，2018，24(20)：54-57.
[17] 赵秀芳，戎郁萍，赵来喜. 我国燕麦种质资源的收集和评价[J]. 草业科学，2007(3)：36-40.
[18] 齐冰洁. 燕麦种质资源遗传多样性研究[D]. 呼和浩特：内蒙古农业大学，2009.
[19] 塔娜. 燕麦种质资源遗传多样性的研究[D]. 呼和浩特：内蒙古农业大学，2010.
[20] 侯龙鱼，朱泽义，杨杰，等. 我国饲草用燕麦现状、问题和潜力[J]. 西南民族大学学报(自然科学版)，2019，45(3)：248-253.
[21] 张莹. 不同刈割期对春播、秋播燕麦干草产量和品质的影响[D]. 杨凌：西北农林科技大学，2016.
[22] 郑殿升. 中国燕麦的多样性[J]. 植物遗传资源学报，2010，11(3)：249-252.
[23] 郑殿升，张宗文. 中国燕麦种质资源国外引种与利用[J]. 植物遗传资源学报，2017，18(6)：1001-1005.
[24] 史京京. 燕麦种质资源生产性能与营养价值评价[D]. 大庆：黑龙江八一农垦大学，2019.
[25] 苏占明，李海，皇甫红芳. 我国燕麦产业的发展建议[J]. 农业科技通讯，2019(5)：4-5.
[26] 吴斌，郑殿升，严威凯，等. 燕麦分子育种研究进展[J]. 植物遗传资源学报，2019，20(3)：485-495.
[27] 皇甫红芳，李荫藩，李刚，等. 我国燕麦产业的发展潜力探析[J]. 现代农业科技，2017(20)：269，271.
[28] 刘龙龙，张丽君，马名川，等. 山西省燕麦产业现状及发展趋势[J]. 山西农业大学学报(自然科学版)，2016，36(12)：905-907，912.
[29] 路威，耿然，王明空. 燕麦品质及其食品开发研究进展[J]. 农产品

加工,2015(16):52-55.
[30] 胡新中,李小平.燕麦荞麦产品加工现状与思考[J].农业工程技术(农产品加工业),2013(12):24-27.
[31] 苏日娜.中国燕麦产业发展研究[D].呼和浩特:内蒙古农业大学,2013.
[32] 曹盼.燕麦果汁复合饮料的研制[D].无锡:江南大学,2012.
[33] 路威,耿然,王明空,等.燕麦品质及其食品开发研究进展[J].农产品加工,2015(8):52-55.
[34] 刘翠,巩阿娜,刘丽,等.燕麦营养成分与加工制品现状研究进展[J].农产品加工,2015(8):67-70.
[35] 林磊,刘青.禾本科燕麦属植物的地理分布[J].热带亚热带植物学报,2015,23(2):111-122.
[36] 刘青,刘欢,林磊.燕麦属系统学研究进展[J].热带亚热带植物学报,2014,22(5):516-524.
[37] 周海涛,李云亮,赵艳格,等.利用核不育莜麦ZY基因育成燕麦加工专业新品种“冀张燕2号”[C].中国燕麦研究进展2010,燕麦产业工作委员会2010年会论文集[C].2010:21-23.
[38] 李天亮.浅析燕麦不育系在遗传育种中的研究与应用[C].中国燕麦研究进展2010,燕麦产业工作委员会2010年会论文集[C].2010:46-47.
[39] 任长忠,胡新中,郭来春,等.国内外燕麦产业发展现状与展望[C]//燕麦和荞麦研究与发展:第一届和第二届全国燕麦荞麦学术研讨会论文集.2010:3-7.
[40] 郑殿升.中国燕麦种质资源研究现状及发展[C]//燕麦和荞麦研究与发展:第一届和第二届全国燕麦荞麦学术研讨会论文集.2010:29-35.
[41] 崔林,乔治军,范银燕,等.燕麦雄性不育新种质在育种中的应用[C]//燕麦和荞麦研究与发展:第一届和第二届全国燕麦荞麦学术研讨会论文集.2010:36-40.
[42] 任长忠,邹小平.燕麦[M].中国食品工业协会燕麦专业委员会、国家燕麦产业技术研发中心,2009:1-4.

［43］叶长田，张斌．燕麦实用技术［M］．北京：中国农业大学出版社，2016：82-87．
［44］蒋建平．中国燕麦产业发展研究报告［M］．北京：北京华联印刷有限公司，2012：42-46．
［45］崔林，范银燕．中国首例燕麦雄性不育的发现及遗传鉴定［J］．作物学报，1999，25(3)：296-300．
［46］崔林，徐惠云．CA 雄性不育性状在裸燕麦上的转育［J］．山西农业科学，2003，31(4)：10-13．
［47］杨才，周海涛，李天亮，等．利用核不育燕麦 ZY 基因育成新品系 S016［J］．杂粮作物，2008，28(4)：234-235．
［48］朱橚．救荒本草［M］．明永乐四年(1406 年)．
［49］国家心血管病中心．中国心血管健康与疾病报告 2019［M］．北京：科学出版社，2020．
［50］中国心血管健康与疾病报告编写组．《中国心血管健康与疾病报告 2019》概要．中国循环杂志，2020，35(9)：833-854．
［51］胡新中．燕麦食品加工及功能特性研究进展［J］．麦类作物学报，2005，25(5)：122-124．
［52］Peterson D M，Saigo R，Holy J．Development of oat aleurone cells and their protein bodies［J］．Cereal Chem，1985，62(3)：66-71．
［53］胡新中，魏益民，任长忠．燕麦品质与加工［M］．北京：科学出版社，2009．
［54］筱声．燕麦的保健功能［J］．药物与人，2005，14(12)：20-21．
［55］黄相国，葛菊梅．燕麦(*Avena sativa* L.)的营养成分与保健价值探讨［J］．麦类作物学报，2004，24(4)：147-149．
［56］杨富裕，徐春城，邵新，等．燕麦在动物生产中的应用［C］//张文宗，郑殿升，林汝法．燕麦和荞麦研究与发展：第一届和第二届全国燕麦荞麦学术研讨会论文集．北京：中国农业科学技术出版社，2010．
［57］汪海波，谢笔钧，刘大川．燕麦中 $\beta$-葡聚糖及抗氧化成分研究进展［J］．粮食与油脂，2004(8)：16-19．
［58］马雪琴，赵桂琴，龚建军．播期与氮肥对燕麦种子产量构成要素的

影响[J]. 草业科学,2010(8):88-92.
[59] 任长忠,胡新中. 中国燕麦荞麦产业"十二五"发展报告(2011—2015)[R]. 西安:陕西科学技术出版社,2016.
[60] 苏日娜. 中国燕麦产业发展——基于内蒙古自治区的研究[M]. 北京:经济管理出版社,2014:53-66.
[61] Rickard Oste, 蒋建平. 中国燕麦产业发展研究报告[M]. 北京:中国科学技术出版社,2012.

# 第二章　中国燕麦之都
# ——乌兰察布

乌兰察布市是华北地区有名的“杂粮之乡”，燕麦作为乌兰察布市“莜面、山药、羊皮袄”三宝之一，深受老百姓喜爱。乌兰察布市燕麦种植历史悠久，发展潜力巨大，经过全市燕麦种植户和科研工作者坚持不懈的努力和探索，已使如今的乌兰察布市成为全国燕麦种植加工核心区、中国燕麦的黄金产区。近年来，乌兰察布市立足独特的区位优势、交通优势和丰富的特色农畜产品资源，大力推进农牧业产业结构调整，着力打造面向首都绿色农畜产品生产加工输出基地，发展壮大“麦、菜、薯、牛、羊、乳”六大优势特色产业，全面实施“净菜进京”行动，打造服务首都的“中央厨房”，大力培育绿色、有机、地理标志产品，全面打响“原味乌兰察布”区域公用品牌。2016 年，“乌兰察布莜麦”获得国家地理标志认证。2018 年 8 月，乌兰察布市被中国食品工业协会正式命名为“中国燕麦之都”。2020 年，乌兰察布市被自治区认定为内蒙古特色农畜产品优势区。

## 第一节　乌兰察布概况

乌兰察布系蒙古语，译为“红山口”。乌兰察布有草原云谷、中国草原避暑之都、空中三峡风电之都、吉祥草原神舟家园、中国马铃薯之都、草原皮都、中国燕麦之都、中国草原酸奶之都、中国最美养生休闲旅游城市等美称。2017 年 6 月，乌兰察布市被全国爱国卫生运动委员会命名为国家卫生城市。2018 年 12 月 13 日，乌兰察布市入选中国特色农产品优势区名单。2020 年 10 月，被评为全国双拥模范城(县)。

### 一、行政区划

乌兰察布市东西长 458 km，南北宽 442 km，总面积 5.45 万 $km^2$。

乌兰察布市下辖1市辖区、1县级市、4旗、5县：集宁区、丰镇市、四子王旗、察哈尔右翼前旗、察哈尔右翼中旗、察哈尔右翼后旗、凉城县、卓资县、兴和县、商都县、化德县。

## 二、社会经济

乌兰察布市是以蒙古族为主体、汉族居多数的边疆少数民族聚居地区。截至2021年末，全市常住人口为163.11万人，其中蒙古族占3.81%，主要分布在察右后旗和四子王旗，汉族占95.04%，分布于各旗县市区。全市有汉族、蒙古族、回族、满族、达斡尔族、鄂温克族、朝鲜族等35个民族分布。虽然蒙古族人口所占比例不高，但在北部牧区保存了完整的蒙古族牧业经济体系，四子王旗是蒙古族最盛大的节日——那达慕大会举办地之一。

2021年，乌兰察布市地区生产总值完成903.6亿元，比上年增长5.6%，两年平均增长3.9%。其中：第一产业增加值149.2亿元，增长3.3%；第二产业增加值375.1亿元，增长3.2%；第三产业增加值379.4亿元，增长8.6%。三次产业结构为16.5∶41.5∶42.0。人均生产总值达到53 871元，比上年增长8.8%。

## 三、历史文化

乌兰察布市历史悠久，文物古迹众多。是我国北方古代文明的重要发祥地之一，也是北魏开国皇帝拓跋珪的故乡。在这里，发现了具有重大考古价值的新旧石器遗址；留下了具有草原文化特色的乌兰察布岩画；有拓跋珪、窝阔台、康熙等帝王活动的遗迹。境内老虎山、庙子沟、园子沟等文化遗址，见证了乌兰察布市5 000余年的文明史。乌兰察布市是察哈尔文化的发祥地，草原文明与黄土高原文化相互交融，游牧文明与农耕文明交相辉映，共同积淀了深厚的历史文化底蕴。

## 四、区位交通

乌兰察布市位于晋冀蒙三省交界处，地处环渤海经济圈和呼包鄂金三角接合部，是连接华北、东北、西北三大经济区的交通枢纽。乌兰察布靠近京津冀，是内蒙古自治区的东大门，市政府所在地集宁区东距北京

320 km，西距呼和浩特 120 km，北距陆路口岸二连浩特 300 km，距天津、秦皇岛、曹妃甸三大港口的距离均不足 500 km，是我国通往蒙古、俄罗斯和东欧的重要国际陆路通道，也是西北地区向东南出海的必经之地，同时也纳入了首都经济圈，是承接产业转移的重点地区。

## 五、气候条件

乌兰察布市地处内蒙古自治区中部，北纬 40°10′～43°28′，属温带半干旱大陆性季风气候区，属于干旱与半干旱交错带，因为有大青山横亘中部，形成了前山地区比较温暖，雨量较多，后山地区多风的特殊气候。气候冷凉干燥，昼夜温差大，年均气温 2.5 ℃，≥10 ℃积温 1 600～3 000 ℃，无霜期 95～145 d，光照充足，全年日照时间 2 800～3 300 h，干旱少雨，年降水量 150～450 mm，主要集中在夏季，雨热同期，非常适合生长期短、耐寒喜光的燕麦生长，是国际公认的莜麦（裸燕麦）黄金生长纬度带，被誉为“全球燕麦黄金产区”。

## 六、资源条件

### （一）土地资源

乌兰察布市处于海拔 1 000 m 以上的高原地区，自北向南由蒙古高原、乌兰察布丘陵、阴山山脉、黄土丘陵四部分组成。属于阴山山脉的大青山东段灰腾梁横亘中部，海拔为 1 595～2 150 m，大青山支脉蛮汉山、马头山、苏木山蜿蜒曲折分布于境内的东南部。一般将大青山以南部分称为前山地区，以北部分称为后山地区。前山地区的旗县市区有：集宁区、卓资县、兴和县、丰镇市、察哈尔右翼前旗、凉城县。后山地区为乌兰察布市丘陵地带，地势南高北低，平均海拔 865～1 489 m。后山地区南部底质多为岩石，是比较平坦的天然大草原。后山地区旗县有四子王旗、察哈尔右翼中旗、察哈尔右翼后旗、商都县、化德县。

乌兰察布市耕地面积 1 495.58 万亩，占全区耕地总量的 8.67%，全区排名第四。其中水浇地 498.93 万亩，占耕地面积 33.36%；旱地面积 996.65 万亩，占 66.64%。土壤以栗钙土、暗栗钙土为主。暗栗钙土面积最大，主要分布于境内中部地区，土层较厚，含有较多有机质，土壤肥力强,障碍因素较少,土地干净等,是较好的农业用地。

## (二)水资源

乌兰察布市水资源以河流和湖泊为主,河流分外流河流和内陆河流两大类型,其中外流河流分属黄河、永定河两大水系。汇入黄河的主要支流有大黑河、浑河、杨家川等。汇入永定河的有二道河、饮马河、银子河等。两大外流水系在乌兰察布市境内的流域面积约 1.8 万 $km^2$,占全市总面积的 32.7%,多年平均径流量 8.75 亿 $m^3$。内陆河水系分为两大块,即后山地区塔布河、无尾闾河等水系,以及前山地区岱海水系、黄旗海水系、察汗淖和碱海子水系等 20 余条河流。内陆水系的总面积占全市水系总面积的 67.3%,多年平均径流量约 4 亿 $m^3$。

## (三)矿产资源

目前已发现的矿种有 80 多种,已探明储量的 49 种,潜在经济价值约 4 500 亿元,已开发利用的 29 种,其中铜、萤石、石墨、膨润土、硅藻土、石灰石、煤炭等储量丰富。四子王旗境内发现了储量规模达 1 亿 t 的大油田,可开采 3 500 万～4 000 万 t,煤炭储量 40 亿 t,铁矿石储量 5 亿多 t,钼金属储量 260 万 t(属全球最大钼矿),萤石储量 3 000 多万 t,石墨储量 3 000 多万 t,硅石储量 13 亿 t,开发潜力巨大。

## (四)生物资源

乌兰察布市位于我国黄土高原、晋冀山地和内蒙古高原交错地带,是华北和蒙古植物区系成分相互渗透的地区,野生植物、动物资源比较丰富。

全市以草原植被为主,从西北向东南方向水平分布有草原化荒漠带、荒漠草原带、典型草原带,中间分布有小面积的山地草甸草原类。

乌兰察布市拥有较丰富的野生动物资源,已查明比较珍贵的野生动物有 30 余种。其中被列入国家一级保护动物的有 4 种:野驴、大鸨、金雕、雪豹;国家二级保护动物 6 种:疣鼻天鹅、鹅喉羚羊、盘羊、青羊、黄羊、蓑羽鹤。

### (五)农畜产品资源

肉羊、奶牛、马铃薯、杂粮、蔬菜等特色农畜产品产量大、品质高。其中马铃薯种植面积稳定在 300 万亩,鲜薯产量 350 万 t,是全国重要的种薯、鲜食薯和加工专用薯基地,2009 年 3 月中国食品工业协会授予乌兰察布市“中国马铃薯之都”称号。全市燕麦年种植面积和产量均居全国地级市首位。全市蔬菜种植 80 万亩,主要品种有西芹、圆葱、荷兰豆、南瓜等特色蔬菜。被誉为“草原人参”的红胡萝卜、“水漩绿韵”蔬菜、“老马清真”肉食品、卓资山熏鸡、“草原蒙王”有机羊肉等品牌闻名全国。牧业年度牲畜存栏 750 多万头只,全年肉产量 25 万 t、奶产量 32.5 万 t、禽蛋产量 3.6 万 t。

### (六)旅游资源

乌兰察布是距北京最近的草原旅游度假胜地,境内有三处景区负有盛名:格根塔拉旅游中心是国家 4A 级草原旅游景区,具有典型的草原风貌。辉腾锡勒草原是罕见的高山草甸草原,境内天然湖泊星罗棋布,素有“九十九泉”的美称。被誉为“塞外仙湖”的岱海,是内蒙古第三大内陆湖,不仅盛产各种鱼类,而且景色宜人,岱海温泉旅游区,是理想的避暑疗养胜地。

## 七、乌兰察布现代农牧业发展现状

乌兰察布是内蒙古自治区重要的农牧业生产基地之一,全市耕地面积 1 495.58 万亩。近年来,乌兰察布市以生态优先、绿色发展为导向,坚持为养而种、种养结合,坚决扛稳保障国家粮食安全的重大政治责任,加快推进国家重要农畜产品生产基地建设,深入实施“麦、菜、薯、牛、羊、乳”六大行动和种业振兴、耕地保护建设行动,着力抓好品牌建设。实现了农牧业产业的跨越式发展,走出了一条具有乌兰察布特色的现代农牧业发展之路。目前,乌兰察布市已经成为保障和服务首都的绿色农畜产品生产加工基地和全国优质种薯黄金产区、中国燕麦主产区、全国三大冷凉蔬菜基地之一、内蒙古牛羊肉重要生产基地。“乌兰察布燕麦”等 18 种产品获得国家地理标志认证,健康、绿色、新鲜、安全的农副时蔬止成为城市发展的新名片，现代农牧业已成为乌兰察布实现跨越式发展的坚固支点。

## (一)实施燕麦杂粮杂豆产业提升行动

杂粮是乌兰察布市传统种植作物，也是优势作物之一，种植历史悠久，是特色农牧业产业链的主要作物。全市以燕麦为主的杂粮杂豆种植面积达 250 万亩，种类主要有燕麦、谷子、高粱、黍子、糜子、荞麦、藜麦、大麦、豌豆、蚕豆等十多种，其中燕麦是主要的杂粮作物，种植面积最大，占杂粮杂豆种植面积的 60%以上；豆类占杂粮杂豆种植面积约 30%；谷子、荞麦等其他杂粮种植面积占比不足 10%。燕麦种植面积稳定在 150 万亩，其中裸燕麦种植面积为 120 万亩，年产量 10 万 t；饲草种植面积为 30 万亩，产量约 2.5 亿斤以上，初步形成了以察右中旗、化德县、商都县、卓资县、兴和县、察右前旗和丰镇等地为主的燕麦产业带；以凉城县、丰镇市、兴和县为主的杂豆生产基地。分区域建设有机旱作燕麦标准化生产基地、加工专用型燕麦生产基地和饲用型燕麦基地，燕麦产业已形成引、育、繁、推、加、销、贮产业链格局，还带动了草产业的发展。培育发展了阴山优麦、塞主粮、世纪粮行等加工龙头企业 10 余家，燕麦加工能力达 13 万 t，将传统的莜面加工产品升级为燕麦米、燕麦片等系列产品，成为华北地区燕麦原粮加工集散地。2016 年“乌兰察布莜麦”获得国家地理标志认证，2018 年被中国食品工业协会誉名为“中国燕麦之都”。“阴山莜麦”“田野杂粮”“凉城糕面”等品牌以其优良的品质成为国内外驰名的地域品牌，是深受消费者喜爱的绿色食品和保健食品。

## (二)实施马铃薯蔬菜产业提质增效行动

马铃薯是乌兰察布市的主要农作物之一，经过几十年的培育发展，乌兰察布已经成为国家重要的种薯、商品薯和加工专用薯生产基地。全市拥有绵延 250 km 的马铃薯黄金产业带，是国家重要的马铃薯标准化生产基地，种植面积一直稳定在 300 万亩以上，鲜薯总产量 350 万 t 以上，居全国地区级首位，种植面积和产量占内蒙古自治区的近 1/2，约占全国马铃薯年均种植面积和产量的 6%。2009 年被中国食品工业协会授予“中国马铃薯之都”称号，2011 年在国家工商总局注册了“乌兰察布马铃薯”地理标志证明商标，2017 年荣获“中国百强农产品区域公用品牌”和“中国最具影响力品牌”称号，品牌价值超过 100 亿元，彰显了中国薯都的形象，提升了马铃薯产业的市场知名度和品牌影响力。马铃薯产业已实现了良种繁育规模化、种植生产区域化、技术应用集成化、生产装备现代化、加工销售一体化的格局，现已成为乌兰察布市农牧民增收致富的支柱产业，是农民脱贫致富的重要收入来源。

乌兰察布市地处阴山北麓，气候冷凉，光照充足，日温差大、所产的蔬菜营养高、品质好，是全国三大冷凉蔬菜生产基地之一。目前全市建成西蓝花、胡萝卜、西芹、大白菜、甘蓝、菠菜、鲜食玉米、南瓜等 80 万亩的冷凉蔬菜生产基地，产量达 230 万 t。160 多种鲜菜质高价优，脱水蔬菜、腌菜、果蔬脆片、鲜切等产品广销全国。实施“净菜进京行动”，坚持区域布局、一县一品、突出特色、规模生产，建设首都“净菜工厂、中央厨房”，变鲜菜为净菜，变农产品为菜制品，推动农畜产品走进北京大市场。

## (三)实施肉牛、肉羊、奶业产业扩群提质行动

乌兰察布市坚持“稳数量、提质量”，建设绿色、生态、高效的现代养殖示范区，以“畜禽良种化、养殖规模化、生产标准化、防疫制度化、粪污无害化”为目标，实施肉牛扩群倍增、肉羊改良提质、奶业振兴行动，大力发展现代畜牧业。目前全市牲畜存栏稳定在 700 万头以上，肉类总产量达 25 万 t，奶产量达 32 万 t。打造四子王旗、察右中旗和察右后旗等地红安格斯肉牛养殖带和杜蒙肉羊生产基地；打造察右前旗、丰镇市和凉城县等地西门塔尔肉牛养殖带和建设肉羊奶羊基地。坚持改良品种、提升品质、更新换代、“育、繁、推”一体化推进。

## (四)打造绿色农畜产品品牌建设

坚持“政府引导，市场主导”的基本原则，围绕“麦、菜、薯、羊、牛、乳”六大优势产业，突出“原滋、原香、原生态”，打造以“原味乌兰察布”区域公用品牌为统领，“乌兰察布马铃薯”“乌兰察布燕麦”“乌兰察布酸奶”为发展核心的区域公用品牌体系，全市已获“原味乌兰察布”区域公用品牌授权企业 82 家、产品达 500 余种。绿色、有机、地理标志农产品达到 296 个、全国名特优新农产品达到 65 个。

# 第二节　乌兰察布燕麦种植历史与燕麦品质

## 一、乌兰察布燕麦种植历史

莜面最早起源于我国华北一带的高寒山区，大约在公元前9世纪，莜面由山西传入内蒙古，逐步普及到我国北方山区。据《内蒙古农牧业资源》记载，早在魏晋南北朝时期，阴山地区的农民就开始种植燕麦。至今阴山南北仍是我国燕麦种植的核心区，种植面积约占全国的50%，居全国之首。根据《乌兰察布盟志》记载，莜麦学名裸燕麦，是传统粮食作物，居塞外“莜面、山药、羊皮袄”三件宝之首。乌兰察布莜麦产量居内蒙古自治区之首，占全区莜麦种植面积的70%左右。

根据《内蒙古乌兰察布盟国民经济三十年统计资料》(1949—1978年)记载，国民经济恢复时期，1949年莜麦产量为2.7亿斤，1950年为2.7亿斤，1951年为2亿斤，1952年为3.4亿斤，1953年为4亿斤，1954年为7.1亿斤，1955年为4亿斤，1956年为6.8亿斤，1957年为4.3亿斤，1958年为4.6亿斤，1959年为6.5亿斤，1960年为3.7亿斤，1961年为3.3亿斤，1962年为5.3亿斤，1963年为3.3亿斤，1964年为6.2亿斤，1965年为4.6亿斤，1966年为3.6亿斤，1967年为5.8亿斤，1968年为5.2亿斤，1969年为4.8亿斤，1970年为5.9亿斤，1971年为4.7亿斤，1972年为3.6亿斤，1973年为4.5亿斤，1974年为6.1亿斤，1975年为4.7亿斤，1976年为6.3亿斤，1977年为4.7亿斤，1978年为3.4亿斤。

根据《乌兰察布盟国民经济和社会发展统计提要》(1981—1985年)记载，1980年全盟莜麦种植面积511.4万亩，产量30 986.6万斤；1981年为470.5万亩，产量44 324.1万斤；1982年为490.2万亩，产量54 614.5万斤；1983年为487万亩，产量28 720万斤；1984年为465.7万亩，产量49 652.5万斤；1985年为410.5万亩，产量41 523.2万斤。

1985与1980年面积和产量相比增长幅度分别为91.6%和134%。

根据《乌兰察布盟国民经济和社会发展统计提要》(1986年)记载，全盟莜麦播种面积389.2万亩，亩产34 kg，总产量26 255万斤。《乌兰察布盟国民经济统计资料》(1987年)记载，全盟莜麦播种面积393.74万亩，亩产13 kg，总产量50 551 t。《乌兰察布盟国民经济和社会发展统计提要》《乌兰察布统计年鉴》(1989年)记载，全盟莜麦播种面积308万亩，亩产21 kg，总产量65 524 t。《乌兰察布统计年鉴1990》记载，全盟莜麦播种面积308.45万亩，亩产21 kg，总产量65 524 t。《乌兰察布统计年鉴1991》记载，全盟莜麦播种面积290.77万亩，亩产43 kg，总产量126.380 t。《乌兰察布统计年鉴1993》记载，全盟莜麦播种面积203.50万亩，亩产45 kg，总产量92 147 t。《乌兰察布统计年鉴1995》记载，全盟莜麦播种面积190.215万亩，总产量66 045 t。《乌兰察布统计年鉴1996》记载，全盟莜麦播种面积111.09万亩，总产量37 346 t。《辉煌的五十年》(1947—1997)记载，到1997年，全盟莜麦种植面积97.065万亩，产量达到65 393 t。

根据《内蒙古自治区·农业志》记载，早期旱地莜麦常因“花稍”而影响产量，20世纪50—60年代乌盟农研所等单位做过很多调查研究，到70年代已明确莜麦“花稍”是多种外界环境因素的影响结果，但光照条件是主要的，光照条件好“花稍轻”，反之则重。60年代中期后莜麦种植面积逐步减少，但乌兰察布盟、锡林郭勒盟占当地粮豆面积和占全区莜麦总面积的比重始终居全区第一、第二位，1981年分别为31%、37%和71.6%、12.7%，1990年分别为22.3%、15%和78.1%、9.8%。乌盟莜麦面积比重虽然在减少，但在全区莜麦总面积中的比重呈上升趋势。1969年，内蒙古农牧业科学院主持全国燕麦育种栽培协作组，开展“六倍体皮裸燕麦种间杂交及其在裸燕麦新品种选育中的应用”研究，提供了杂交育种的新途径。70年代初，内蒙古和乌盟农研所开始了裸燕麦和普通燕麦(皮燕麦)的种间杂交工作。70年代末至80年代初，乌盟农科所研究了燕麦秆锈病的病症、病原菌循环和防治办法，筛选出一批抗病亲本，培育出一批抗病杂交后代。1972年开始已出现每公顷产量3 000～

5 000 kg的丰产田。1974年卓资县复兴公社罗家营大队三小队出现11.6 $hm^2$水地莜麦丰产田每公顷产量2 634 kg，其经验为“两早(早种、早浇头水)、两少(减少播量和浇水次数)和一巧(巧用水肥)”，使水地莜麦栽培水平大大提高。随后商都县农研所和生产部门总结出浇灌浆水和乳熟水以延长叶片功能、减少青枯早衰的经验，水地莜麦丰产技术逐渐成熟。同年，乌盟和林格尔县公喇嘛公社郭家营大队6.67 $hm^2$莜麦丰产田每公顷3 933 kg，其中0.2 $hm^2$平均每公顷5 287.5 kg，证明莜麦不是低产作物。1980年种植莜麦最多的乌兰察布盟，面积达到了34.07万$hm^2$左右，占全盟粮食播种面积的33%，占全区莜麦种植面积的72%。1982年8月，内蒙古科委、农业厅委托内蒙古农科院组织内蒙古农牧业学院和乌盟的科技人员对莜麦主产区武川、凉城、卓资、商都、化德和太仆寺旗等6个旗县作旱地莜麦生产情况考察，基本摸清了这些地区莜麦产量低而不稳定的原因。同年，内蒙古农科院通过乌盟后山莜麦主产旗县和赤峰克什克腾旗旱地莜麦化肥协作网，研究了旱地莜麦氮肥和磷肥的适宜用量和配比，使化肥施用技术有了科学依据。1986—1987年，乌盟实施规范化栽培面积2.81万$hm^2$，平均每公顷1 062 kg，增产41.9%，验证了制定的规范化栽培技术。1987年由内蒙古农科院、乌盟农技推广站和锡盟农科所主持，有乌盟、锡盟11个旗县承担的《旱地莜麦大面积丰产技术开发》，3年累计完成开发播种面积18.27万$hm^2$，每公顷平均1 042.5 kg，比3年前平均每公顷增45.7%。80年代末到1990年，内蒙古农科院、内蒙古农牧业学院和乌盟农研所等单位已育成适宜不同生态条件下种植的高产、高蛋白、高油酸和高赖氨酸新品种以及一批抗坚黑穗病、秆锈病和极早熟的新品种。

1949年，乌盟地区莜麦产量占当年粮食面总产量的比例为33.3%，以后种植面积大幅度增加，1964年和1965年种植面积曾分别达到45.58万$hm^2$和44.4万$hm^2$，分别占全盟粮食总播面积的36.3%和35.6%。1971年后，全盟莜麦种植面积开始下降，1985年，曾降至27.4万$hm^2$。随着年景的不同，莜麦产量也呈现不稳定状态。50—70年代，莜麦产量高的年份是1954年，35.35万t，其余年份在13万～23万t。

80年代，一般年份在15万～20万t之间。进入90年代，由于莜麦产量低，在种植结构调整中，种植面积进一步减少，到1999年，全盟莜麦种植面积调整至3.72万$hm^2$，占当年粮食播种面积的5.5%，产量1.59万t，占当年粮食产量的1.49%。莜麦在20世纪90年代之前居乌盟第二大栽培作物，主要品种有：大莜麦、小莜麦、五寨三分三、秀芳莜麦、华北二号、永492、丰宁大滩、赫波、七墩等，还有当地选育的新品种乌燕一号。"大莜麦"是当地农家品种，耐旱、耐寒、抗盐碱，但产量低，亩产50 kg左右。品质好、产量高的是华北二号、永492等品种，抗倒伏，生育期短，亩产可达120 kg以上。进入90年代，各旗县种植面积普遍下降，但均有种植。90年代中期，商都种植面积最大，达到14 330 $hm^2$，产量13 500 t，分别占全盟22.1%和20.6%，其余则集中在前山地区，除集宁外，5个旗县平均面积在9 000 $hm^2$左右，产量在10 000 t左右。到1999年，商都县种植面积降为11 146 $hm^2$，产量4 100 t，分别占全盟29.95%和25.72%，仍居全盟之首。其余种植面积较大的地区为察右后旗、化德县、卓资县、四子王旗、察右中旗，均在3 000 $hm^2$以上，产量在15 000 t左右。

根据《乌兰察布年鉴2012》记载，2011年全市莜麦播种面积14.67万亩，产量为6 520 t。《乌兰察布年鉴2013》记载，2012年全市莜麦播种面积13.75万亩，产量为6 843 t。《乌兰察布年鉴2014》记载，2013年全市莜麦播种面积18.60万亩，产量为17 756 t。《乌兰察布年鉴2015》记载，2014年全市莜麦播种面积28.80万亩，产量为14 626 t。《乌兰察布年鉴2016》记载，2015年全市莜麦播种面积20.85万亩，产量为14 469 t。《乌兰察布年鉴2017》记载，2016年全市莜麦播种面积50.96万亩，产量为38 443 t。《乌兰察布年鉴2018》记载，2017年全市莜麦播种面积115.86万亩，产量为83 464 t。《乌兰察布年鉴2019》记载，2018年全市莜麦播种面积99.16万亩，产量为98 946 t。《乌兰察布年鉴2020》记载，2019年全市莜麦播种面积87.72万亩，产量为90 928 t。《乌兰察布年鉴2021》记载，2020年全市莜麦播种面积96.33万亩，产量为98 802 t。见表2-1、表2-2。

**表 2-1　2011—2015 年各前旗县市(区)莜麦播种面积和产量**

亩、t

| | 2011 年 | | 2012 年 | | 2013 年 | | 2014 年 | | 2015 年 | |
|---|---|---|---|---|---|---|---|---|---|---|
| | 播种面积 | 总产量 | 播种面积 | 总产量 | 播种面积 | 总产量 | 播种面积 | 总产量 | 播种面积 | 总产量 |
| 乌兰察布市 | 146 715 | 6 520 | 137 490 | 6 843 | 185 985 | 17 756 | 287 970 | 14 626 | 208 485 | 14 469 |
| 集宁区 | — | — | 600 | 127 | 3 000 | 607 | 2 400 | 320 | 2 460 | 294 |
| 丰镇市 | 3 150 | 73 | 5 880 | 127 | 3 990 | 305 | 4 005 | 310 | 4 680 | 400 |
| 卓资县 | 14 295 | 1 216 | 18 450 | 1 143 | 69 525 | 4 658 | 68 820 | 5 162 | 35 460 | 4 226 |
| 化德县 | 12 720 | 890 | 19 020 | 810 | 24 000 | 2 923 | 30 000 | 735 | 28 500 | 900 |
| 商都县 | 33 360 | 1 496 | 37 230 | 1973 | 27 405 | 3 131 | 76 410 | 3 356 | 49 965 | 2 542 |
| 兴和县 | 30 000 | 1 050 | 22 680 | 444 | 23 400 | 1 525 | 21 450 | 313 | 22 500 | 300 |
| 凉城县 | 3 630 | 182 | 4 440 | 444 | 5 415 | 542 | 31 770 | 2 382 | 21 510 | 2 151 |
| 察右前旗 | 21 150 | 465 | 5 805 | 692 | 9 795 | 2107 | 22 005 | 1 320 | 15 495 | 1 090 |
| 察右中旗 | 25 710 | 1 028 | 21 810 | 944 | 17 625 | 1 851 | 30 735 | 705 | 15 210 | 863 |
| 察右后旗 | 1 005 | 90 | 675 | 94 | 330 | 22 | 375 | 23 | 11 910 | 1 691 |
| 四子王旗 | 1 695 | 30 | 900 | 45 | 1 500 | 85 | — | — | 795 | 15 |

表 2-2　2016—2020 年各前旗县市(区)莜麦播种面积和产量

亩、t

| | 2016 年 | | 2017 年 | | 2018 年 | | 2019 年 | | 2020 年 | |
|---|---|---|---|---|---|---|---|---|---|---|
| | 播种面积 | 总产量 | 播种面积 | 总产量 | 播种面积 | 总产量 | 播种面积 | 总产量 | 播种面积 | 总产量 |
| 乌兰察布市 | 509 610 | 38 443 | 1 158 555 | 83 464 | 991 605 | 98 946 | 877 245 | 90 928 | 963 300 | 98 802 |
| 集宁区 | 1 500 | 150 | 8 505 | 750 | 5 685 | 853 | 1 095 | 164 | 4 455 | 668 |
| 丰镇市 | 15 000 | 1 083 | 78 000 | 6 800 | 80 010 | 10 001 | 59 745 | 7 615 | 82 665 | 8 267 |
| 卓资县 | 100 530 | 8 545 | 100 800 | 6 552 | 94 395 | 9 203 | 80 445 | 6 304 | 77 520 | 6 041 |
| 化德县 | 43 005 | 3 397 | 160 005 | 8 774 | 271 590 | 17 407 | 245 835 | 20 404 | 270 435 | 27 584 |
| 商都县 | 92 910 | 6 382 | 196 485 | 10 471 | 150 210 | 10 248 | 115 875 | 10 532 | 115 275 | 8 469 |
| 兴和县 | 30 000 | 1 600 | 114 465 | 8 429 | 66 750 | 8 946 | 82 635 | 7 733 | 94 050 | 6 245 |
| 凉城县 | 24 180 | 2 115 | 44 490 | 6 241 | 38 010 | 6 057 | 37 365 | 4 258 | 35 070 | 4 472 |
| 察右前旗 | 61 995 | 5 260 | 90 000 | 7 750 | 63 000 | 7 095 | 4 800 | 4 489 | 35 775 | 2 941 |
| 察右中旗 | 100 950 | 6 302 | 159 525 | 11 022 | 131 490 | 15 599 | 114 645 | 16 498 | 117 465 | 17 749 |
| 察右后旗 | 31 605 | 2 477 | 111 675 | 8 333 | 48 510 | 6 881 | 44 235 | 6 489 | 69 270 | 8 780 |
| 四子王旗 | 7 935 | 632 | 94 590 | 8 342 | 41 955 | 6 656 | 47 370 | 6 442 | 61 320 | 7 586 |

## 二、乌兰察布燕麦品质

乌兰察布市的工业化、城镇化程度低，水、气、土受到的污染极少，生产出的燕麦都是无污染的绿色食品，为进一步打造有机燕麦生产基地提供了天然的环境条件。北纬 41°～43°被国际公认为是燕麦生产的黄金纬度带，乌兰察布处于该区域，特殊的地理位置造就了燕麦品质，生产的燕麦颗粒饱满、光泽度高、病虫害少，无论内在外观都具备了天然绿色的特性。尤其包括察右中旗在内阴山南北一带的燕麦全国有名，不仅是我国燕麦原料最好的产地，也是有机燕麦种植的首选地区，这为当地发展燕麦加工业提供了的得天独厚的原料优势。不同区域燕麦品种品质结果见表 2-3。

**表 2-3　不同区域燕麦品种品质结果**　　%

| 地区 | 葡聚糖(干基) | 脂肪(干基) | 蛋白质(干基) |
|---|---|---|---|
| 内蒙古乌兰察布 | 4.74 | 6.71 | 17.03 |
| 吉林白城 | 4.69 | 5.75 | 16.85 |
| 内蒙古武川 | 4.52 | 6.16 | 16.95 |
| 甘肃定西 | 3.80 | 6.62 | 17.21 |
| 宁夏固原 | 4.36 | 5.96 | 16.90 |
| 青海海东 | 4.34 | 7.07 | 13.17 |
| 河北张北煤所 | 4.29 | 7.75 | 12.69 |
| 山西右玉 | 4.39 | 5.82 | 16.60 |
| 山西大同 | | 5.20 | 14.87 |
| 河北 | 4.50 | 6.09 | 17.24 |
| 新疆塔城 | 4.03 | 6.06 | 14.19 |
| 西藏 | | 6.16 | 9.27 |

乌兰察布市当地生产的燕麦外观完整、大小均匀、颗粒饱满、光泽度好、病虫害少，内在品质优良，营养丰富，并且富含人体所必需的 17 种氨基氮及多种微量元素(其中钙、磷、镁等元素含量特别高，分别为 107.1 mg/100 g、273.94 mg/100 g、86.6 mg/100 g)和维生素。

燕麦富含人体所必需的 17 种氨基酸及多种微量元素和维生素，又因脂肪中含有较多的亚油酸，具有一定的降低血压、降低胆固醇、防治心脑血管疾病的医疗价值和保健功效；含有高黏稠度的可溶性纤维，能延缓胃的排空，增加饱腹感，抑制食欲，长期食用莜麦，有利于糖尿病和肥胖病的控制；对于因肝肾病变、脂肪肝等引起的继发性高脂血症也有同样明显的疗效。于 2016 年 12 月由农业部农产品质量安全中心登记为农产品地理标志“乌兰察布莜麦”（图 2-1、图 2-2）。

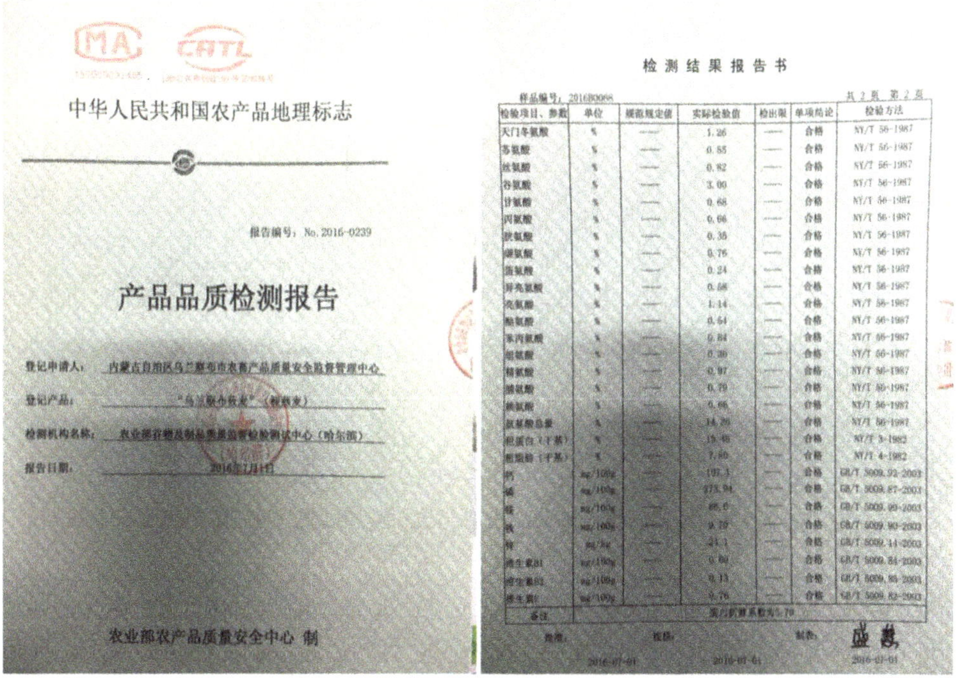
中华人民共和国农产品地理标志

报告编号：No. 2016-0239

产品品质检测报告

登记申请人：内蒙古自治区乌兰察布市农畜产品质量安全监督管理中心

登记产品：“乌兰察布莜麦”（裸燕麦）

检测机构名称：农业部谷物及制品质量监督检验测试中心（哈尔滨）

报告日期：[illegible]

农业部农产品质量安全中心 制

检测结果报告书

样品编号：2016B0098　　　　共 2 页 第 2 页

| 检验项目、参数 | 单位 | 规范规定值 | 实际检验值 | 检出限 | 单项结论 | 检验方法 |
|---|---|---|---|---|---|---|
| 天门冬氨酸 | % | —— | 1.26 | —— | 合格 | NY/T 56-1987 |
| 苏氨酸 | % | —— | 0.55 | —— | 合格 | NY/T 56-1987 |
| 丝氨酸 | % | —— | 0.82 | —— | 合格 | NY/T 56-1987 |
| 谷氨酸 | % | —— | 3.00 | —— | 合格 | NY/T 56-1987 |
| 甘氨酸 | % | —— | 0.68 | —— | 合格 | NY/T 56-1987 |
| 丙氨酸 | % | —— | 0.66 | —— | 合格 | NY/T 56-1987 |
| 胱氨酸 | % | —— | 0.35 | —— | 合格 | NY/T 56-1987 |
| 缬氨酸 | % | —— | 0.76 | —— | 合格 | NY/T 56-1987 |
| 蛋氨酸 | % | —— | 0.24 | —— | 合格 | NY/T 56-1987 |
| 异亮氨酸 | % | —— | 0.58 | —— | 合格 | NY/T 56-1987 |
| 亮氨酸 | % | —— | 1.14 | —— | 合格 | NY/T 56-1987 |
| 酪氨酸 | % | —— | 0.64 | —— | 合格 | NY/T 56-1987 |
| 苯丙氨酸 | % | —— | 0.84 | —— | 合格 | NY/T 56-1987 |
| 组氨酸 | % | —— | 0.30 | —— | 合格 | NY/T 56-1987 |
| 精氨酸 | % | —— | 0.97 | —— | 合格 | NY/T 56-1987 |
| 脯氨酸 | % | —— | 0.79 | —— | 合格 | NY/T 56-1987 |
| 赖氨酸 | % | —— | 0.66 | —— | 合格 | NY/T 56-1987 |
| 氨基酸总量 | % | —— | 14.20 | —— | 合格 | NY/T 56-1987 |
| 粗蛋白（干基） | % | —— | 15.40 | —— | 合格 | NY/T 3-1982 |
| 粗脂肪（干基） | % | —— | 7.60 | —— | 合格 | NY/T 4-1982 |
| 钙 | mg/100g | —— | 197.1 | —— | 合格 | GB/T 5009.92-2003 |
| [illegible] | mg/100g | —— | 373.94 | —— | 合格 | GB/T 5009.87-2003 |
| [illegible] | mg/100g | —— | [illegible] | —— | 合格 | GB/T 5009.90-2003 |
| 铁 | mg/100g | —— | [illegible] | —— | 合格 | GB/T 5009.90-2003 |
| [illegible] | mg/kg | —— | [illegible] | —— | 合格 | GB/T 5009.14-2003 |
| 维生素B1 | mg/100g | —— | [illegible] | —— | 合格 | GB/T 5009.84-2003 |
| 维生素B2 | mg/100g | —— | 0.13 | —— | 合格 | GB/T 5009.85-2003 |
| 维生素[illegible] | mg/100g | —— | [illegible] | —— | 合格 | GB/T 5009.82-2003 |
| 备注 | [illegible] | | | | | |

批准：　2016-07-01　　校核：　2016-07-01　　制表：　2016-07-01

图 2-1　乌兰察布莜麦产品品质检测报告

（图片来源于乌兰察布燕麦综合试验站）

**图 2-2 “乌兰察布莜麦”农产品地理标志登记证书**

（图片来源于乌兰察布燕麦综合试验站）

# 第三节　乌兰察布燕麦科研发展情况

## 一、乌兰察布市燕麦科研机构

### （一）乌兰察布市农林科学研究所

原乌兰察布盟农业科学研究所（原乌兰察布市农业科学研究所前身）是 20 世纪七八十年代全国燕麦育种主要单位之一，以杨海鹏研究员为代表的育种工作者在进行常规育种的同时，还开展了其他新技术栽培育种工作，选育出内燕 1 号、内燕 2 号、内燕 6 号 3 个新品种，为乌兰察布市燕麦产业的发展奠定了基础。2008 年农业部正式批复成立国家燕麦荞麦产业技术体系乌兰察布综合试验站，设立燕麦课题研究组，按年度完成体系任务，并结合当地燕麦产业发展需求，每年为市委、市政府提出燕麦产业发展咨询调研报告，受到市政府和产业体系的好评。综合试验站承接开展燕麦、荞麦相关工作至今。2012 年在教育部、农业部联合批复下建立了“内蒙古农业大学乌兰察布燕麦荞麦农科教合作人才培养基地”。

2016 年原乌兰察布市农业科学研究所和原乌兰察布市畜牧研究所合并成乌兰察布市农牧业科学研究院，各项科研工作发展较快，主要科研课题有：马铃薯、小麦、燕麦、胡麻、大豆、蔬菜、果树、土壤、植保、气象等，先后取得科研成果 34 项，培育各种农作物新品种 28 个，其中由自治区品种审定委员会命名的品种有：乌麦 2 号、乌亚 1 号、乌亚 3 号、乌亚 4 号、蒙薯 10 号、蒙薯 11 号、内燕 1 号、内燕 2 号、内燕 6 号。乌兰察布市农牧业科学研究院作为内蒙古农牧业科学院分院，内蒙古农业大学乌兰察布燕麦荞麦农科教合作人才培养基地和乌兰察布市国家级农作物品种审定区域试验站，成为内蒙古农业科教人才培育的重要基地。2017 年乌兰察布市燕麦栽培与品种繁育院士专家工作站正式建站开展科研工作，建成乌兰察布市燕麦产业发展协同创新中心、乌兰察布市燕麦荞麦食品临床研究中心、乌兰察布市燕麦食品加工研究中心和乌兰察布市海南燕麦南繁基地。2019 年乌兰察布市燕麦科技特派员工作站被批复备案。

2021 年 2 月，原乌兰察布市农牧业科学研究院、市林业科学研究所、市园林科学研究所、市农牧业机械化研究所、乌兰察布国家农业科技园区管委会合并组建成乌兰察布市农林科学研究所。乌兰察布市农林科学研究所是一个集农牧林多学科为一体的综合性科研机构，目前承担现代农业体系 6 个试验站、16 位岗位专家新品种、新技术、新材料科研与示范推广，涉及 18 种主要粮食作物、蔬菜经济作物、特色作物。建立马铃薯、燕荞麦、胡麻、甜菜等科技示范点 85 个，示范新品种 226 个。先后承担科研项目 68 项，其中：国家级 12 项，自治区级 24 项。获得国家级、自治区级和乌兰察布市科技进步奖励成果 19 项。获国家发明专利 8 项，实用型专利 20 余项。在全国中文核心期刊发表论文 95 篇，编写学术专著 8 部，起草种养殖业地方行业标准 30 余项。乌兰察布市农林科学研究所紧紧围绕农牧业和农村牧区经济发展，帮助农牧业企业建立科研和成果推广示范基地，依托科技平台和技术成果优势，着力构建和完善科研基地建设，先后与30多家企业合作，采取“科研单位＋企业＋示范基地＋农户”的发展模式。通过提供优质品种和先进的科学技术，帮助指导企业建立建设种植基地85万亩，规模化、标准化养殖基地4个，有力地促进了全市农牧业健康快速发展。

## （二）乌兰察布燕麦综合试验站

自“十一五”末，乌兰察布燕麦科研正式纳入国家科研体系，成立了乌兰察布燕麦综合试验站。成立后积极构建燕麦育种和栽培技术科研平台，开展项目攻关和新成果推广应用，截至目前累计开展燕麦新品种、新技术和新材料等试验千余项，引进推广以燕科、坝莜、蒙饲燕、白燕系列的新品种30个，建立示范基地5万亩，示范推广面积60多万亩，推广燕麦高效绿色栽培技术5项，建立6个试验示范旗县（察右前旗、察右中旗、化德县、商都县、卓资县和兴和县）。圆满完成了“十二五”“十三五”期间国家燕麦荞麦体系下达的试验示范任务。乌兰察布综合试验站积极搭建平台，创建良好环境，加强科研人才引进培养，逐步形成了年轻有为的科研技术团队。目前从事燕麦科研人员有12人，正高级职称3名，高级职称3名，中级职称5名，高级技师1名，另外聘专家3名。其中博士生1名，研究生6名。几年来经过科研人员的不懈努力，自主选育出粮饲兼用型燕麦新品种1个（乌莜1号），饲用皮燕麦新品种1个（乌燕1号）。与此同时，试验站加强与区内外高等院校、科研院所合作，坚持优势互补、资源共享、共同发展的原则，围绕乌兰察布市燕麦产业发展需求，联合开展人才培养、科技攻关、技术研发和成果转化，增强乌兰察布市燕麦产业自主创新和产品研发能力。

## （三）乌兰察布市燕麦院士专家工作站

乌兰察布市燕麦院士专家工作站是由内蒙古自治区党委组织部、科学技术厅和科学技术协会联合于2016年12月批复成立的，以俄罗斯国家科学院外籍院士、国家燕麦荞麦产业技术体系首席科学家任长忠为技术团队负责人及张家口农科院杨才研究员、内蒙古农业大学刘景辉教授、陕西师范大学食品研究院胡新中教授等10位核心专家团队组建而成，设燕麦育种岗位、栽培岗位、病虫草害防控岗位及燕麦加工岗位专家。燕麦院士专家工作站依托乌兰察布市农林科学研究所，于2017年7月份正式揭牌成立，市政府与院士工作站首席科学家首次签订柔性引进的时间是5年，于2021年到期。院士站采取引进燕麦体系专家和站内研究人员组合模式，通过传帮带方式，培养了一批燕麦青年科研团队，并取得阶段性成果。在市委、市政府的大力支持和院士工作站科研人员的共同努力下，于2021年12月23日在乌兰察布市召开的自治区"人才周"会议活动中，再次签订了柔性引进院士核心专家的合约，续聘5年支持到2026年结题。

(1)引进院士核心专家团队成员

**任长忠**，研究员。白城市农业科学院院长、党委书记，吉林省燕麦工程技术研究中心主任，白城市科学技术协会副主席，吉林省第九届、第十届党代会代表，吉林省第十届人大代表。西北农林科技大学客座教授、内蒙古农业大学农学院兼职教授。俄罗斯农业科学院外籍院士，国际燕麦委员会委员；国务院政府特殊津贴专家。2016年受聘于乌兰察布市农牧业科学研究院，指导燕麦课题科研工作。2017年受聘乌兰察布市市级科技特派员，指导乌兰察布市燕麦产业发展。累计推广白燕2号30万亩、白燕7号10万亩。协助成功申报"乌兰察布市燕麦科技特派员工作站"。2019年作为自治区柔性引进人才服务于乌兰察布市燕麦产业。2021年被察右前旗政府聘为"察右前旗燕麦产业经济顾问"。2022年乌兰察布市政府再延续5年聘期服务乌兰察布市燕麦院士专家工作站。

**杨才**，研究员。原张家口市农科院副院长。国家燕麦荞麦产业技术体系执行专家组原专家，岗位专家，中国食品工业协会燕麦工作委员会副会长，国家杂粮加工技术研发分中心主任，河北北方燕麦研究开发中心主任。2016年受聘于乌兰察布市农牧业科学研究院，指导燕麦科研工作，2017年被乌兰察布市政府聘为乌兰察布市燕麦院士专家工作站核心专家成员。多次指导院士站燕麦育种和海南燕麦繁育工作。

**刘景辉**，内蒙古农业大学乡村振兴研究院院长，二级教授、博士生导师。兼任中国作物学会燕麦荞麦分会常务委员会委员、中国耕作制度研究会常务理事、中国立体农业学会常务理事、中国食品工业协会燕麦工作委员会副会长，兼任内蒙古杂粮工程技术研究中心主任、内蒙古自治区燕麦工程实验室主任、国家燕麦荞麦产业技术体系栽培与土肥研究室主任、养分管理岗位科学家，全国农业科研杰出人才及创新团队带头人。2017 年被乌兰察布市政府聘为乌兰察布市燕麦院士专家工作站核心专家成员，同年被市科技特派员管理办公室聘为市级科技特派员。常年在乌兰察布市指导燕麦产业工作，协助乌兰察布市农林科学研究所燕麦课题组进行全市燕麦产业培训工作，累计培训 2 000 多人次，指导开展燕麦新技术新栽培模式试验 12 项。

**胡跃高**，博士，原中国农业大学农学院作物生态与农作学系教授。长期从事有关饲草技术及产业化生产体系建设、农业系统工程、钱学森第六次产业革命、民族地区生态环境保护与可持续发展理论与技术、荒漠化防治工程、农业安全工程等方面的研究。主持国家“八五”“九五”“十五”“十一五”“十二五”期间农业科技攻关项目中农牧结合工程专题或子专题，是农业部跨越计划项目“青刈黑麦、紫花苜蓿高产优质产业化生产技术集成试验示范”首席专家（2000—2002），“国家燕麦荞麦产业技术体系”岗位专家（2011—2015）。于 2006 年、2009 年、2014 年 3 次主持召开“国际防治荒漠化科学技术大会”，任大会主席。先后主持各类研究项目 20 项，发表论文 30 余篇，主编或编著出版著作 20 余部。获河北省科技进步奖三等奖 1 项，获农业部丰收计划奖二等奖 1 项，获内蒙古自治区丰收计划奖 1 等奖 1 项，获湖南省科技厅科技进步奖三等奖 1 项，获吉林省科技厅科技进步奖一等奖 1 项。2017 年被乌兰察布市政府聘为乌兰察布市燕麦院士专家工作站核心专家成员，多次来乌兰察布市指导燕麦产业工作。

**胡新中**，陕西师范大学食品工程与营养科学学院教师，博士，教授，担任农业部燕麦荞麦产业技术体系加工研究室主任、岗位专家，中国食品工业协会燕麦产业工作委员会秘书长，陕西省谷物科学国际合作中心主任、国家食物营养教育示范基地主任、农业农村部首批全国农产品质量安全与营养健康科普工作站负责人、陕西省食品科学技术学会理事，陕西省谷物科学与营养国际合作中心主任，中国粮油学报编委。主持国家自然科学基金（31671889、31371840）、国家燕麦荞麦产业技术体系项目、陕西省科技统筹重大项目共 6 项，主持国际合作及企业项目 10 项，获批10项专利，制定标准5项。23次受邀到国外参加国际会议及学术访问。获得省自然科学奖一等奖1项，科技进步奖一、二等奖各1项，发表论文47篇(其中SCI论文38篇)，主编及参编专著4部。围绕我国燕麦产业优质原料不足、加工技术落后等问题，发明燕麦灭酶新技术，研制出6个系列燕麦食品，提高了我国燕麦产品多样化供给能力，推动了燕麦产业稳步发展。2017年被乌兰察布市政府聘为乌兰察布市燕麦院士专家工作站核心专家成员，多年来对乌兰察布市燕麦加工企业开展科技指导服务工作。

**付晓峰**，研究员，毕业于内蒙古农牧学院，1985年参加工作，主要从事燕麦育种、栽培研究工作。农业部小宗粮豆专家指导组成员、国家燕麦荞麦产业技术体系饲草燕麦育种岗位科学家；中国作物学会燕麦荞麦分会副会长、中国食品工业协会杂粮工作委员会副会长、内蒙古燕麦产业协会副会长。主持参加国家和省部级项目10多项。主持育成具有完全自主知识产权的燕麦新品种6个；通过国家鉴定品种3个；育成待审皮、裸燕麦新品种7个；育成新品系200余个。参编著作4部、发表论文30余篇。获得省科学技术奖一等奖2项，中华神农奖三等奖1项。2017年被乌兰察布市政府聘为乌兰察布市燕麦院士专家工作站核心专家成员，多次深入院士站开展饲用燕麦新品种选育和海南燕麦繁育指导工作。

**赵桂琴**，教授、博导，从事牧草及饲料作物种质资源与育种研究。育成燕麦品种5个，发表论文178篇；主编参编教材专著9部。甘肃省领军人才、飞天学者，中国食品工业协会燕麦产业委员会常务理事、中国草学会牧草育种委员会副主任委员、全国草品种审定委员会委员。获省部级科技进步奖一等奖3项、二等奖2项、三等奖2项；甘肃省高校科技进步奖二等奖1项、三等奖1项；甘肃省农牧渔业丰收奖一等奖1项。授权专利7项，制定地方标准11项。2017年被乌兰察布市政府聘为乌兰察布市燕麦院士专家工作站核心专家成员，多年来与院士站展开科技合作，特别是饲用燕麦种质资源创新方面。

**周洪友**，教授、博士生导师。现为国家燕麦荞麦产业技术体系草害及综合防控岗位科学家，内蒙古自治区草原英才，内蒙古草原英才创新团队带头人，中国植物病理学会理事，内蒙古植物保护学会副理事长。从事植物病害生防制剂的研制和应用等研究工作，主持和参加国家和省部级科研项目10余项。发表学术论文100余篇；主编参编全国统编教材及专著10余部；获批国家发明专利7项，内蒙古地方标准10余项。获全国农牧渔业丰收奖一等奖1项，内蒙古自治区科技进步奖一等奖1项，新疆生产建设兵团科技进步奖二等奖1项，神农中华农业科技奖科学研究类成果三等奖1项，内蒙古自治区农牧业丰收一等奖3项、二等奖2项，中国植物保护学会科学技术奖二等奖1项。2017年被乌兰察布市政府聘为乌兰察布市燕麦院士专家工作站核心专家成员，多年来与院士站建立了长期的试验示范与研究生联合培养的合作机制。

**赵宝平**，博士、教授、博士生导师。现为国家燕麦荞麦产业技术体系副首席科学家、岗位科学家。入选农业农村部“神农青年英才”、内蒙古“草原英才”、内蒙古321人才。2004—2009年就读于中国农业大学作物栽培学与耕作学专业，并获得农学博士学位，2007年10月至2008年12月在加拿大农业与农业食品部东部谷物与油料作物研究中心联合培养博士生，2009年7月到内蒙古农业大学农学院栽培耕作教研室从事教学科研工作，2017年8月至2018年8月为美国普渡大学访问学者。现主要从事燕麦抗逆栽培生理生态、土壤污染管控与修复方面研究与示范推广工作。先后主持国家自然科学基金项目3项、中国博士后科学基金面上项目1项、内蒙古自然科学基金项目2项、内蒙古科技重大专项课题1项。参与完成国家现代农业产业技术体系、国家公益性行业（农业）科研专项等科研项目10余项，完成科技成果登记10余项。参与完成的成果获得内蒙古科技进步奖一等奖2项，中国粮油学会科技进步奖一等奖1项、内蒙古科技进步奖二等奖、教育部科技进步奖二等奖和内蒙古自然科学奖三等奖各1项，内蒙古农牧业丰收奖一等奖3项。在国内外核心期刊及学术会议共计发表研究论文110余篇，其中以第一或通讯作者发表50余篇，主编专著3部，副主编教材2部、专著2部，参编著作1部，牵头发布技术规程7项，参与完成专利5项、参与认定新品种4个。2017年被乌兰察布市政府聘为乌兰察布市燕麦院士专家工作站核心专家成员，多年来与院士站建立了长期的试验示范与研究生联合培养的合作机制。

**李云龙**，研究员。现为山西农业大学山西功能食品研究院研究员，硕士生导师，国家燕麦荞麦产业技术体系岗位科学家，山西省“三晋英才”支持计划青年优秀人才，国家二级营养师，国家一级品酒师；兼任中国食品工业协会杂粮产业工作委员会副秘书长，山西省食品科学技术学会副理事长，山西省作物学会副理事长，山西省粮油标准化技术委员会委员，山西省百姓放心食品品牌推选活动组委会食品安全领域专家，“山西小米”产业联盟专家技术委员会委员，山西主食糕品专业技术委员会专家。主持和参与省部级课题 32 项，先后获得河北省科技进步奖一等奖 1 项，山西省科技进步奖二等奖 1 项；山西省农村技术承包奖二等奖 3 项，三等奖 2 项，河北省山区创业奖三等奖 1 项；授权专利 19 项（其中发明专利 14 项）；鉴定成果 13 项（其中达到国际先进 9 项，国内领先 4 项）；制定地方标准 9 项；发表学术论文 35 篇（其中 SCI 3 篇，EI 收录 3 篇，一级学报 8 篇）；参编著作 5 部。2017 年被乌兰察布市政府聘为乌兰察布市燕麦院士专家工作站核心专家成员，多年来多次赴乌兰察布市燕麦院士站开展燕麦深加工方面科技指导工作。

(2)燕麦院士专家工作站运行情况

自建站以来依托院士专家团队引领龙头企业开展产业扶贫项目 3 项，发展协同创新中心 3 处，建立示范基地 15 处，申报燕麦专项课题 16 项（获批 6 项）、申报燕麦实用技术专利 4 项，制定出乌兰察布地区燕麦栽培技术规程 12 项、发布燕麦地方标准 10 项，发表论文 6 篇、发表著作 2 部，获得农业农村部全国农业推广成果奖 1 项、内蒙古自治区农牧业丰收奖 1 项。先后建立燕麦原始材料 245 份，建立燕麦高代材料 3 945 份。为加速燕麦育种进程，已连续 4 年在海南省乐东镇开展燕麦南繁育种工作，先后成功加代燕麦高代材料 1 200 余份。开展基础试验示范研究 100 余项，开展异地品种筛选工作展示坝莜系列、白燕系列、晋燕系列品种 125 个，已选出一批适合当地种植的燕麦新品种 5 个。依托燕麦院士专家工作站培养 2 名在研博士后、5 名博士和 10 名硕士。

## 二、合作院校的科研情况

### (一)内蒙古自治区农牧业科学院特色作物研究所

内蒙古自治区农牧业科学院特色作物研究所主要从事燕麦等农作物的新品种选育、高产栽培技术集成、病虫害防治、专用配方施肥及生物技术研究工作。20 世纪 80 年代以来共获得省部级科技进步一、二、三等奖 24 项，全国农牧渔丰收一、二、三等奖 10 项，先后在国内外专业学术期刊、学术会议上发表论文 200 余篇，编写学术论著 13 部，先后育成各类新品种 36 个。

内蒙古自治区农牧业科学院特色作物研究所是国家现代农业燕麦荞麦产业技术体系遗传改良研究室饲草燕麦育种岗依托单位，岗位科学家付晓峰研究员及燕麦研究室团队成员刘俊青、张志芬、崔思宇等，主要开展燕麦育种、栽培、种质资源的收集、鉴定、保存、综合利用工作；开展了燕麦野生资源调查鉴定、自然区划、新育种手段研究等工作；目前探索性开展了燕麦生物技术和航天育种工作。通过六倍体裸燕麦品种间杂交、六倍体皮裸燕麦种间远缘杂交，育成裸燕麦新品种 4 个、新品系一批、鉴定成果多项、获奖成果 3 项，其中“内燕五号”获内蒙古科技进步奖三等奖。现承担“十四五”国家燕麦荞麦产业技术体系项目，先后育成燕麦新品种 5 个、新品系一批、鉴定成果多项、获奖成果 3 项，发表研究论文 50 余篇，参编专著 4 部。多年来该所与乌兰察布市农林科学研究所在燕麦育种、新品种引进和病虫害防治等方面协作取得了较好成绩，该所的科研平台为我所在燕麦育种和技术推广等方面提供了科学依据。

### (二)内蒙古农业大学农学院

内蒙古农业大学农学院始建于 1958 年，农学专业是国家特色专业、首批国家卓越农林人才培养专业、自治区重点建设专业和自治区品牌专业。学院设有作物学一级学科博士学位授权点，下设作物栽培学与耕作学、作物遗传育种、作物生理与种子学等 3 个二级学科博士学位授权点；设有作物栽培学与耕作学、作物遗传育种、植物学等 3 个硕士学位授权点和农艺与种业专业硕士学位授权点 1 个；拥有作物学与生物学 2 个博士后科研流动站。近 5 年来，学院教师累计承担的国家重点研发计划、国家自然科学基金项目、自治区科技重大专项等项目 100 余项，累计获得国家级、自治区级科技奖励 20 余项。为促进民族团结和繁荣地方经济做出了重要贡献。

内蒙古农业大学刘景辉教授是国家现代农业燕麦荞麦产业技术体

系栽培与土肥研究室主任、养分管理岗位科学家，赵宝平教授是土壤和产地环境污染管控与修复岗位科学家，其团队具有核心成员李立军、米俊珍、齐冰洁、武俊英、杨彦明、张星杰、刘美英、王润莲等 16 人，其中 14 人有博士学位、15 人为高级职称。目前团队已完成和正在承担的国家和自治区的各类科研项目共计 40 余项。团队获得教育部科技进步奖二等奖 1 项，内蒙古科技进步奖一等奖 2 项、二等奖 2 项，内蒙古自然科学奖二等奖 1 项、三等奖 1 项，农业部农牧渔业丰收奖二等奖 1 项。特别是在燕麦抗逆性与水肥高效利用研究方面达到国内领先、国际先进水平。

近年来，内蒙古农业大学农学院与乌兰察布市农林科学研究所联合开展黄腐酸对干旱胁迫下燕麦光合能力抗旱增产机制、乳酸菌复合制剂对燕麦生长及土壤磷素活化作用的影响、播种量对缩行带状滴灌燕麦抗倒增产机制研究、有机无机配施乳酸菌复合制剂对旱作燕麦生长及土壤氮素利用的影响机制、燕麦有效灌溉试验、燕麦 $\beta$-葡聚糖合成的生理和分子机制、阴山沿麓禾本科饲草再生复种水分合理利用技术、阴山沿麓禾本科和其他饲草复种水分高效利用技术、阴山沿麓禾本科和其他饲草复种混播水分均衡利用技术等共计 30 余项科研项目，联合培养在职博士后 1 人、博士研究生 4 人、硕士研究生 20 余人。

### （三）内蒙古农业大学园艺与植物保护学院

内蒙古农业大学园艺与植物保护学院组建于 2018 年，拥有“内蒙古自治区野生特有蔬菜种质资源与种质创新重点实验室”“生物农药创制与资源利用自治区高等学校重点实验室”（培育建设）、“内蒙古自治区设施园艺工程技术研究中心”和“内蒙古自治区寒旱区作物保护工程技术研究中心”4 个省级科学研究平台，建有“作物土传病害微生态调控院士工作站”和“草原昆虫研究中心”。该院与乌兰察布农林科学研究所在燕麦病虫草害防治等方面开展科研项目合作，研究制定了一系列燕麦抗病虫害栽培技术和技术规程。

### （四）中国农业大学农学院

中国农业大学农学院拥有功能齐全、设备先进的国家杂种优势研究与利用重点实验室。近年来，中国农业大学与乌兰察布市农林科学研究所共同开展燕麦新品种选育、绿色栽培技术与营养功能产品研究与示范项目工作，针对燕麦旱作栽培技术缺乏和机械化程度低等问题，以及生态高效栽培和景观多样化发展需求，开展不同生态类型区适宜的燕麦绿色高效技术集成与创新，燕麦病虫草害绿色防控关键技术突破与推广。结合乌兰察布市燕麦主产区生产特点，建立了燕麦高质量发展示范基地和示范区，研发避旱、抗旱栽培技术，优化基于燕麦为主体多样化作物带状间作与轮作模式，优化产业结构，开展燕麦种植模式示范与推广，促进燕麦生产向全程机械化方向发展。

### （五）张家口市农业科学院

张家口市农业科学院是一个集农、林、牧、工程等多学科为一体的综合性科研机构。多年来与乌兰察布市农林科学研究所在农作物新品种选育、新技术示范推广及相关领域开展科技项目的研究和开发、技术交流与合作、技术培训等科研内容。为全市主要农作物更换新品种，如高产优质多抗裸燕麦品种坝莜 18 号选育，为全市农业产业结构调整做出了一定的贡献。

### （六）集宁师范学院

集宁师范学院立足边疆民族地区，践行“求实创新、为人师表”的校训，始终不渝为边疆民族地区基础教育、民族教育、经济建设和社会发展服务，为国家、自治区特别是乌兰察布市的经济社会发展、民族团结进步和边疆和谐稳定做出了重要贡献，被誉为乌兰察布基础教育、民族教育的摇篮和城市智慧的心脏。近几年来，乌兰察布市农林科学研究所与集宁师范学院联合签订战略合作框架协议，依托双方合作共建产学研联合创新中心，将围绕乌兰察布市产业需求，组建创新团队，搭建平台载体，开展科技合作，人才培养，通过共享资源、互助互惠、相互支持，实现合作发展共赢。

## 三、乌兰察布市燕麦产业科研成果

乌兰察布市燕麦科研工作历史悠久，20 世纪 70 年代原乌盟农科所是全国主要的燕麦育种单位，科研成果享誉全国。1986 年 11 月，由乌盟农研所（杨海鹏主持）、自治区农科院、内蒙古农牧学院农学系共同完成的“旱地莜麦新品种选育及栽培技术的研究”课题通过鉴定，于 1987 年获得自治区科技进步奖二等奖。1988 年 9 月，由杨海鹏参加的“中国燕麦品种资源搜集、鉴定、编目、研究利用”项目获得农业部科学技术进步奖三等奖（图 2-3）；1990 年 7 月，由杨海鹏主持的“裸燕麦大面积丰产综合栽培技术的开发研究”项目获得农业部科技进步奖三等奖。自 1946—2000 年间原乌盟农科所先后选育出适合于乌兰察布地区种植的新品种内燕 1 号、内燕 2 号、内燕 6 号（图 2-6 至图 2-8）。

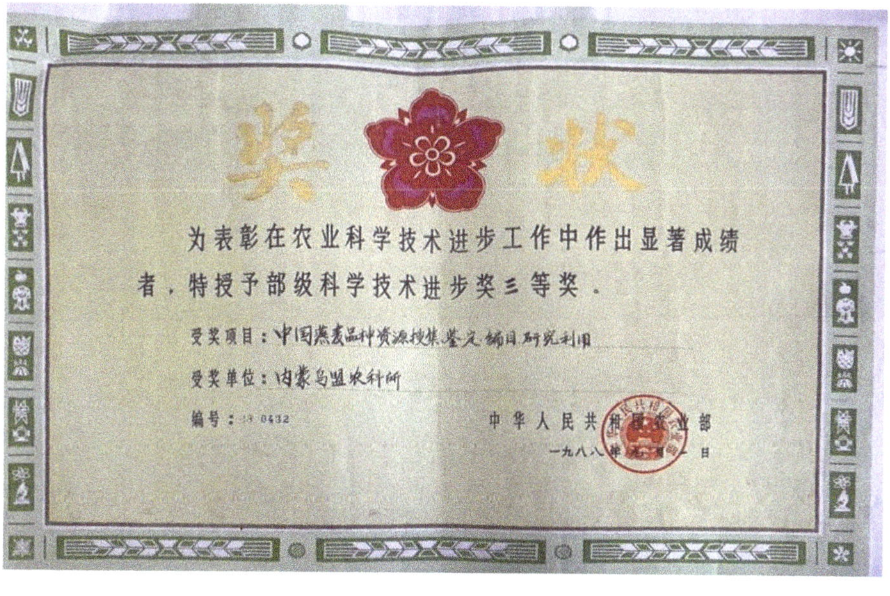


图 2-3 农业部科学技术进步奖三等奖奖状

1992 年，“六倍体皮、裸燕麦种间杂交及其在裸燕麦新品种选育中的应用”获得国家科学技术奖二等奖（图 2-4）。

1993 年，“六倍体皮裸燕麦种间杂交及其在裸燕麦新品种选育中的应用”获山西省科学技术奖进步奖一等奖（图 2-5）。

证书

获奖项目：六倍体皮、裸燕麦种间杂交及其在裸燕麦新品种选育中的应用

获奖单位：内蒙古乌盟农科所 等

奖励等级：二 等

奖励日期：一九九二年十一月

证 书 号：农-2-002-03

国家科学技术进步奖
评审委员会

图 2-4 国家科学技术进步奖二等奖证书

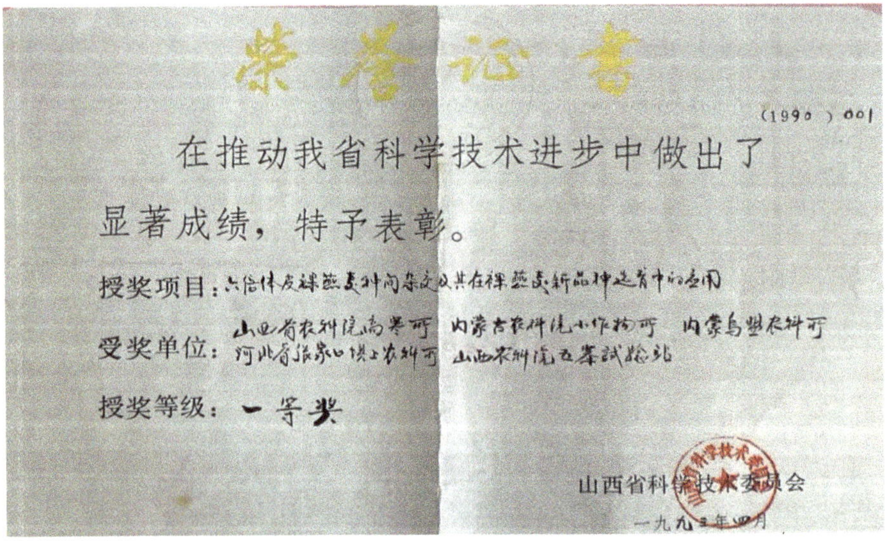

荣誉证书

（1990）001

在推动我省科学技术进步中做出了显著成绩，特予表彰。

授奖项目：六倍体皮裸燕麦种间杂交及其在裸燕麦新品种选育中的应用

受奖单位：山西省农科院高寒所 内蒙古农科院小作物所 内蒙乌盟农科所 河北省张家口坝上农科所 山西农科院五寨试验站

授奖等级：一等奖

山西省科学技术委员会

一九九[illegible]年四月

图 2-5 山西省科学技术进步奖一等奖证书

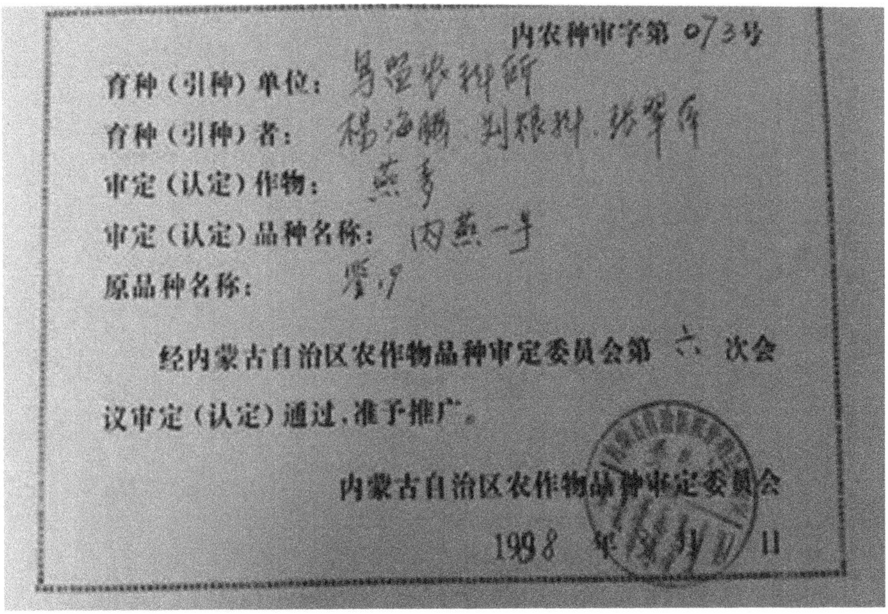

内农种审字第 073 号

育种（引种）单位：乌盟农科所

育种（引种）者：杨海鹏、刘根科、[illegible]

审定（认定）作物：燕麦

审定（认定）品种名称：内燕一号

原品种名称：[illegible]

经内蒙古自治区农作物品种审定委员会第 六 次会议审定（认定）通过，准予推广。

内蒙古自治区农作物品种审定委员会

1998 年 [illegible] 月 [illegible] 日

图 2-6　内燕 1 号审定证书

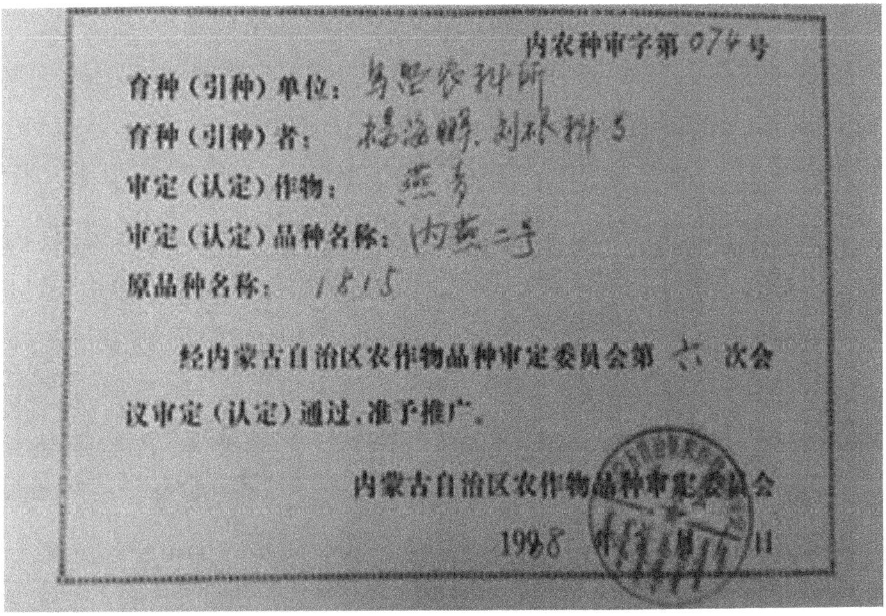

内农种审字第 074 号

育种（引种）单位：乌盟农科所

育种（引种）者：杨海鹏、刘根科 5

审定（认定）作物：燕麦

审定（认定）品种名称：内燕二号

原品种名称：1815

经内蒙古自治区农作物品种审定委员会第 六 次会议审定（认定）通过，准予推广。

内蒙古自治区农作物品种审定委员会

1998 年 [illegible] 月 [illegible] 日

图 2-7　内燕 2 号审定证书

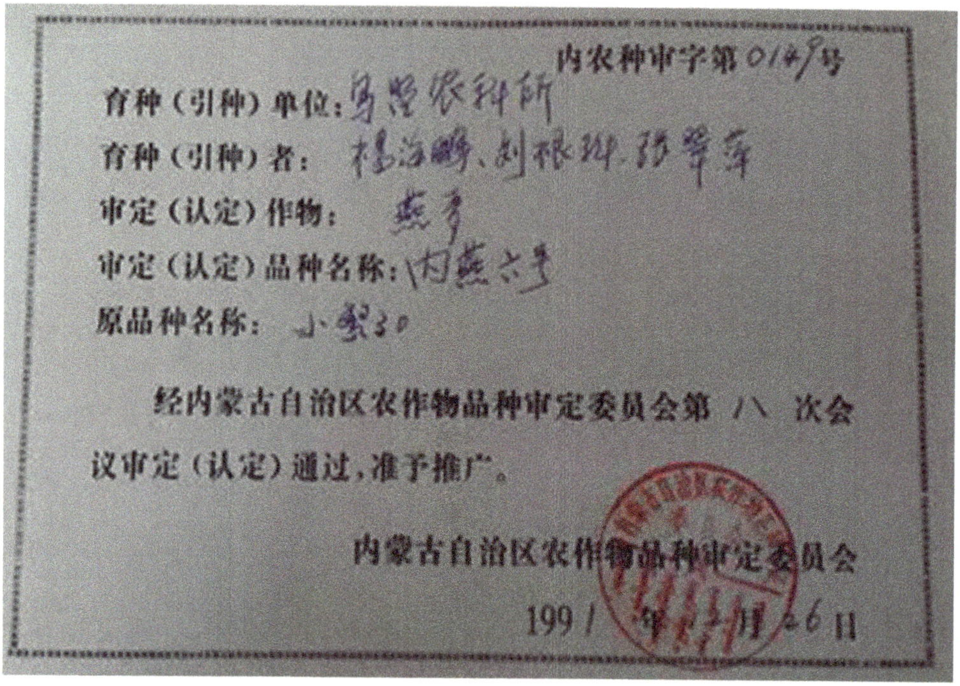

内农种审字第0149号

育种（引种）单位：乌盟农科所

育种（引种）者：杨海鹏、刘根科、[illegible]

审定（认定）作物：燕麦

审定（认定）品种名称：内燕六号

原品种名称：小裸30

经内蒙古自治区农作物品种审定委员会第 八 次会议审定（认定）通过，准予推广。

内蒙古自治区农作物品种审定委员会

1991 年 [illegible] 月 26 日

图 2-8　内燕 6 号审定证书

2008 年以来，乌兰察布燕麦综合试验站开展项目攻关和新成果推广应用，先后承担国家燕麦、荞麦产业技术体系“十二五”“十三五”科技攻关任务。2012 年试验站原站长张永伟参与的“免秋耕晚播蓄沙固土缓解沙尘暴耕作技术示范”项目获河北省科技厅颁发的科研成果登记，2014 年由团队成员王凤梧负责的项目“燕麦综合配套增产技术研究与应用”获内蒙古自治区农牧业丰收三等奖。2015 年由团队成员王凤梧主持的“优质裸燕麦新品种‘坝莜 8 号’引进与推广项目”获得内蒙古自治区科技厅成果鉴定，2016 年由试验站站长王凤梧主持“优质裸燕麦新品种‘坝莜 8 号’引进与推广项目”获内蒙古自治区农牧业丰收三等奖。2016 年内蒙古农业大学与乌兰察布燕麦综合试验站合作项目“燕麦高产优质品种选育与栽培技术集成创新与应用”获内蒙古自治区科技进步奖一等奖，同年乌兰察布燕麦综合试验站参与的“燕麦田病虫草害防治技术研究与综合防治技术推广”项目获内蒙古自治区农牧业丰收三等奖；2019 年试验站与河北省高寒作物研究所合作项目“高产优质多抗裸燕麦品种坝莜 18 号选育”获河北省科技成果登记证书；2019 年由试验站申报的自治区科技计划“种养结合有机绿色循环项目”获批并开始组织实施。

2017 年成立乌兰察布燕麦院士专家工作站，依托院士专家工作站在燕麦遗传育种、专用品种选育、病虫害防治、燕麦深加工技术、燕麦生物技术应用、燕麦产业信息、燕麦产品标准化方面进行研究取得了一定成就。构建了“燕麦科研团队—燕麦种质创新—专用品种选育—优良品种繁育—标准技术集成—优质加工原料—科企联合加工—生产特色产品—打造主导品牌—构建支柱性产业”的现代农业产业技术体系。图 2-9 至图 2-13 展示了部分获奖证书。

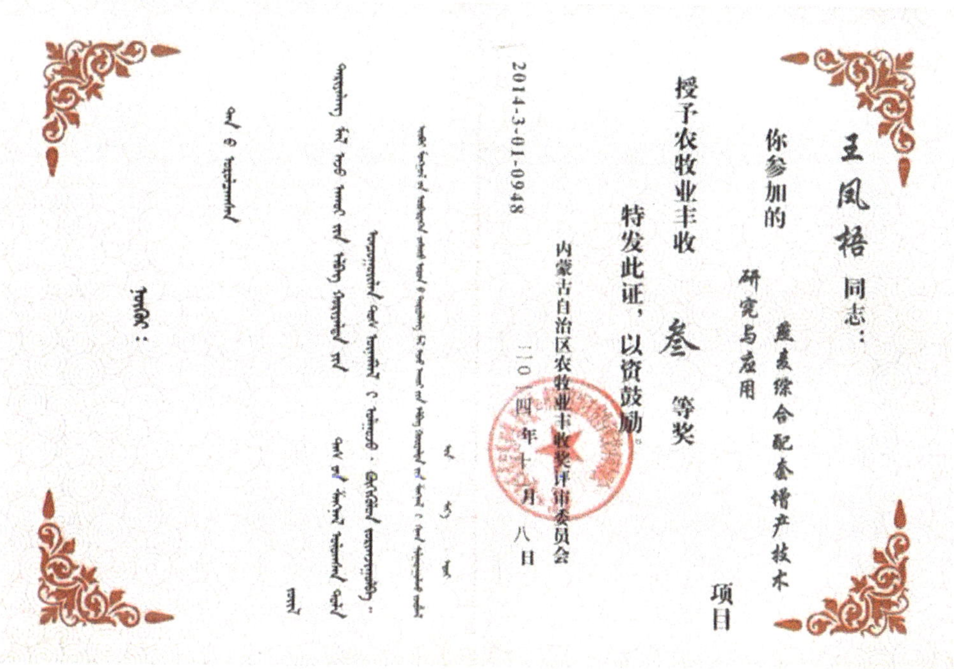
王凤梧 同志：
你参加的 燕麦综合配套增产技术研究与应用 项目
授予农牧业丰收 叁 等奖
特发此证，以资鼓励。
内蒙古自治区农牧业丰收奖评审委员会
二〇一四年十月八日
2014-3-01-0948

图 2-9　2014 年丰收三等奖证书

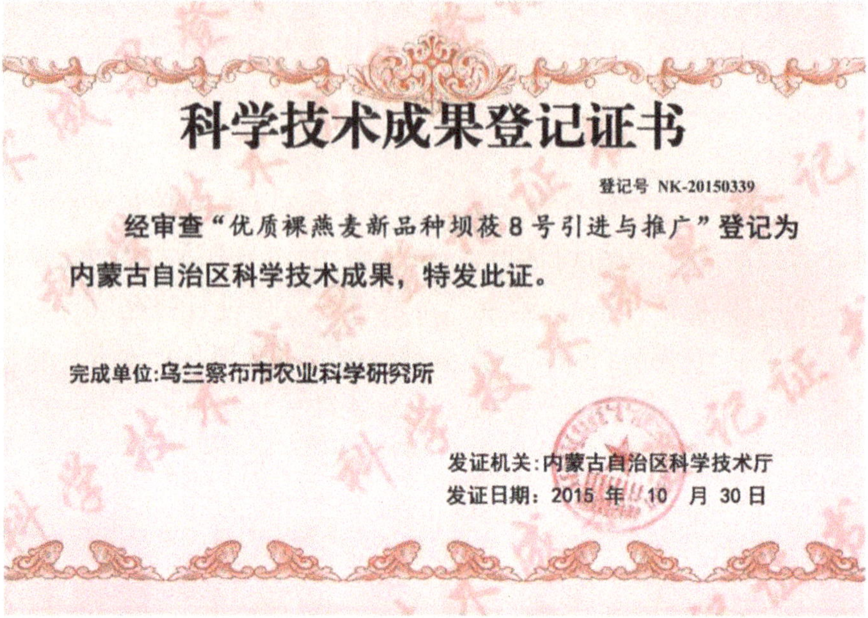
科学技术成果登记证书

登记号 NK-20150339

经审查“优质裸燕麦新品种坝莜8号引进与推广”登记为内蒙古自治区科学技术成果，特发此证。

完成单位:乌兰察布市农业科学研究所

发证机关:内蒙古自治区科学技术厅

发证日期：2015 年 10 月 30 日

图 2-10　自治区科学技术成果登记证书

奖状

乌兰察布市农牧业科学研究院

“燕麦田病虫草害防治技术研究与综合防治技术推广”项目获2016年度内蒙古自治区农牧业丰收奖 贰 等奖。你单位为第 02 完成单位。

特发此证

内蒙古自治区农牧业丰收奖评审奖励委员会

2016年12月28日

编号：2016-2-02-215

图 2-11　2016 年丰收二等奖奖状

图 2-12　2016 年自治区科学技术进步一等奖证书

图 2-13　2019 年河北省科学技术成果证书

# 第四节　乌兰察布燕麦加工企业发展情况

乌兰察布市燕麦种植历史悠久，在全国燕麦种植地级市中占首位。种植、销售、贮藏、饮食等各方面都传承和凝聚着世代乌兰察布人民的辛劳和智慧。在乌兰察布“十三五”“十四五”总体规划中，燕麦被列入全市六大主导产业之一，全市优化种植结构，加大燕麦种植，努力提升旱作农业综合效益。同时依托当地资源优势，大力发展农产品精深加工，提高燕麦资源利用率，提升农产品附加值，加快农业产业化发展，将燕麦产业打造成为当地发展农业和农村经济、帮助农民脱贫致富的支柱和特色产业。如今的燕麦产业以其固有的资源优势和巨大的发展潜力，在乌兰察布经济社会发展中占据了不可或缺的重要地位。

乌兰察布市按照“大生产、大流通、一体化”的要求，不断强化流通服务、信息服务、中介服务，着力扶持发展燕麦产、加、销协会，目前，全市成立燕麦营销协会 10 多个，注册的燕麦经纪人 100 多人。同时，鼓励各类中介组织参与基地建设和市场销售，在协会等合作经济组织的桥梁和纽带作用下，建立了“公司＋协会＋农户”“龙头企业＋运销大户＋农户”等运作模式，提高了燕麦销售的组织化程度。在全国各地设立了购销网点，建立了 10 多个直销窗口，并建立了燕麦价格信息平台、物流配送平台和交易平台，并通过举办大规模的燕麦经贸洽谈会、文化节、美食节、搭建“公益中国”电商销售平台等增加燕麦产品销售途径。开展以“互联网＋”为模式的实践探索，积极推进燕麦产品销售电子商务进农村综合示范县建设和村级电商扶贫站点建设。“原味乌兰察布”区域公用品牌的打造，提升了乌兰察布市绿色农特产品品牌影响力，拓宽了销售渠道，燕麦的知名度和产品销售进一步扩大，产品畅销广州、上海、天津、北京等城市，远销韩国、日本、蒙古国及东南亚等国家和地区。

目前，乌兰察布市燕麦产业已形成引、育、繁、推、加、销、贮产业链格局，全市现有集燕麦育种、种植、收储、深加工、文化推广为一体的大型企业 6 家，从事加工销售的全产业链集成化中小企业 200 多家。在企业布局上，注重大、中、小型企业结合，大型企业主要瞄准构建国际竞争优势，中型企业主要瞄准国内市场，鼓励小型企业发展特色地方名优产品。优化产业空间布局，培育一批具有核心竞争力的产业集群和企业群体，走换挡增效的发展道路。当地燕麦龙头企业主要有内蒙古阴山优麦食品有限公司、内蒙古塞主粮食品科技开发有限公司、凉城县世纪粮行有限公司、兴和县同恒粮油贸易有限责任公司、内蒙古香莜牛牛食品有限公司、瑞田现代农业股份有限公司、内蒙古纳尔松酿业有限公司等。

## 一、内蒙古阴山优麦食品有限公司

内蒙古阴山优麦食品有限公司属内蒙古民丰种业有限公司的子公司，位于世界燕麦发源地之一的“阴山北麓”地区，是世界著名的优质燕麦主产区之一。公司成立于 2013 年，是一家集燕麦育种、规模化种植、多产品深加工、产品销售、仓储物流、燕麦科技创新、燕麦文化与品牌推广为一体的燕麦全产业链公司。该公司是国家级农业产业化重点龙头企业、国家高新技术企业、全国为全面建成小康社会做贡献先进集体、自治区扶贫重点龙头企业、自治区先进私营企业。

目前现有年生产 3 万 t 燕麦香米、2 万 t 燕麦片、2 000 万支燕麦杯、6 000 t 燕麦粉（莜面）加工生产线，是中国最大的裸燕麦生产加工企业，拥有主食类、冲调类、休闲类、功能类四大系列 40 多个单品，已注册“阴山优麦”“小燕子”“燕纤坊”“塞宜德”四大品牌为主的 50 多个商标，获批发明专利 2 项、实用新型专利 8 项。通过多年的市场渠道建设，已完成 7 大区域覆盖 19 个省、60 多个城市的市场布局，涵盖西北、西南、华南、东北、华东、华北、华中 7 大区域；成功开拓了一大批集团业务渠道及多个电商渠道。2020 年实现年销售额 1.06 亿元，2021 年实现年销售额 1.2 亿元，2022 年实现年销售额 2 亿元。内蒙古阴山优麦食品有限公司一直采用“公司＋农场＋基地”的合作模式，在订单收购、发展村集体经济、入股分红、土地流转等模式的基础上，与农民形成稳定的利益共同体，继续沿着农民增收、农村发展、农业增效的路子走下去，为当地“乡村振兴”工作做出积极贡献。

## 二、内蒙古塞主粮食品科技股份有限公司

内蒙古塞主粮食品科技股份有限公司成立于 2016 年 4 月，占地

14 000 $m^2$，公司坐落于察哈尔右翼前旗工业园区，是一家集燕麦种植，燕麦品种繁育，燕麦食品研发销售，燕麦科技创新和燕麦文化与品牌推广为一体的燕麦全产业链公司。现有年产 3.6 万 t 的燕麦胚芽米加工车间、5 000 t 的燕麦片分包车间，以及燕麦文化展示区暨中国燕麦养生科普馆，成为集燕麦多产品加工，燕麦文化与品牌推广为一体的燕麦产业运营平台。公司主要产品为塞主粮燕麦胚芽米，塞主粮大粒裸燕麦片、燕麦粥米、调制燕麦片、燕麦白酒、燕麦速食面等。

塞主粮在政府发展战略的指引下，积极响应党中央的号召，大力开展燕麦订单扶贫和其他形式的扶贫活动，累计带动 2 000 多户建档立卡贫困户进行订单扶贫，资金托管扶贫。被授予自治区扶贫龙头企业、乌兰察布市农牧业产业化重点龙头企业、察右前旗优秀扶贫龙头企业等称号。内蒙古塞主粮食品科技股份有限公司提倡诚信、团结、敬业、奋斗的企业精神文化，生产开发塞主粮系列产品，积极宣传普及燕麦文化，专注燕麦产业全产业链的开发，目标将塞主粮燕麦胚芽米打造成为国人餐桌上第一健康主粮。

## 三、凉城县世纪粮行有限公司

凉城县世纪粮行有限公司（田也杂粮）创建于 2000 年，是一家集种植、收购、储藏、加工、销售五位为一体的综合性杂粮企业。目前拥有精加工生产线 7 条，万吨粮食储备库 1 座，每年可收购原粮 1 万 t，精加工杂粮 1 万 t，年产能 8.4 万 t，可生产加工黑豆、燕麦米、红谷米、藜麦米、莜面、糕面等 3 大系列 32 款产品。公司采用“公司＋基地＋农户＋合作社”的运营模式，形成了农村合作社负责种植及收购，加工基地负责产品储藏及加工、销售，公司负责销售和服务的全产业链布局，同时以规模化、标准化、产业化的发展思维融合全新互联网模式，成为内蒙古自治区农牧产业化重点龙头企业。

田也杂粮的所有产品均通过国际质量管理体系认证、绿色农产品认证和英格尔检测集团认证。产品在永盛成、维多利、华联和京东、淘宝、微店等线下线上多种渠道销售，受到消费者的广泛认可。是西贝莜面村、马家私房面、浩翔餐饮等知名餐饮品牌的供应商。

公司注重品牌影响力的打造。提出了“100％精选旱地杂粮”的概念以及"田字格"的超级符号,"田也"品牌获"内蒙古名片百强品牌"。公司先后被授予乌兰察布市农牧业产业化重点龙头企业、自治区扶贫龙头企业、内蒙古自治区农牧业产业化重点龙头企业、内蒙古名牌产品、全国农民专业合作社示范社、粮油企业50佳、内蒙古自治区农牧业产业化重点龙头企业等荣誉称号。

## 四、兴和县同恒粮油贸易有限责任公司

兴和县同恒粮油贸易有限责任公司成立于2009年,是一家集燕麦收购、燕麦加工品、燕麦碾磨加工品、燕麦仓储、燕麦米销售于一体的公司。公司现有国内领先水平的燕麦加工生产线两条,年加工能力是15 000 t。公司的诚信、实力和产品质量获得业界的认可,先后获得乌兰察布市农业产业化重点龙头企业、自治区扶贫龙头企业、自治区粮食加工应急点、乌兰察布市农牧业产业化重点龙头企业、放心粮油示范企业、自治区扶贫龙头企业等荣誉称号。

公司注重社会责任意识的提高,通过种植户与企业建立利益联结机制,采取"企业＋基地"模式,大力发展"订单农业",重点推广高产优质燕麦种子、高产栽培技术、病虫害绿色防控和施肥技术,打造规模化、标准化优质燕麦优势产区。大力开展绿色产品认证、有机产品认证等认证工作,实现良种良法配套,农机农艺结合,提高产量品质,提升旱作农业的综合收益。

## 五、内蒙古香莜牛牛食品有限公司

内蒙古香莜牛牛食品有限公司成立于2016年,位于内蒙古乌兰察布市兴和县境内,是一家集纯天然燕麦种植,燕麦食品、饮品以及药食同源产品的研发、生产、推广于一体的新型企业。公司拥有国内外先进生产设备,与中国食品协会等国内7所研究院校建立了长期战略合作伙伴的关系,从而夯实了公司产品的技术基础。目前已经建有6 000亩的生态自建燕麦农场基地,并且获得了国家颁发的《有机转换认证证书》。

公司经过八年的悉心研究,利用自主研发的特制设备以及特殊工艺

生产的燕麦米稀，把燕麦中人体吸收不了的长链条 $\alpha$-葡聚糖，转变成为人体容易吸收的短链条 $\beta$-葡聚糖。公司生产的燕麦米稀获评农业部农产品地理标志、内蒙古农牧业品牌目录区域公用品牌、原味乌兰察布系列产品。目前公司致力于打造成为全国燕麦全产业链健康产业科技开发及深加工输出基地核心区，推动乌兰察布市主导产业发展。

## 六、瑞田现代农业股份有限公司

瑞田现代农业股份有限公司坐落于内蒙古乌兰察布市察右前旗巴音镇。公司成立于 2008 年，占地面积 200 亩，是一家集农业种植、农机服务、奶牛养殖、肉牛育肥，种、养、加工、销售相结合的农牧业全产业链企业。公司拥有流转土地 12 000 亩，存栏奶牛 1 800 头，肉牛 500 头；配备有国内先进的农机设备、粮食烘干设备、1 500 t 铁板储粮塔、标准化牛舍、60 位转盘挤奶机。公司与内蒙古农业大学、乌兰察布市职业学院合作，成为 2 所院校的产、学、研基地。2015 年被农业部评为奶牛标准化示范场，2013 年被农业部评为全国种粮大户，2014 年公司被评为内蒙古自治区扶贫龙头企业、乌兰察布市扶贫龙头企业和乌兰察布市农牧业产业化重点龙头企业。2013 年获评“全国种粮大户和优秀个体工商户”；2014 年获评“乌兰察布市扶贫龙头企业和优秀个体工商户”；2017 年获“乌兰察布公益之星”称号；2018 年获评“全国万企帮万村先进企业”；2019 年获评“自治区农业产业化重点龙头企业”。

公司发展坚持“立草为业、为养而种，以先进的农机设备促现代农业发展”理念，把草业、牧业作为一个主导产业，带动并辐射周边农户和养殖户增加收入，实现公司效益与社会效益双赢。公司通过土地入股、企业统一经营，形成了农民“土地入股、二次分红、风险企业承担、利益共享”的模式，调动了农民参与企业经营的积极性。

## 七、内蒙古纳尔松酿业有限公司

内蒙古纳尔松酿业有限公司始建于 1949 年 9 月，原为集宁制酒厂。1999 年企业转型改制，并更名为集宁纳尔松酿业有限公司。有着 70 多年的酿酒历史，目前公司坐落在集宁区纳尔松河畔，占地面积 140 余亩，注册资金1亿元，资产总额3亿多元。年生产原浆白酒能力达10 000余t，库存储备原浆达到8 000余t；拥有自动化和半自动化灌装线10条，年产值可达10亿元以上。现有2项发明专利和9项外观设计专利。2006年企业通过了ISO9001国际体系认证；2009年“纳尔松酒制作技艺”被纳入乌兰察布市非物质文化遗产名录；历年被乌兰察布市评为农牧业产业化龙头企业；曾多次被乌兰察布市工商业联合会评选为“公益之星”和“扶贫济困”先进企业。“纳尔松”注册商标被内蒙古自治区评为“内蒙古老字号”；连续七届被内蒙古品牌大会组委会和内蒙古品牌建设促进会、品牌评价专业委员会评为知名品牌和优秀品牌。

2016年4月依托乌兰察布燕麦黄金产地的优势研发创新燕麦酒，组建燕麦酿酒小组，选用乌兰察布优质燕麦与东北优质高粱、三大香型的发酵曲、发酵工艺进行为期6个月的酿酒实验，最终确定了70%的燕麦、30%的高粱、清、浓、芝三种香型的发酵曲，并采用传统发酵工艺酿造出独具麦香味的燕麦酒。2016年底开始规模酿造燕麦酒，现储存燕麦原浆酒约2 000 t。2017年1月10日，农业部颁发了农产品地理标志公共标识证书。公司被政府挂牌定为“乌兰察布市农牧科学院燕麦酿造基地”。

2018年4月内蒙古农业大学食品科学与工程学院大学生校外教学科研实习基地在纳尔松酿业有限公司落成；同年被乌兰察布市委统战部、宣传部和民委评为民族团结示范企业；2019年荣获中国国际贸易促进会颁发的“中华传统好食品”称号，被内蒙古自治区消费者协会、内蒙古市场发展促进会评为“消费者信得过产品”企业；11月经品牌观察杂志社、品牌观察研究院、内蒙古品牌实验室及其独立的专家委员会评估，“纳尔松”注册商标品牌价值为3.88亿元，并颁发了品牌价值评估证书。2019年12月内蒙古自治区财贸轻纺农牧林水工会为纳尔松酿业有限公司颁发了“职工创新工作室”牌匾。2020年10月纳尔松入选内蒙古农牧业品牌目录企业品牌，并颁发了内蒙古农牧业品牌目录证书。同年被内蒙古农牧厅评为“农牧业产业化重点龙头企业”；被内蒙古自治区发展和改革委员会评为“诚信示范企业”，并获得乌兰察布市五一劳动奖章等奖项。

# 第五节　重点人物介绍

## 一、杨海鹏

杨海鹏，男，1931—2012年，浙江绍兴人，研究员。1955年毕业于沈阳农学院农学植物保护专业。1963年在乌兰察布盟农业科学研究所工作，一直从事燕麦育种及栽培工作。共获得省部级奖7项，其中国家科学技术进步奖二等奖1项；省级科技进步奖一等奖1项、二等奖1项、三等奖2项；科技成果2项。获得市级科技进步奖二等奖2项、三等奖1项。1970—1991年主持“6倍体皮、裸燕麦种间杂交及其在裸燕麦新品种选育中的应用”课题，先后育成内燕1号、2号、6号3个裸燕麦新品种，还有6个未审定品种，推广面积达857万亩，增经济效益2 400万元。参与编写《中国大百科全书》《中国农业大百科全书》《中国农作物遗传资源》三部著作。主编《中国燕麦》。先后发表论文40多篇。

## 二、张永伟

张永伟，男，1953年2月出生，高级农艺师。原乌兰察布市农业科学研究所副所长，2008—2015年任国家燕麦、荞麦产业技术体系乌兰察布综合试验站站长。曾参与马铃薯遗传基础理论研究与育种工作，创办全国性的《马铃薯》杂志(《中国马铃薯》前身)。曾主持双低油菜新品种和玉米引种和大豆育种研究课题，选育出乌兰1号大豆新品种。1999年被选拔为乌盟跨世纪中青年优秀科技工作者，并多次获得盟委、行署以及农贸委、农业中心的奖励。2008年进入国家现代农业产业技术体系，成立了乌兰察布燕麦综合试验站，主持燕麦试验站工作。完成了“十一五”“十二五”期间燕麦、荞麦的引种、试验与示范工作。参与编写《中国燕麦学》《中国荞麦学》《中国燕麦品种志》《中国荞麦品种志》《中国燕麦荞麦200问》《中国现代农业可持续发展战略研究用书》(燕麦荞麦分册)、《燕麦》科普读物等多项著作。发表省级以上论文20余篇。2012年参与的“免秋耕晚播蓄沙固土缓解沙尘暴耕作技术示范”项目获河北省科技厅颁发的科研成果登记。2015年主持的“优质裸燕麦坝莜8号的引进与推广”获内蒙古科技成果鉴定证书。

## 三、刘根科

刘根科，男，1960 年 6 月出生，内蒙古丰镇市人，研究员。1983 年毕业于内蒙古农牧学院农学系农学专业，获农学学士学位。1983 年 8 月在乌兰察布盟农业科学研究所工作，一直从事燕麦新品种选育和栽培技术研究工作。协助课题主持人杨海鹏先生和课题组成员一起完成了内燕 1 号、内燕 2 号、内燕 6 号等燕麦新品种的选育并审定。参与了“六倍体皮裸燕麦种间杂交技术与应用”项目的研究，1992 年该项目获得山西省科技进步一等奖，1993 年获国家科技进步二等奖。1991 年 8 月因工作需要调入山西省农业科学院高寒区作物研究所，从事燕麦新品种选育与栽培技术研究工作。2008 年 12 月，任山西省农业科学院右玉农业试验站站长。曾担任山西省农作物品种审定委员会四届、六届经济作物专业委员。山西省右玉县第六、第七、第八、第九届政协委员会常委。山西省农科院党委联系高级专家。主要从事小杂粮作物新品种选育和栽培技术研究。先后参与了省部级“七五”“八五”“九五”“十五”粮食作物攻关计划的项目研究、实施。1996 年参与的“晋亚 6 号胡麻 ”获得山西省科技进步一等奖；2003 年参与的“中国锦鸡儿属植物资源研究”获山西省科技进步一等奖；2001 年参与的“低芥酸芥菜型油菜杂交种的选育”获山西省科技进步二等奖；2011 年参与的“优质高产油菜新品种高油 9 号的选育与应用”获山西省科技进步二等奖。参与编写《小杂粮营养价值与综合利用》《中国荞麦学》《中国燕麦品种志》。发表论文 20 多篇。

## 四、张翠萍

张翠萍，女，1961 年 10 月出生，高级农艺师。1984 年 8 月毕业于内蒙古农牧学院农学系农学专业，获学士学位。同年分配到内蒙古乌兰察布盟农业科学研究所燕麦室工作。参与农业部“七五”“八五”重点项目“燕麦高产高品质的新品种选育”工作，参加国家科技攻关“85-01-02-02 专题燕麦子专题”项目。参与完成内燕 1 号、内燕 2 号、内燕 6 号新品种选育及品种审定命名工作。参与了“六倍体皮裸燕麦种间杂交及其在生产上的应用”项目的研究工作，该项目 1992 年获山西省科技进步一等奖；1993 年获农业部科技进步二等奖，获二级证书。参与的内燕 6 号新品种选育项目工作 1995 年获乌兰察布盟科技进步二等奖，获一级证书。2005—2006 年主持所内项目“谷子新品种引种试验和推广工作”，2005—2010 年参与了内蒙古农科院谷子研究室“蒙金谷 1 号”在乌兰察布盟各旗县的示范、推广工作，该项目 2012 年 11 月获内蒙古自治区农牧业丰收奖一等奖；2016—2018 年参加国家燕荞麦产业体系乌兰察布试验站燕麦新品种选育工作。2017 年参加了科技部组织的“三区下乡”工作。1996 年参与编写《中国燕麦品种资源目录》，发表省部级论文 10 余篇。

## 五、王凤梧

王凤梧，男，1973 年 10 月出生，研究员。1996 年 10 月参加工作，现任乌兰察布市农林科学研究所副所长，乌兰察布市第五届政协常委兼农牧专业委员会副主任；国家燕麦荞麦产业技术体系乌兰察布综合试验站站长，内蒙古自治区燕麦藜麦产业技术创新体系首席；乌兰察布燕麦院士专家工作站和乌兰察布市燕麦产业科技特派员工作站负责人；中国农业大学农学院专业学位研究生兼职第二导师；兼任中国食品工业协会杂粮产业委员会副会长、内蒙古燕麦产业联盟副理事长、乌兰察布市燕麦产业协会秘书长；内蒙古农牧业科技创新联盟委员、内蒙古自治区农业标准化技术委员会委员；政协乌兰察布市委员会应用型智库专家库专家成员。

自 1996 年参加工作以来，一直从事燕麦、马铃薯等作物新品种引进、试验示范和科技下乡工作，曾先后获得农业农村部等部委先进个人两次。现主持国家级、省部级和市级在研课题 12 项，参与国家级、省部级和市级在研课题 9 项；获部级先进个人 2 项，被评为内蒙古自治区第十二批“草原英才”工程高层次培养人才、全区民族团结进步模范、2018—2022 年内蒙古百名专家走进盟市旗县科普传播突出贡献人物；获全国农牧渔业丰收奖 2 项、内蒙古自治区农牧业丰收奖 6 项、市科学技术奖 1 项；主持鉴定成果 3 项；参与发明实用新型专利 8 项；登记燕麦品种 2 个；主持编制地方行业标准 2 项、参与起草制定地方行业标准 21 项；主编著作 3 部，参编出版著作 11 部，参编登记软件著作权 3 项；核心期刊发表论文 20 余篇。

## 六、高卿

高卿，女，1967 年 12 月出生，推广研究员。1991 年 7 月毕业于内蒙古农牧学院植物保护专业，获学士学位。同年分配到乌兰察布盟农业科学研究所工作，一直从事农业科研与新品种新技术推广工作。曾参与小麦国家“八五”攻关项目，选育出永良 4 号和 Q16 小麦新品种，曾参与马铃薯育种及新品种推广，保存马铃薯资源 500 多份，协助完成马铃薯脱毒种薯体系建设。2010 年进入国家燕麦、荞麦产业技术体系乌兰察布试验站工作，参与试验站“十二五”和“十三五”各项燕麦、荞麦试验示范工作。获得内蒙古自治区科技进步一等奖，农牧业丰收奖二等奖、三等奖等多个奖项。其中 2014 年参与的“燕麦综合配套增产技术研究与应用项目”获得内蒙古自治区农牧业丰收奖三等奖；2015 年参与“优质裸燕麦新品种坝莜 8 号引进与推广”项目登记为内蒙古自治区科学技术成果。2016 年参加的“燕麦高产优质品种选育与栽培技术集成创新与应用”项目获得自治区科技进步一等奖；参加的“燕麦田病虫草害防治技术研究与综合防治技术推广”项目获得内蒙古自治区丰收奖二等奖。2017 年参加的“乌兰察布市马铃薯全程机械化生产技术研究与示范推广”项目获得内蒙古自治区农牧业丰收奖三等奖。2019 年参加“高产优质多抗裸燕麦品种坝莜 18 号选育”项目并登记为河北省科学技术成果。参与编写《燕麦论》《燕麦实用技术》《中国燕麦品种志》《清水河县耕地与科学施肥》《乌兰察布农牧业生产技术规程（燕麦、荞麦）》等书籍，发表省级以上论文 20 多篇。

## 七、卢文兵

卢文兵，男，1967 年出生，高级经济师。国内知名企业家、企业资本运作与管理专家。现任内蒙古民丰种业、阴山莜麦有限公司董事长，内蒙古腾格里投资公司董事长。1989 年内蒙古财经学院企业管理系本科毕业，2002 年中央党校毕业，2003 年中国政法大学国际经济法研究生毕业，中国人民大学 EMBA。2005—2012 年曾任内蒙古小肥羊餐饮连锁有限公司 CEO、董事。2008 年获“CCTV 中国经济年度人物”“品牌中国十大年度人物”和“ CCFA 中国连锁年度人物”称号；2009 年获“中国娇子青年领袖”“中国十大创业领袖”和“中国服务业企业家”奖；2010年获“全球华商百业十大领军人物”“内蒙古经济年度功勋人物”和“改革开放三十年内蒙古先锋人物”称号；2013年获北大荒杯“中国农村新闻人物”称号；2016年获“中国经济创新领军人物”称号；2017年获“内蒙古十大经济人物”称号。

## 八、李金龙

李金龙，男，1964年出生，1985年7月毕业于乌兰察布市财贸学校工商财务会计专业。1996年5月至今任瑞田现代农业股份有限公司总经理。2019年获得察右前旗精准扶贫先进个人奖；2020年被评为内蒙古自治区劳动模范。

## 九、李全喜

李全喜，男，1970年6月出生。内蒙古凉城县岱海镇西厢村人。现任凉城县世纪粮行董事长、岱海镇杂粮营销协会会长、凉城县田也农民专业合作社理事长、工商联“总商会”副主席。2000年创办了“凉城县世纪粮行”，2009年注册为“凉城县世纪粮行有限公司”，任公司董事长。2009年被评为“第三届乌兰察布市十大杰出青年”；2011年被评为“乌兰察布优秀共产党员”和“内蒙古自治区公益事业先进个人”；2013年被评为“内蒙古自治区农村牧区青年致富带头人”；2015年被评为“乌兰察布优秀基层党组织带头人”；2017年被评为“2015—2016年度乌兰察布市十大领军人物”；2017年被评为“乌兰察布市劳动模范”；2020年被评为“内蒙古自治区劳动模范”。

## 十、柳树兴

柳树兴，男，1976年出生，河南新郑人。现任中国食品工业协会杂粮委员会副会长，内蒙古塞主粮食品科技开发有限公司董事长，内蒙古塞主粮面业有限公司董事长，乌兰察布市燕麦产业协会会长，河南省健康产业协会常务副会长，河南塞主粮农业科技有限公司董事长。2016年—2018年参与“国家燕麦胚芽米行业标准”的制定，2018年担任中国食品工业协会杂粮委员会副会长。

## 十一、朱清海

朱清海，1964 年 5 月出生，内蒙古兴和县大库联村人。2009 年组建了同恒粮油贸易有限公司，2010 年公司注册了“海圆”商标。2012 年安装了第一条燕麦精选生产线，2019 年再次扩大规模，安装了第二条先进的精选燕麦生产线。公司现有国内领先水平的燕麦加工生产线 2 条，标准示范性基地 3 500 亩，年加工燕麦原粮 10 000 t。2019 年荣获“兴和县脱贫攻坚致富带头人”称号。2017—2022 年被选为兴和县人大代表，2022 年被选为乌兰察布市人大代表。从事国产燕麦前端事业 30 余载，对燕麦有深厚的情怀，在燕麦前端种植、收购和初加工方面积累了丰富的经验。

# 第三章　燕麦产区分布与重点旗县燕麦产业发展

## 第一节　察右前旗

### 一、察右前旗基本情况

#### (一)位置境域

察右前旗(察哈尔右翼前旗)地处乌兰察布市中部偏东南部,位于东经112°55′～113°41′、北纬40°～40°13′。周边东邻兴和县,南接丰镇市,西依卓资县,北靠察右后旗。全旗东西最长71.5 km,南北最宽59.5 km,总面积为2 731 $km^2$。

#### (二)地形地貌

察右前旗位于大青山支脉灰腾梁南麓,东有岱青山,南有大脑包山,西有琵琶梁,全旗四面环山,丘陵起伏,为浅山丘陵区。中部为幅员辽阔的冲积平原——黄旗海盆地,盆地中间有内陆闭塞湖——黄旗海。平均海拔为1 600 m。土类主要有栗钙土、黑钙土、草甸土、沼泽土和盐土等。

#### (三)气候特点

察右前旗属中温带半干旱大陆性气候,全年平均气温为4.49 ℃,极端最高气温37.2 ℃,极端最低气温为－34.4 ℃,年日照时间长达2 951.1 h,年降水量为340～450 mm,无霜期平均为110 d左右。

## 二、察右前旗燕麦产业情况

### (一)面积和产量

2022 年,察右前旗粮食作物播种面积 42.7 万亩,产量 10.9 万 t;其中燕麦 5 万亩,产量 0.2 万 t。见图 3-1、图 3-2。

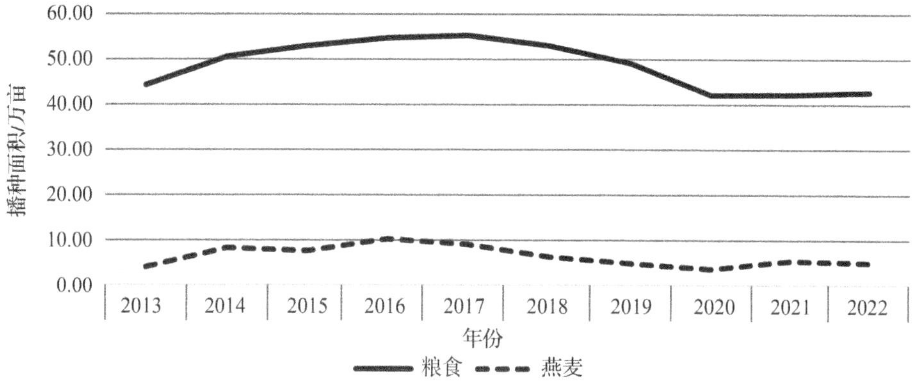


图 3-1　察右前旗 2013—2022 年粮食及燕麦面积

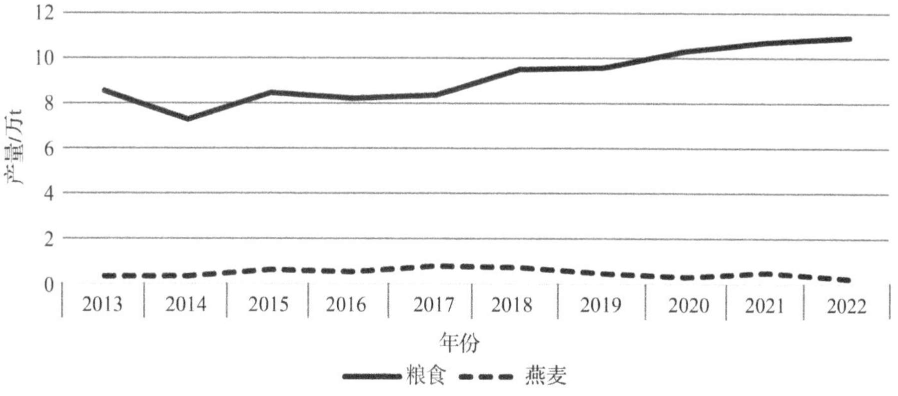


图 3-2　察右前旗 2013—2022 年粮食及燕麦产量

### (二)分布区域及品种

察右前旗燕麦种植历史悠久,种植区域主要分布在土壤和气候条件相对较差的东西两山，以旱地种植、农民分户经营为主。近年来，主要分布在玫瑰营、黄茂营和老圈沟。种植品种主要有坝莜1号、坝莜8号等。

## (三)发展情况

2013年以前，全旗燕麦种植面积不足3万亩，而且品种退化严重，产量、效益不高，产品除当地加工成面食消费外，其余销往附近的河北、山西等地市场。2013年以来，察右前旗立足当地实际，大力调整种植结构，把燕麦产业作为主导产业之一，从技术、资金、政策等各方面给予大力扶持，为推动农村经济持续发展，带动贫困地区脱贫致富，发挥了积极的产业引领作用。

### 1.引进推广新品种，扩大良种覆盖面积

察右前旗政府之前年度安排资金引进燕麦良种3 000亩进行扩繁，满足农民对优良品种的需要，引进了如坝莜系列、蒙燕系列等。对引进的良种在价格上给予一定补贴，通过补贴的方式，加快品种改良，增加良种使用面积，提高燕麦的产量和效益。通过政府引导，改良了品种、改善了品质、增加了效益，农民种植积极性有了极大提高，同时也满足了加工企业对品种的要求，使燕麦种植面积有望继续扩大，带动了察右前旗农村经济向绿色、高产、高效农业的发展。

### 2.加大科技投入，提高科技含量

聘请国家燕麦体系岗位专家3名、内蒙古农大燕麦专家2名、市农牧业科学院燕麦专家3名和部分旗级科技人员，组建燕麦产业技术服务团队，进行技术攻关和示范推广。察右前旗创建验示范基地400亩，用于燕麦新品种的试验示范和良种扩繁。随着科技投入的不断加大，察右前旗燕麦种植技术得到极大提升，管理水平由过去的传统、粗放经营逐步向精细化管理发展；种植区域由过去的旱地向水地逐渐延伸；灌溉方式由过去大水漫灌向滴灌、微喷等节水农业转变。

### 3.引进龙头企业，带动产业规模化发展

目前入驻察右前旗的塞主粮公司，是一家专门从事燕麦产品加工、销售的龙头企业。按照企业＋基地＋农户的发展模式，公司以集中连片、规模发展为方向，采取“企业＋农民合作社＋基地＋农户”扶贫模式，

建立了贫困户与企业主体间的利益联结机制，公司实行保护价收购，提供从种、管、收到订单销售的现代化种植综合解决方案，既保证了公司可持续的高品质原料供应，又让贫困户切实感受到了燕麦产业扶贫政策的福利，增强了脱贫致富的信心。通过龙头企业的加工转化，有效带动了全旗燕麦种植向产业化、规模化、市场化快速发展。

4.调整种植结构，扩大燕麦草种植面积

目前国内饲草产品市场需求旺盛，燕麦草因营养价值高，是奶牛养殖业必需的搭配饲料。察右前旗部分种植大户、合作社、涉农企业及时掌握市场信息，合理调整种植结构，由过去单一的粮食生产向种植优质、高产、高效燕麦饲草转变。

# 第二节　察右中旗

## 一、察右中旗基本情况

### （一）位置境域

察右中旗（察哈尔右翼中旗）地处乌兰察布市西部，处于东经 111°55′45″～112°49′51″、北纬 41°6′～41°29′24″。东邻察右后旗，南面和西南接卓资县，西北和北连四子王旗。地域南北最大长度 90.2 km，东西最大宽度 76.44 km，总面积 4 190.1 $km^2$。

### （二）地形地貌

察右中旗位于阴山北麓，地形西南高，东北低，海拔多在 1 700 m 左右。南部是灰腾梁；西段群山环绕，东部为平坦草原，湖泉镶嵌；西部为大青山支脉；中部二道坝山东西向横亘，丘陵广布北部地势平坦，属荒漠半荒漠草原；北边有七层山。土类土要有灰褐土、黑钙土、栗钙土和阜甸土等。

### （三）气候特点

察右中旗属中温带大陆性季风气候。年平均气温 1～2 ℃，极端最低气温为−36 ℃,极端最高气温 33 ℃。光照充足,年日照时数 3 087 h。年降雨量 350 mm 左右,年均风速 4.7 m/s,年无霜期 72～110 天。

## 二、察右中旗燕麦产业情况

### (一)面积和产量

2022 年,察右中旗粮食作物种植面积 71.7 万亩,产量 11.3 万 t;其中燕麦 11.6 万亩,产量 0.7 万 t。见图 3-3、图 3-4。

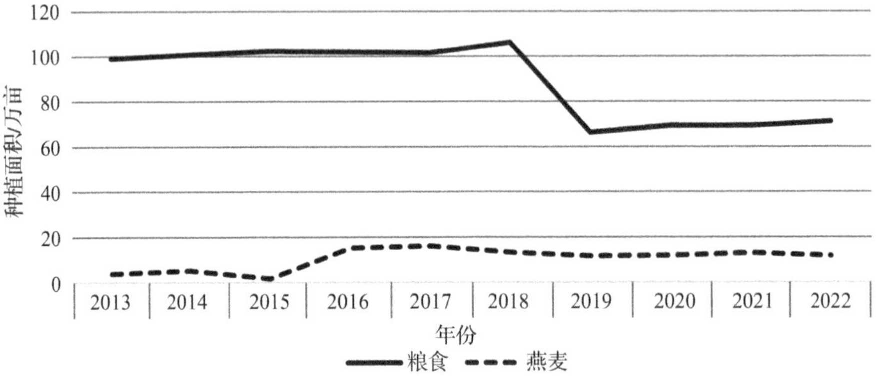


**图 3-3 察右中旗 2013—2022 年粮食及燕麦面积**

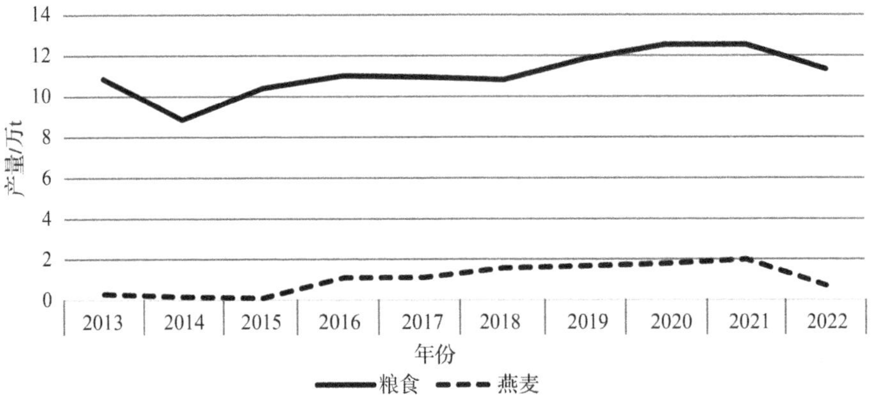


**图 3-4 察右中旗 2013—2022 年粮食及燕麦产量**

## (二)分布区域及品种

察右中旗独特的气候条件和肥沃的土壤环境造就了察右中旗在内的阴山南北一带燕麦有悠久的种植、食用历史。早在魏晋南北朝时期，阴山地区的农民就开始种植燕麦，这一地区至今仍是燕麦的黄金产区，也是有机燕麦种植的首选地区。在宋元年间，成吉思汗的军队以燕麦皮喂马，燕麦米供人食用，军队兵强马壮，耐力持久，在战场上屡战屡胜，阴山燕麦因此颇为著名。近年来，察右中旗燕麦种植主要分布在大滩乡、宏盘乡、乌兰苏木和黄羊城镇。种植品种主要有坝莜8号、白燕2号等。

## (三)发展情况

由于燕麦在经济、社会、生态方面具有重要价值，发展燕麦产业就成为察右中旗调整农业产业结构、确保粮食安全、提高全民健康水平、促进农业增效重要产业。察右中旗燕麦种植面积和产量逐年稳步上升。

### 1.走绿色发展之路

察右中旗作为燕麦精深加工原粮最好的产地之一，也是有机燕麦种植的首选地区。当地在燕麦种植过程中以施用有机肥为主，化肥农药用量少，生产的燕麦颗粒饱满，光泽度好，病虫害少，无论是外观还是内在的品质都具备了天然绿色的特性。

### 2.加大科技支撑

察右中旗通过与内蒙古农业大学、乌兰察布市农牧业科学研究院合作，围绕当地燕麦种植技术、新品种引进和推广应用等进行了一系列试验示范，对当地燕麦种植技术和品种的更新起到了积极作用。

### 3.加强科学轮作

燕麦与察右中旗的另一主导作物——马铃薯在茬口上互为优势，燕麦茬口种植的马铃薯病虫害发生少、品质佳，马铃薯茬口种植的燕麦是加工成燕麦系列产品的上等原料，对增加产品附加值、提高耕地养分积累、提升土地综合收益等起到非常明显的作用。当地已形成了燕麦与马铃薯的重要轮作模式。

4.发挥龙头带动作用

察右中旗充分利用燕麦“黄金产区”优势，吸引内蒙古阴山优麦食品有限公司入驻，依托公司精湛的技术、严格管理，进行燕麦产品精深加工、销售等，通过“企业＋基地＋农户”的模式，引导农民大量种植燕麦，实现燕麦的规模化种植、集约化经营、产业化发展转型升级。内蒙古阴山优麦食品有限公司开发的产品主要有燕麦香米、燕麦片、燕麦餐杯、燕麦脆等。为提高农产品竞争力，积极打造安全优质特色品牌农产品，申请了“三品一标”农产品认证。当地燕麦加工产品由单一的胚芽裸燕麦拓展到燕麦米、片、酒、饮料等多款产品，经过燕麦米加工筛选后的38%大中小碎米可以进一步加工成燕麦粥、燕麦乳、燕麦糊等销售，只有2%废物残渣作为饲料处理。由于人们生活水平的提高、膳食结构的改变，燕麦系列产品深受广大消费者的青睐，远销全国各地及海内外。

5.燕麦全产业链发展

近年来，察右中旗燕麦实现了全产业链发展，燕麦产业逐步从单打独斗的分散经营向标准化的规模种植转变、从一产发展向一二三产业融合发展转变、从线下的市场交易向“互联网＋销售”转变，从原始输出向品牌化转变。

## 第三节　察右后旗

### 一、察右后旗基本情况

#### （一）位置境域

察右后旗（察哈尔右翼后旗）地处乌兰察布市的北部，处于东经112°42′～113°30′、北纬41°3′～41°59′。东与商都县、兴和县接壤，西与察右中旗、四子王旗交界，南与察右前旗、卓资县为邻，北与锡林郭勒盟苏尼特右旗毗连。全旗东西平均宽约50 km，南北平均长约80 km，总面积3 910 $km^2$。

### (二)地形地貌

察右后旗属蒙古高原,高山平原相间,丘陵纵横交错。丘陵面积占总面积的45%、平原占20%、山地占35%。整个地形由南向北渐低,略呈长方形,境内平均海拔1 500 m,西南最高点2 053 m,西北最低点1 322 m。土类主要有栗钙土、黑钙土、草甸土和盐土等。

### (三)气候特点

察右后旗属于中温带半干旱大陆性季风气候。年平均气温3.4 ℃,年平均日照数2 986 h,年平均降水量292 mm,年平均无霜期102 d左右。

## 二、察右后旗燕麦产业情况

### (一)面积和产量

2022年,察右后旗粮食作物播种面积57.2万亩,产量10.7万t;其中燕麦6.8万亩,产量0.5万t。见图3-5、图3-6。

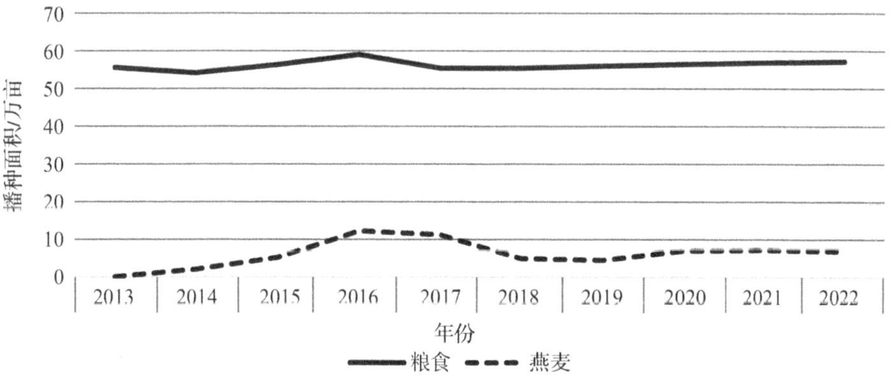


**图3-5 察右后旗2013—2022年粮食及燕麦面积**

### (二)分布区域及品种

察右后旗燕麦种植较分散,主要在旱地种植,部分零星在水地种植,多与马铃薯等轮作。种植品种主要有坝莜1号、白燕2号等。

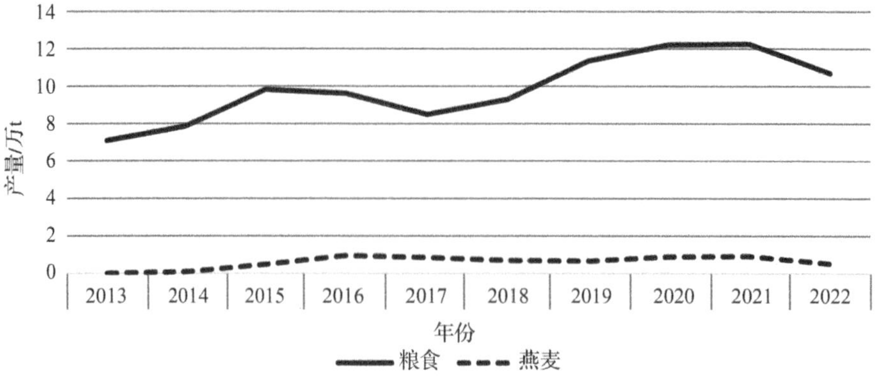


图 3-6　察右后旗 2013—2022 年粮食及燕麦产量

## (三)发展情况

察右后旗燕麦产业发展平稳,燕麦产业在助力当地脱贫攻坚方面发挥了积极作用。

### 1. 科技助力脱贫

2018 年,乌兰察布燕麦荞麦综合试验站将扶贫、扶志、扶智相结合,依托“京蒙帮扶-燕麦良种繁育”项目,在察右后旗建立了燕麦良繁基地。项目实施期间由燕麦产业体系栽培岗、机械岗、病虫草害岗等国家级专家对贫困户进行多次技术培训,开展了“项目+产业技术体系+基地+贫困户”的帮扶模式。通过京蒙科技帮扶项目的实施,使帮扶地区燕麦新品种覆盖率、新技术普及率均达到 90%,燕麦增产 12.9%。实现以项目推动技术输出,增强贫困地区和贫困人口依靠自力更生实现脱贫致富的意识,提高其自我发展能力。

### 2. 龙头带动助力脱贫

察右后旗引进内蒙古云天化燕麦种植公司。企业与村民签订土地流转协议,承包土地 1 万余亩,农户获得土地租赁收益。周边农户在基地务工,从事除草、打药、收割等劳作,获得务工收益,龙头企业的注入对带动当地贫困户收益起到了一定的作用。

# 第四节　四 子 王 旗

## 一、四子王旗基本情况

### (一)位置境域

四子王旗地处乌兰察布市西北部，位于东经 110°22′～113°、北纬 40°～42°。南与武川县、卓资县、察右中旗毗连；东与察右后旗、锡林郭勒盟苏尼特右旗为邻；西与达茂联合旗接壤；北与蒙古国交界，国界线长 104 km。南北长约 250 km，东西宽约 154 km，总面积 25 512 $km^2$。

### (二)地形地貌

四子王旗位于大青山北麓，平均海拔 1 400 m，整个地势由东南向西北倾斜。全境丘陵起伏，无高山峻岭和较大的平原。境内以东西走向的猴山为界，分割成南北两个不同的地貌类型。南部属阴山山地和山前丘陵区，丘陵面积约占 70%，山地约占 30%，小平原、盆地相间其中。山沟河流发育完整，且为数较多；北部多戈壁、盆地，地形较平坦，为典型的荒漠草原地区。土类主要有淡栗钙土和棕钙土等。

### (三)气候特点

四子王旗属典型的中温带大陆性气候，年平均气温在 3 ℃左右，年极端最低气温为−39 ℃，年极端最高气温为 34.6 ℃。全年降水稀少，历年平均雨量为 310.2 mm，无霜期为 110～115 天。

## 二、四子王旗燕麦产业情况

### (一)面积和产量

2022 年，四子王旗粮食作物播种面积 129.6 万亩，产量 19.9 万 t；其中燕麦 20.1 万亩，产量 0.8 万 t。见图 3-7、图 3-8。

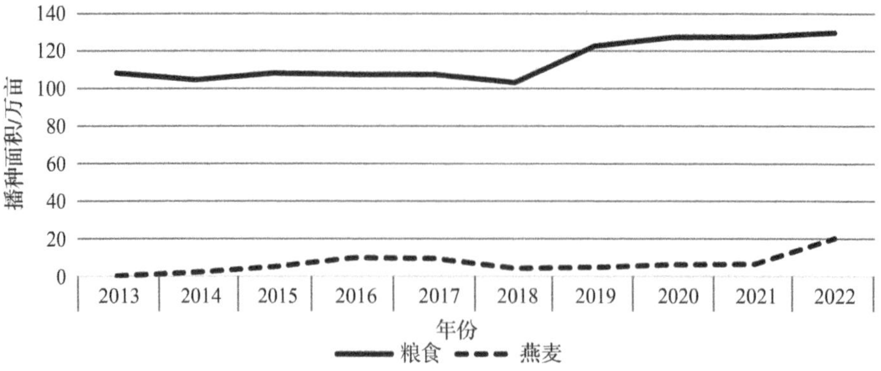


**图 3-7　四子王旗 2013—2022 年粮食及燕麦面积**

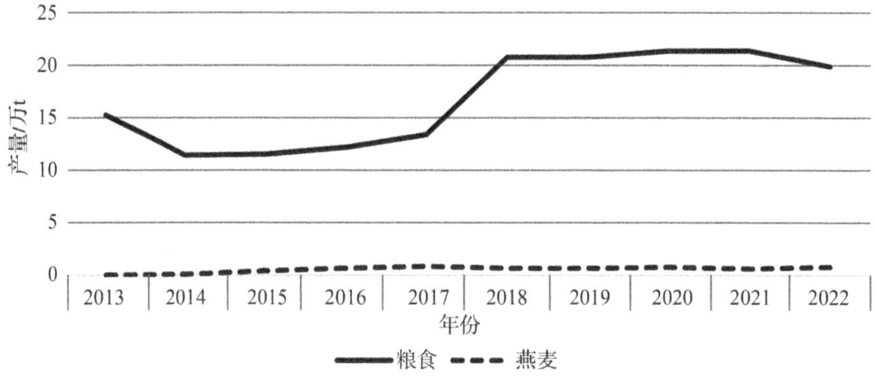


**图 3-8　四子王旗 2013—2022 年粮食及燕麦产量**

## (二)分布区域及品种

四子王旗靠近察右中旗和武川县的部分干旱区域，土壤多为栗钙土，适宜燕麦生长、发育，燕麦种植基本集中在这一区域。近年来，四子王旗燕麦种植主要分布在东八号乡和大黑河乡。种植品种主要有坝莜1号、坝莜8号、白燕2号等。

## (三)发展情况

四子王旗燕麦种植历史悠久，燕麦是当地的主要种植作物之一。当地大规模种植马铃薯以来，燕麦种植面积有所减少。随着近年燕麦需求量增加，轮作倒茬的普及，当地燕麦种植面积正逐步增加。

1. 推广应用新技术

乌兰察布市是农牧业大市，每年畜牧养殖对饲草的需求量很大，部分企业需进口优质饲草，为逐步解决这一难题，四子王旗尝试开展了大麦复种燕麦全株干贮生产技术试验示范。大麦草收割翻整土地后，开始播种燕麦，10 月初，燕麦收获。采用复种技术使得饲草种植一年一茬变为一年两茬，饲草产量翻倍，植物蛋白质含量也不比进口饲草差，复种有效降低了养殖生产成本。与此同时，大麦复种燕麦高效栽培综合技术，不用地膜，减少了水、肥、药用量，为当地农牧业产业结构调整和农牧民增收提供了新的契机。

2. 逐步开展订单生产

因生产的燕麦品质优、无污染，四子王旗的东八号乡和大黑河乡的部分燕麦种植户实行燕麦订单生产，为当地种植户带来了更高的经济效益。

3. 最佳的轮作倒茬作物

乌兰察布市是中国马铃薯之都，四子王旗又是乌兰察布市马铃薯种植面积最大的旗县，马铃薯面积在全市占比较大。马铃薯连作重茬会导致耕地地力下降，极易发生土传病害，严重影响马铃薯的品质和产量。近年来，马铃薯种植户轮作倒茬意识增强，燕麦作为当地的传统作物，是马铃薯最佳的轮作倒茬作物，与燕麦轮作可有效利用前茬马铃薯剩余的肥力并降低马铃薯土传病害的发生，实现农业生产结构进一步优化，种植户收益显著增加。

## 第五节　卓　资　县

### 一、卓资县基本情况

#### （一）位置境域

卓资县地处乌兰察布市西部偏南，位于东经 111°51′～112°56′、北纬

40°38′～41°16′。县境东及东南部与察右前旗和丰镇市毗邻，西及西北部与呼和浩特市郊区、武川县和四子王旗接壤，北与察右中旗、察右后旗相连，南与凉城县交界。东西最长 92.6 km，南北最宽 67.7 km，总面积 3 119 $km^2$。

### （二）地形地貌

卓资县位于阴山山脉东南麓，海拔最高点 2 206.6 m，海拔最低点 1 229 m，平均海拔 1 750 m。境内山川相间，丘陵广布，山地 1 091 $km^2$，丘陵 1 667 $km^2$，占总面积的 88.4%。地势南北高中间低，由东向西略呈倾斜。土类主要有灰褐土、栗钙土和草甸土等。

### （三）气候特点

卓资县属中温带气候区，大陆性气候明显，季风气候显著。年平均气温 2.9 ℃，平均日照时数 3 000 h 左右，年降水量 544.5 mm，无霜期一般年份为 110～120 天。

## 二、卓资县燕麦产业情况

### （一）面积和产量

2022 年，卓资县粮食作物播种面积 37.2 万亩，产量 4.5 万 t；其中燕麦 13.1 万亩，产量 0.8 万 t。见图 3-9、图 3-10。

### （二）分布区域及品种

卓资县燕麦种植主要分布在十八台镇、巴音锡勒镇、旗下营镇、梨花镇、大榆树乡。种植品种主要有坝莜 2 号、坝莜 7 号等。

### （三）发展情况

#### 1. 结合扶贫发展产业

燕麦是卓资县主要传统作物之一，种植面积逐年提高。近年，当地将燕麦产业发展作为产业扶贫的一项重要手段，与周边旗县龙头企业开

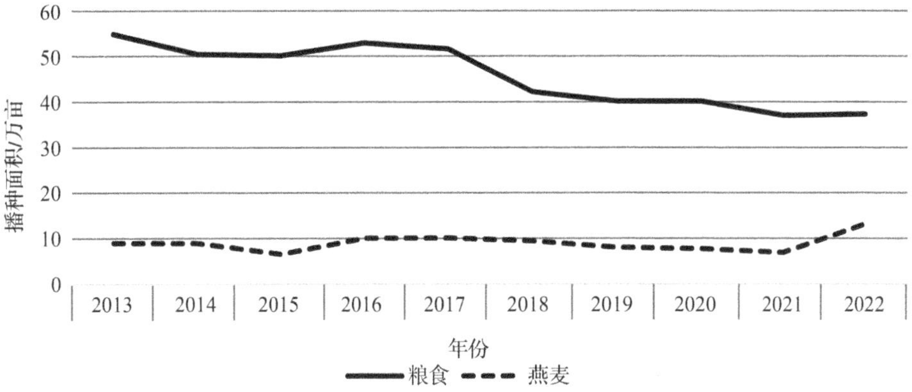


图 3-9　卓资县 2013—2022 年粮食及燕麦面积

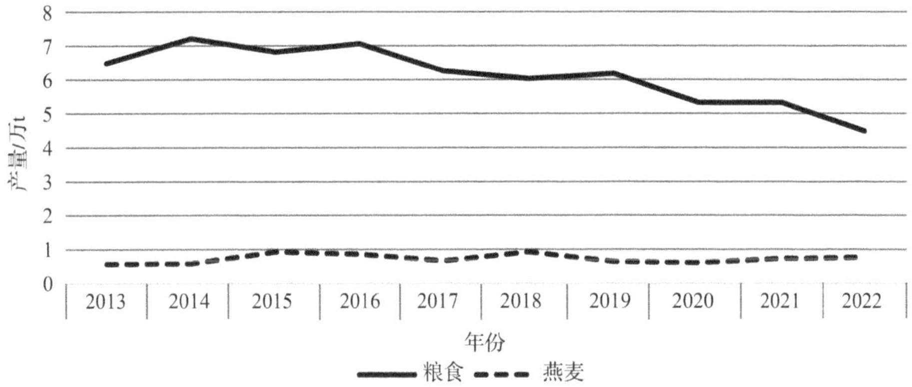


图 3-10　卓资县 2013—2022 年粮食及燕麦产量

展高于市场价的燕麦订单生产，既解决了种植户卖难问题，又增加了种植户收益、推动了产业健康持续发展。

2. 项目倾斜促进产业

给予燕麦种植户项目倾斜，依托耕地轮作制度项目的实施，鼓励种植户开展燕麦轮作玉米和马铃薯，既调减了玉米，减轻了马铃薯土传病害，提升了耕地地力，又促进了燕麦产业的发展。

3. 电商平台引领推动产业

卓资县为解决燕麦等特色农产品效益低、销售渠道不畅通等问题，进行资源汇集，发展主体联动作用，组织当地龙头企业、合作社积极参与电商扶贫各项工作，免费为销售组织提供办公场地和电商孵化培训，并配套相关设施设备，组织行业专家开展电商基础培训工作。当地根据特色产业基础，从产品设计、质量把控、物流仓储、在线营销等多个环节入手做好顶层设计，帮助县内企业在平台上销售产品，形成了以优选燕麦、熏鸡、亚麻籽油、牛羊肉等产品为主的卓资县特色电商系列产品。

# 第六节　凉　城　县

## 一、凉城县基本情况

### （一）位置境域

凉城县地处乌兰察布市南部，位于东经 112°02′～113°02′、北纬 40°10′～40°50′。东邻丰镇市，西与呼和浩特市郊区、和林县毗连，北倚卓资县，南隔长城与山西省大同市、左云县、右玉县相望。境内东西最长 82 km，南北最宽 73 km，总面积 3 458.3 $km^2$。

### （二）地形地貌

凉城县坐落在内蒙古高原东南端，属西北黄土高原的东北边缘。北部为蛮汉山系，山体狭而陡峭，最高峰为 2 305 m。南部为马头山系，山体宽而平缓，最高峰为 2 024 m。中部为内陆陷落盆地岱海盆地，全县平均海拔 1 731.5 m。山地面积为 1 652.2 $km^2$，占总面积的 47.77%；丘陵为 811.2 $km^2$，占 23.46%；盆地为 827.6 $km^2$，占 23.93%；水域为 165.3 $km^2$，占 4.78%。土类主要有灰褐土、栗钙土、栗褐土、草甸土、盐土和沼泽土。

### （三）气候特点

凉城县气候属中温带干旱大陆性季风气候，年均气温 2～5 ℃，极端最低气温 −34.3 ℃，极端最高气温 36 ℃。年日照时数 3 000 多 h，年平均降水量 350～450 mm，无霜期平均 120 天左右。

## 二、凉城县燕麦产业情况

### (一)面积和产量

2022 年,凉城县粮食作物播种面积 74.5 万亩,产量 20.3 万 t;其中燕麦 2.7 万亩,产量 0.4 万 t。见图 3-11、图 3-12。

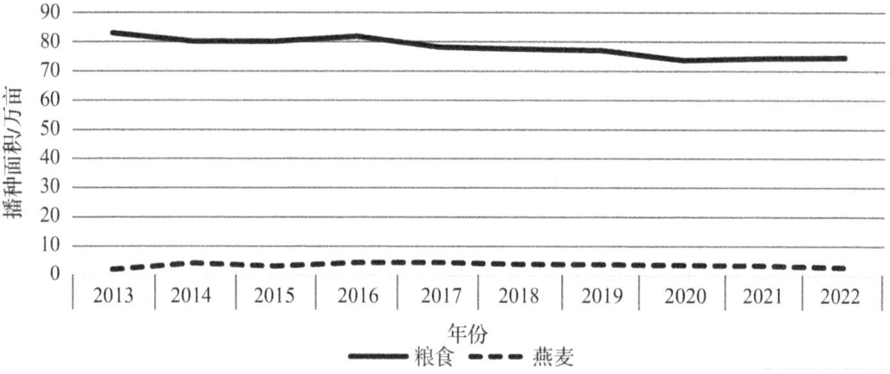


**图 3-11 凉城县 2013—2022 年粮食及燕麦面积**

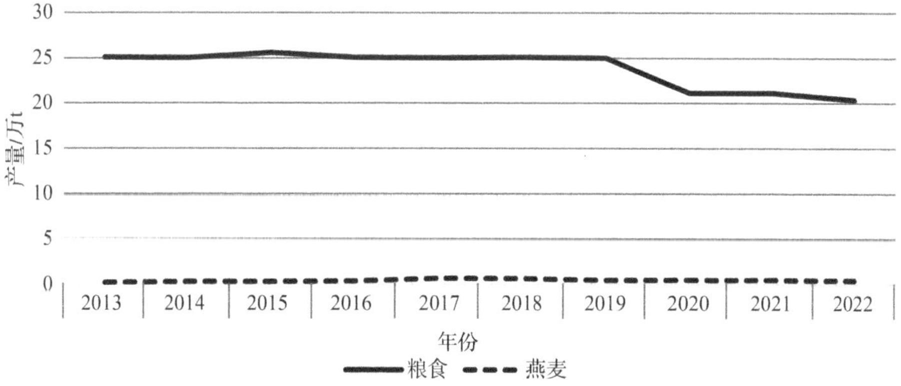


**图 3-12 凉城县 2013—2022 年粮食及燕麦产量**

### (二)分布区域及品种

凉城县燕麦种植较分散,多分布在山区和丘陵区。凉城县燕麦主要分布在岱海镇、麦胡图镇、六苏木镇、永兴镇、蛮汉镇、曹碾满族乡。种植的品种主要有坝莜 1 号等。

### (三)发展情况

乾隆年间,凉城县生产的燕麦被作为贡品送往京城。抗日战争和解放战争时期,老一辈革命家在凉城县蛮汉山、马头山创建根据地,开展长期艰苦的斗争,莜面是当时重要的粮食作物。近年来,凉城县燕麦产业稳步发展。

1. 龙头带动产业发展

凉城县世纪粮行有限公司把燕麦为主的杂粮杂豆作为主打绿色产业,不断开发利用。带动农户种植旱地燕麦,旱地燕麦种植过程中增施有机肥,基本不施用化肥和农药,生产的燕麦是无污染的绿色保健食品,畅销全国。

2. 加强燕麦文化宣传

凉城县是草原文明与中原文明交流融合之地,在漫长的岁月变迁中形成了独具地域特色的美食和饮食文化。燕麦作为该县的三大主粮之一,演变出了众多燕麦美食品种。凉城县加大供给侧结构性改革力度,为促进产业融合,举办了首届燕麦美食文化节,以节促融合。全国各地近 2 000 名游客参观了当地传统食品加工展示,品尝了燕麦特色农家餐饮,多角度、全方位地展示宣传了当地燕麦文化。

3. 加强科技支撑

燕麦综合试验站在凉城县开展燕麦轻简化栽培技术研究,围绕燕麦新品种、新技术和新材料开展了大量试验示范,对周边燕麦种植户起到了辐射带动作用。

# 第七节 兴 和 县

## 一、兴和县基本情况

### (一)位置境域

兴和县位于乌兰察布市的东南部,在东经 113°21′～114°07′、北纬

40°26′～41°26′。东部与河北省尚义县毗邻，南部与河北省怀安县、山西省天镇县、阳高县相连，西部与丰镇市、察右前旗接壤，北部与察右后旗、商都县交界。南北长约 109 km，东西宽约 67 km，最窄处 12 km，面积 3 479.73 $km^2$。

### (二)地形地貌

兴和县地处阴山南麓，整个地形从西北向东南由高到低逐渐下降。境内山川相间，河滩穿插，丘陵、平原、山地镶嵌分布，平均海拔 1 500 m。丘陵主要分布在县境北部和中部一些地区，海拔 1 300～1 600 m，面积 1 268.4 $km^2$，占全县土地总面积的 36.5%；平原主要分布在中部和北部地区，南部也有少量分布，面积 1 328.2 $km^2$，占 38.2%。中低山地主要分布在南部和中部一些地区，海拔 1 600～2 000 m，面积 883.13 $km^2$，占 25.3%。土类主要为栗钙土等。

### (三)气候特点

兴和县属中温带半干旱大陆性季风气候，年平均气温 4.2 ℃，极端最高气温 36.0 ℃，极端最低气温－33.8 ℃。全年日照时数 2 874 h，年平均降水量为 409.4 mm，无霜期 120 天左右。

## 二、兴和县燕麦产业情况

### (一)面积和产量

2022 年，兴和县粮食作物播种面积 68.9 万亩，产量 11 万 t；其中燕麦 12.9 万亩，产量 0.8 万 t。见图 3-13、图 3-14。

### (二)分布区域及品种

燕麦在兴和县具有悠久的种植历史，是本地区重要的粮饲兼用作物之一。连年的春季干旱发生，使燕麦成为救灾、避灾、确保国家粮食安全的重要杂粮作物，特别是其生育期短，适应性强，耐旱、耐瘠薄，也是发展旱作节水农业的重要作物选择。兴和县的燕麦主要种植在中部、北部的旱坡梁地，重点分布在赛乌苏乡、五股泉乡、大库联乡、大同夭乡等地。

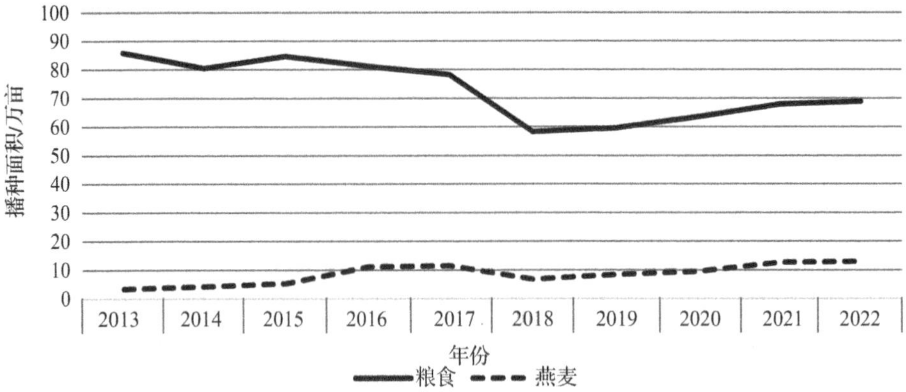


图 3-13　兴和县 2013—2022 年粮食及燕麦面积

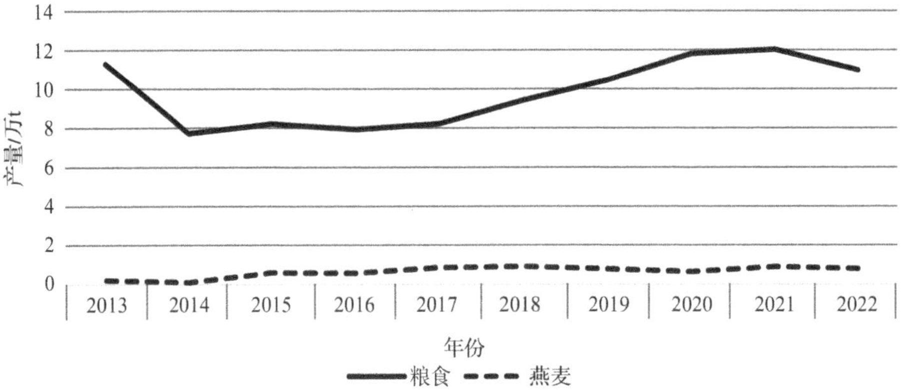


图 3-14　兴和县 2013—2022 年粮食及燕麦产量

种植的品种主要有坝莜 1 号、坝莜 8 号、白燕 2 号。

## (三)发展情况

### 1.产业发展与农业节水共推进

兴和县因地制宜,充分发挥企业订单种植和示范带动作用,引进推广抗旱型燕麦品种,通过增施有机肥提升耕地地力,种植旱作燕麦,将燕麦产业发展与农业节水充分结合,既带动产业发展,又促进农业节水。

### 2.加工促进燕麦产业发展

兴和县现有同恒粮油贸易有限公司、贺氏粮油商贸有限公司、香莜牛牛食品有限公司等燕麦深加工企业。其中同恒粮油贸易有限责任公司燕麦加工车间每天的生产量达到 30 t 左右;香莜牛牛食品有限公司开发燕麦米稀,年加工能力 500 t。兴和县未来的燕麦加工业有着长足的发展后劲和空间和巨大的潜在市场。

3.创新销售模式促进燕麦产业发展

当地积极构建燕麦"体验店＋展示直销中心＋网店"的销售模式,建成了乌兰察布燕麦产品直销窗口。通过政府牵头,试验站积极协调,支持各类合作社共同组建燕麦产品电子交易平台,推进线上线下互动发展。组织企业通过网上销售平台拓宽了燕麦产品的销售途径,大大增加了燕麦产品销售量,从而带动农户生产,增加农民收入。

# 第八节　丰　镇　市

## 一、丰镇市基本情况

### (一)位置境域

丰镇市位于乌兰察布市南部,位于东经 112°47′18″～113°47′18″、北纬 40°18′27″～40°48′28″。县境东与兴和县交界,西与凉城县接壤,北与察右前旗为邻,西北与卓资县相连,南与山西省大同市、阳高县、左云县毗连。全市南北长 56 km,东西长 86 km,总土地面积 2 704 $km^2$。

### (二)地形地貌

丰镇市地貌特征以山地、丘陵及冲积平原为主,地形由西、北、东向中南部呈阶梯状由高变低。平均海拔 1 400 m。山地、丘陵占总面积的 77%,平原及低地占面积的 23%。主要山峰有黄石崖山、韭菜沟山、盘羊山、狼头山、邓家山等。土壤类型主要包括栗钙土、灰褐土和栗褐土等。

### (三)气候特点

丰镇市属中温带大陆性季风气候,最高气温 35.1 ℃,最低气温

—26.3 ℃，年日照时数 2 752.1 h，降水量 241.8 mm，无霜期 139 天左右。

## 二、丰镇市燕麦产业情况

### （一）面积和产量

2022 年，丰镇市粮食作物播种面积 63.2 万亩，产量 12.9 万 t；其中燕麦 2.4 万亩，产量 0.2 万 t。见图 3-15、图 3-16。

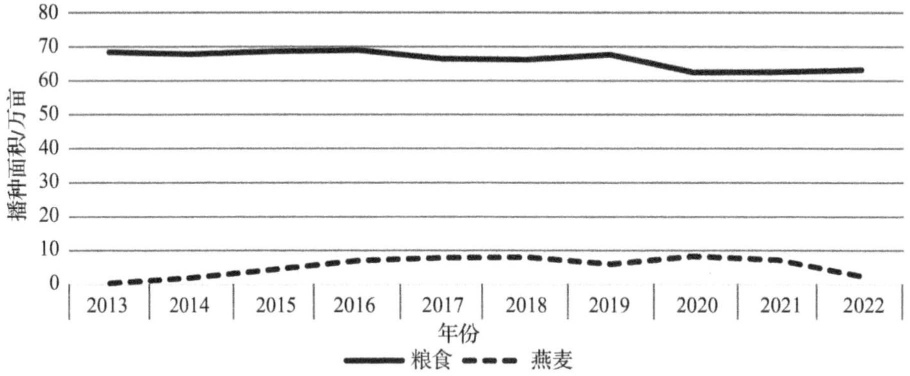


图 3-15　丰镇市 2013—2022 年粮食及燕麦面积

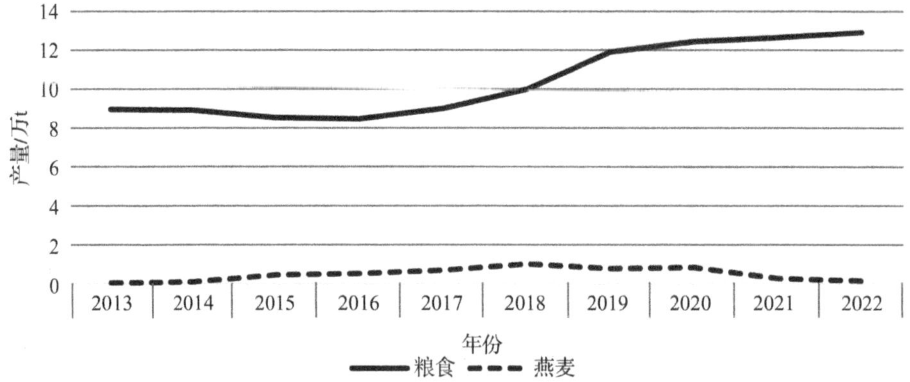


图 3-16　丰镇市 2013—2022 年粮食及燕麦产量

### （二）分布区域及品种

丰镇市也是华北地区闻名的“杂粮之乡”，杂粮种植历史悠久。近年，丰镇市燕麦种植主要分布在元山子乡、三义泉镇、红砂坝镇和隆盛庄镇等地。种植品种主要包括坝莜1号等。

### （三）发展情况

按照农牧业生产特点和自然条件，丰镇市进一步调整优化产业结构，加大优势特色农业种植面积，燕麦产业得到长足的发展，已成为促进农业增效、农民增收的主导产业之一。

1. 依托项目推动燕麦产业发展

近年丰镇市依托耕地轮作制度项目，实施玉米与以燕麦为主的杂粮杂豆三年轮作，重点在红砂坝镇、隆庄镇、黑土台镇、三义泉镇、官屯堡乡、元山子乡、浑源窑乡的部分地区开展轮作试点，进一步提升了农户燕麦种植的积极性。

2. 结合特色产品发展燕麦产业

“丰镇月饼”荣获国家地理标志认证，近年来，当地不断延长月饼等产品生产周期、拓展销售渠道、定位目标市场和目标人群、由季节性生产向全年生产迈进。并围绕月饼、手工饼、饼干、面包等食品生产，研发出添加燕麦食材的系列新产品，产品备受广大消费者的青睐。

3. 建立“燕麦食品加工研究中心”

为进一步延长产业发展链条，乌兰察布市燕麦综合试验站与丰镇市食品产业园合作，建立“燕麦食品加工研究中心”，以月饼添加燕麦为基础，不断拓宽研究范围，进一步推动当地燕麦产业做大做强。

# 第九节　商　都　县

## 一、商都县基本情况

### （一）位置境域

商都县位于乌兰察布市东北部，地处东经113°08′～114°15′、北纬41°18′～42°09′。东部与河北省康保县、尚义县毗邻。南部与兴和县接壤，西部与察右后旗相连，北部与锡林郭勒盟苏尼特右旗、镶黄旗交界，东北部与化德县相靠。整体为西北到东南呈不规则矩形，长轴距离约100 km，短轴距离约60 km，总面积4 353 $km^2$。

### (二)地形地貌

商都县地形以低山丘陵为主，主要山脉有青脑包山、铜顶山、马鬃山、黄龙洞山、公鸡山等，地势自西北向东南倾斜，大部分地区海拔在1 000～1 600 m。全县土壤绝大部分属栗钙土，约占总面积的84.8%，其余为草甸土、山地褐土和盐碱土等。

### (三)气候特点

商都县气候为中温带半干旱大陆性季风气候，平均气温3.1 ℃，年平均降水量351.5 mm，无霜期100～107天。

## 二、商都县燕麦产业情况

### (一)面积和产量

2022年，商都县粮食作物播种面积87.6万亩，产量11.1万t；其中燕麦16.3万亩，产量0.9万t。见图3-17、图3-18。

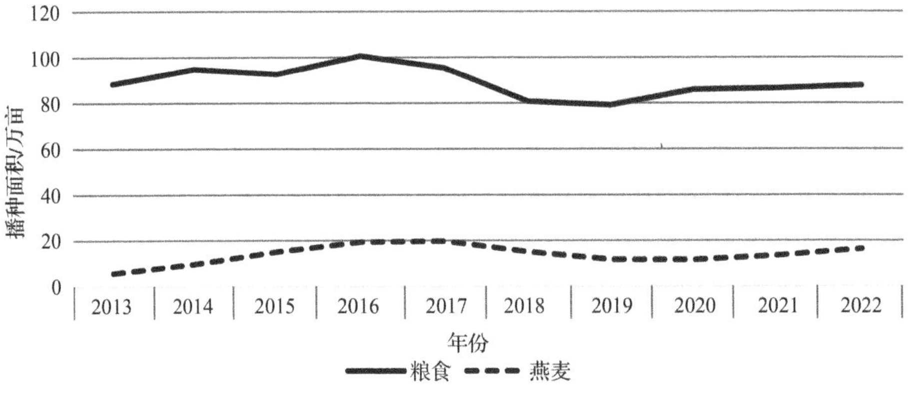


**图3-17　商都县2013—2022年粮食及燕麦面积**

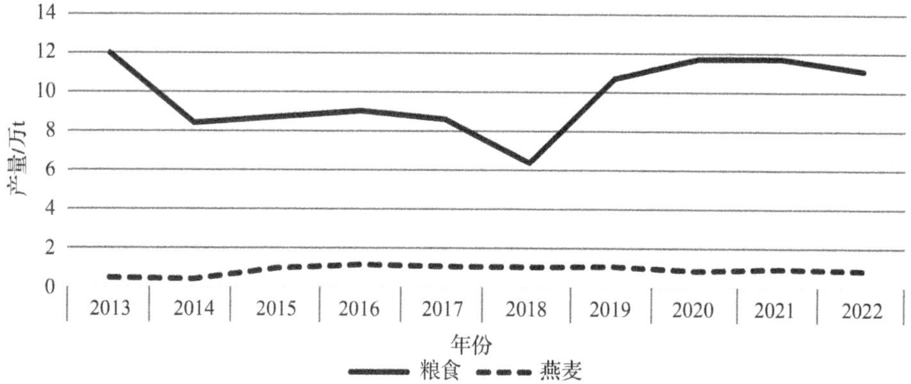


**图 3-18　商都县 2013—2022 年粮食及燕麦产量**

## (二)分布区域及品种

商都县从 1915 年“设治招垦”后，由牧区演变为旱作农业区，燕麦种植面积不断增长，已成为乌兰察布市重要的燕麦生产基地之一。商都县燕麦种植主要分布在屯垦队镇、西井子乡、大库伦乡、玻璃忽镜乡、卯都乡、三大顷乡等地。种植品种主要包括坝莜 1 号系列、蒙燕系列等。

## (三)发展情况

商都县是乌兰察布市重要的小杂粮生产基地之一，据 1983 年《商都县农牧业区划报告汇编》阐述，截至 1980 年，商都县种植的作物主要有小麦、燕麦、马铃薯、胡麻，俗称“两麦一薯加油料”。当时燕麦种植面积仅次于小麦，品种主要有晋雁 2 号、五寨、秀芳、丰宁大滩、华北 2 号、和丰 1 号、永 492、枳芨莜麦、大莜麦等将近 30 个品种。其中“秀芳”是商都县三面井公社社员秀芳粒选出的当地品种。商都县种植莜麦从 1974 年开始大量调种，旱地多用当地品种，水地常用华北 2 号和丰宁 1 号。近几年来，受人们饮食习惯的转变和市场的拉动，商都县燕麦种植面积和产量开始上升。

### 1. 燕麦产业从业人员情况

全县从事燕麦生产的农民专业合作社 10 家，营销大户 50 多户，营销人员 200 多人，年均外销燕麦产品 0.3 万 t。近年来，燕麦销售价格变化不大，主要受面积和产量的影响和市场波动，面积种植大、产量高，价格趋低；反之，价格走高。

2. 燕麦加工情况

全县现已初步形成以农户种植为主，基地化种植相辅，当地加工食用与社会化销售为一体的燕麦产业格局。全县累计建设大中型燕麦生产加工厂 18 家，产品以精莜麦面为主，年加工能力近 1 万 t。

3. 科技支撑情况

近年，乌兰察布市燕麦综合试验站在商都县安排燕麦示范，试验示范坝莜 1 号、张莜 13、宁莜 1 号、坝莜 13 号 4 个。供试品种生育期 74～87 d，苗期长势强，坝莜 1 号产量达 310 kg/亩，居第一位；张莜 13 产量达 220 kg/亩，居第二位；宁莜 1 号产量达 202 kg/亩，居第三位。

# 第十节　化　德　县

## 一、化德县基本情况

### （一）位置境域

化德县位于乌兰察布市东北部，地处东经 113°30～115°00、北纬 41°00′～42°30′。北部和东部分别与锡林郭勒盟镶黄旗和正镶白旗交界，东南部与河北省康保县相连，西部、南部与商都县毗邻。西宽 108.5 km，南北长 72.3 km，总面积 2 562 $km^2$。

### （二）地形地貌

化德县境内多山，属浅山丘陵区。境内地貌大致分为低山丘陵、缓坡丘陵、山间盆地、河谷地、坡状高原、山间洼地六类。其中山间地占总面积的 41.2%，为化德县的主体地貌。全县平均海拔 1 500 m，最高点为公腊胡洞乡的大脑包山，海拔 1 719 m；最低点在七号乡的孔都营附近，海拔 1 244 m。境内地势为西高东低，中部隆起，分别向南部、西南部、东北部缓缓倾斜。土类主要有栗钙土、盐土和草甸土等。

### (三)气候特点

化德县属北温带、干燥草原地带典型的大陆性高原气候。冬夏季节分别为蒙古高压和大陆低压控制,寒暑变化剧烈,气温差异悬殊。年平均气温为 1.6 ℃,极端最高气温 35.5 ℃,极端最低气温−35.9 ℃。全年日照时间为 3 054.8 h,年降水量为 333.7 mm。

## 二、化德县燕麦产业情况

### (一)面积和产量

2022 年,化德县粮食作物播种面积 61 万亩,产量 5.7 万 t;其中燕麦 29.2 万亩,产量 1.9 万 t。见图 3-19、图 3-20。

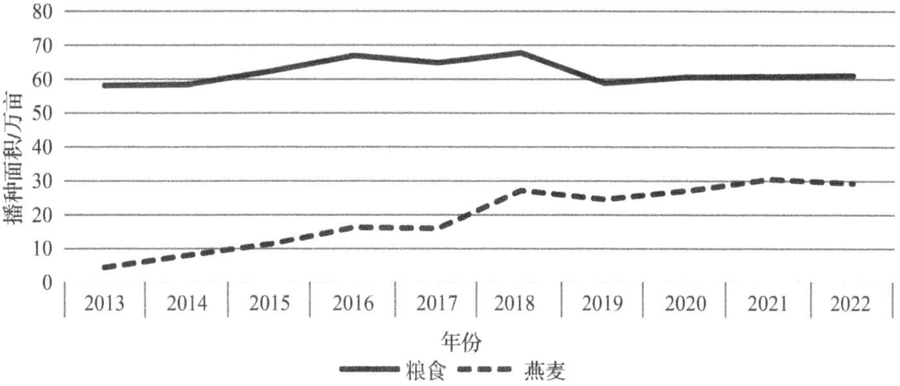


图 3-19 化德县 2013—2022 年粮食及燕麦面积

### (二)分布区域及品种

化德县因特殊的气候等自然因素,燕麦种植面积历来较大,根据统计数据显示,化德县燕麦种植面积居全市首位。化德县燕麦种植主要分布在长顺镇、公腊胡洞乡、德包图乡、白音特拉乡、朝阳镇、七号镇等地。种植品种主要包括“蒙燕”系列、坝莜 1 号、坝莜 8 号、白燕 2 号等。

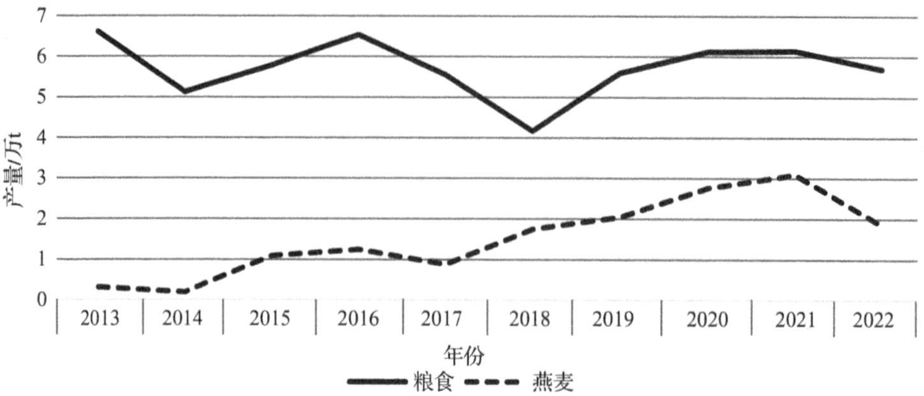


**图 3-20 化德县 2013—2022 年粮食及燕麦产量**

## (三)发展情况

### 1. 以点带面,引领全县燕麦产业提升

化德县围绕抓基地、抓项目、抓品牌,加快推进农业规模化、标准化、科技化、品牌化、产业化、现代化进程,采取“企业+基地+农户”的经营模式,高标准打造各种燕麦基地。

### 2. 发挥引领作用,建立利益联结机制

积极培育和壮大专业合作组织和家庭农场等新型经营组织,通过政策倾斜,引导新型经营主体在贫困村建立扶贫基地、传技术,按照“企业+基地+贫困户”的模式,发展燕荞麦产业,吸收劳务就业,并鼓励贫困户以土地和扶贫资金入股,形成紧密的利益共同体,降低贫困户发展产业的风险,实现合作共赢。2018 年筹集资金,在德包图乡建设一家燕麦加工厂,实现燕麦就地消化。

### 3. 强化技术培训,不断提升脱贫致富本领

化德县农牧和科技局、燕荞麦试验站本着“授人以鱼不如授人以渔”的理念。在推进燕麦产业工作过程中,更加重视种植技术的传授,大力开展实用技术培训和送科技下乡活动,增强农民致富本领。近年来组织 15 000 余名种植户参加新型农民培训,通过他们的示范带动,全县燕麦种植技术水平得到整体提升,助推燕麦产业发展取得实实在在的成效。

4. 优化组织与服务模式

化德县采用“企业＋基地＋农户”的组织模式和“技术人员＋农户”服务模式，以及“以点带面”的经营模式带动全县扶贫政策的有序发展。当地农牧和科技局帮扶朝阳镇民乐村和八岱村下派科技干部 23 名，开展一对一的技术指导和服务，2017 年以科技干部自主给农户调燕麦种子 2 000 kg。2018 年又调入燕麦种子 3 000 kg。

5. 科技支撑产业发展

化德县燕荞麦试验站自 2013 年成立以来，从最初的品种试验到现在的品种试验示范及推广，带动辐射周边企业及农户的大面积种植。2015 年在化德县白音特拉乡良种场进行燕麦品种试验示范，通过化德县燕荞麦试验站多次组织现场观摩、交流、品种对比等模式，带动周边农民从最初的“观望”到最后的“确立”，组织调运优良品种，带动当地燕麦从零散种植到规模化种植。截至目前共引进试验示范品种 13 个，示范面积 1.2 万亩，推广面积 18 万亩。2018 年化德县朝阳镇军马场种植大户一次种植坝莜 8 号 0.58 万亩，长顺镇德善村的德荣薯业有限公司一次性种植坝莜 8 号 0.6 万亩，全县规模种植新引入品种面积达 3.8 万亩，平均增产 13%以上。乌兰察布市燕麦综合试验站在化德县安排燕麦品种试验示范片 2 个，示范面积为 2 000 亩，试验坝莜 14 号、坝莜 8 号、白燕 11 号、宁莜 1 号、白燕 2 号、蒙燕科 2 号、花早 2 号、坝莜 1 号 8 个品种，亩产 92.3～126.3 kg。

# 第十一节 集 宁 区

## 一、集宁区基本情况

### (一)位置境域

集宁区位于乌兰察布市中部偏南，地处阴山山脉灰腾梁南麓。位于东经 113°10′，北纬 41°01′。四界与察右前旗接壤，总面积 113.9 $km^2$，其中市区面积 25 $km^2$。

### (二)地形地貌

集宁地势西高东低,平均坡度1%～3%,海拔高度最高1 494 m,最低1 340 m,平均1 417 m。土类主要为栗钙土等。

### (三)气候特点

集宁属西北高原大陆性气候,年平均气温3～4 ℃,最低气温−32.4 ℃,最高气温33.5 ℃。年平均日照量3 130.8 h。年平均降水量373.2 mm,无霜期126天。

## 二、集宁区燕麦产业情况

### (一)面积和产量

2022年,集宁区粮食作物播种面积7.1万亩,产量1.3万t;其中燕麦1万亩,产量0.03万t。见图3-21、图3-22。

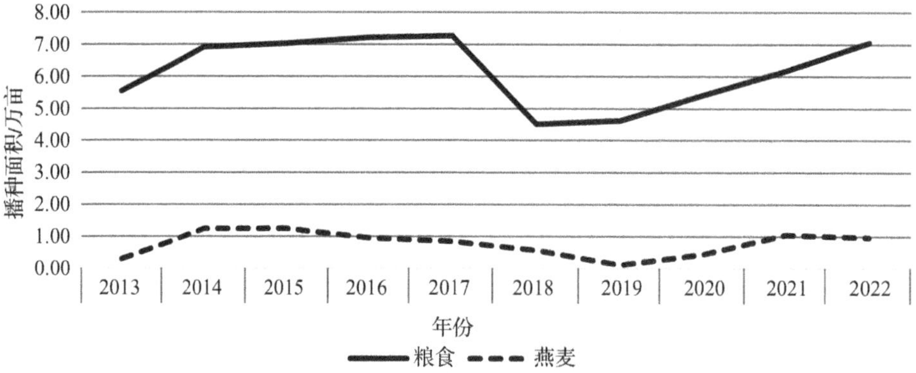


**图3-21　集宁区2013—2022年粮食及燕麦面积**

### (二)分布区域及品种

集宁区农作物种植面积不大,燕麦种植较少,马莲渠乡和白海镇均有分布。种植品种主要包括坝莜1号、白燕2号等。

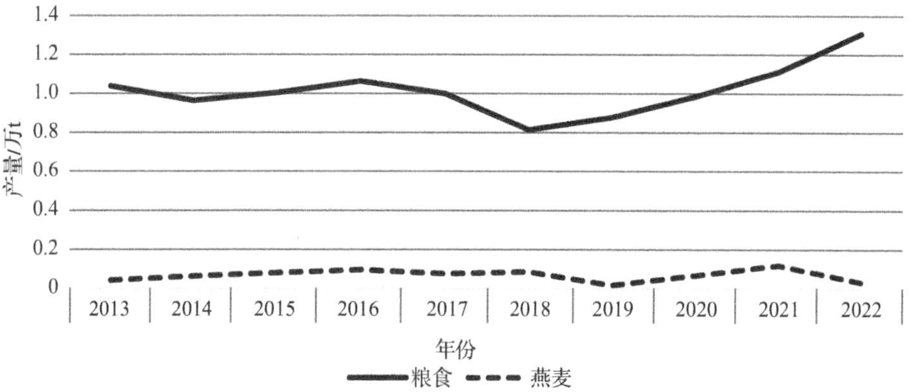


图 3-22 集宁区 2013—2022 年粮食及燕麦产量

## (三)发展情况

### 1. 紧密结合酿造业

集宁区的纳尔松酿业紧抓燕麦产业发展新机遇,进行燕麦酒研制开发工作,与市燕麦综合试验站联合启动了“燕麦产业发展协同创新中心”,打造了燕麦酿造基地,生产的优质燕麦用于制作燕麦酒。燕麦产业与酿造产业发展结合,推动产业发展的同时,也为产业发展注入了活力。

### 2. 创新结合临床研究

据资料显示,燕麦不仅营养丰富,而且具有降低胆固醇、降血脂及调节血糖等作用,乌兰察布市作为燕麦的黄金产区,近年来,燕麦产业得到了长足发展。为进一步做好乌兰察布市燕麦临床研究工作,市燕麦综合试验站与乌兰察布市中蒙医院、丰镇市中蒙医院建立了“燕麦荞麦食品临床研究中心”,共同研究燕麦荞麦食品临床作用和效果,发挥燕麦荞麦产业优势。

# 第四章　燕麦主推品种介绍

## 第一节　乌兰察布燕麦主推品种发展历程

### 一、我国燕麦品种选育历程概述

我国燕麦育种始于20世纪50年代，因燕麦是杂粮小宗作物，且产区主要分布在高纬度、高海拔地区，属于干旱、半干旱气候条件，因为基础研究条件差、科研人员缺乏等因素影响，导致最初燕麦研究单位较少，全国开展燕麦研究的单位仅20余家，研究人员100多人，形成了以河北省农林科学院张家口分院、山西省农业科学院高寒作物研究所和内蒙古农业科学院为代表的燕麦研究中心。近年来，随着国家对农业科研投入的持续增加，燕麦作为地方特色农作物之一，在科研资金支持、人才培养、政策支撑和物质保障等方面受到了国家重视，有效地促进了燕麦产业的发展，形成了百花齐放的新格局。中国农业科学研究院作物科学研究所、吉林省白城市农业科学院以及甘肃、青海等的有关单位利用当地燕麦品种资源，开展杂交选育，育成燕麦新品种近百个，并在生产上大力推广应用，为燕麦产业的发展做出了突出的贡献。

自新中国成立以后，我国燕麦育种经历了农家地方品种筛选、国外品种引进与筛选、品种间杂交、皮裸燕麦种间远缘杂交、花药单倍体育种以及分子生物技术辅助育种等六个阶段。

1.农家地方品种的筛选阶段

20世纪50年代初，在内蒙古、山西、河北、甘肃等地的燕麦传统种植区域，燕麦育种工作者首先对该区域的农家地方品种进行收集与整理，同时在此基础上开展筛选和鉴定工作，从中选出了产量突出、品质好的农家品种在全国进行推广，期间最具代表品种有五寨三分三、李家场、丰宁大滩等。

2. 国外品种引进与筛选阶段

20 世纪 50 年代末至 60 年代初从苏联、加拿大、欧美等国家引进了大批燕麦品种资源。经过筛选鉴定，全国性区域适应性试验以及生产鉴定试验，选出了一批抗性强、单产高的品种，代表品种有坝选 3 号、永 492、华北 2 号 、永 75。

3. 莜麦品种间杂交阶段

在 20 世纪 60 年代初，我国燕麦育种者在直接利用引进国外燕麦品种的同时，还开展了燕麦品种间杂交技术的研究，在此期间观察了燕麦的开花习性，研究提出了品种间杂交技术及其育种方法，经过 10 多年的选育研究，育成并推广了一批用莜麦品种间杂交方法培育出的优良品种，如冀张莜 1 号(578)、雁红 10 号、晋燕 4 号、晋燕 3 号等，使我国燕麦单产水平有了很大程度的提高，进一步推动了我国燕麦的发展。

4. 皮裸燕麦种间远缘杂交

裸燕麦起源于我国，常年生长繁衍在高海拔、气候冷凉、干旱的单一生态环境条件下，形成了稳产不高产、耐贫瘠不耐肥水、类型单一的特征，而国外的皮燕麦与我国的裸燕麦在产量、抗性性状方面具有很好的互补性。为了改变国内燕麦资源这种现状，从 20 世纪 70 年代开始，科研工作者用从欧美等国家引进的抗倒伏、耐肥、抗病、高产、类型丰富的普通燕麦(皮燕麦)与国内现有的裸燕麦资源进行种间杂交，创制了大量新的种质资源，同时结合当地自然条件创造了生态育种方法，使我国燕麦品种首次实现了“大中小”生育期、“高中低”肥力不同品种的系列化配套，平均单产提高了 20%～40%。此期育成的代表品种有品 5 号、品 2 号、品 6 号、品 1 号、品 14 号 、品 16 号、内莜 1 号、内莜 2 号 、晋燕 5 号、晋燕 6 号、晋燕 7 号、晋燕 8 号以及晋燕 9 号等。

5. 花药单倍体育种阶段

随着皮燕麦、裸燕麦种间远缘杂交育种技术的深入开展，其后代分离世代长、难以稳定、含余量高(籽粒带壳多)等问题也逐渐凸显，影响了燕麦的育种进程。针对这一育种难题，从20世纪80年代开始国内莜麦科研育种单位开展了莜麦花药单倍体育种技术的研究。20世纪90年代末，由河北省张家口市农科院杨才研究员经过多年研究，并与中国科学院植物所等单位协作，取得了莜麦单倍体育种的成功，育成了世界上首批利用花药单倍体培育成的燕麦品种花早2号、花中21号和花晚6号。

6、综合技术辅助育种阶段

进入21世纪后，随着国家对农业科技扶持力度的加大，燕麦育种人才队伍不断壮大，育种技术也有了质的飞越，利用如四倍体、六倍体种间杂交技术、显性核不育材料的研究与应用、DNA导入育种技术、分子育种技术，育成了大批不同用途的新品种，如冀张燕系列、冀张莜系列、白燕系列、蒙燕系列、晋燕系列等20多个燕麦新品种。

## 二、乌兰察布燕麦主推品种推广情况

莜麦（裸燕麦）在乌兰察布有着非常悠久的种植历史。20世纪50年代乌兰察布种植的燕麦品种主要以农家自留地方品种为主，如三分三、李家场、丰宁大滩等品种，这些地方品种亩产量一般在50～60 kg，产量较低，但抗旱耐瘠性强，是优良的燕麦种质资源。

从20世纪60年代中期开始，山西、内蒙古以及河北等科研单位从苏联、加拿大、欧美等国家引进国外种质资源，相继选育出了坝选3号、永492、华北2号等品种，在乌兰察布市进行了大面积的推广，这些品种株型、叶相好，亩产量一般在100 kg左右，比当地主栽品种增产10%～15%。然而，这些品种依然存在茎秆细、不抗倒伏、产量欠佳等不足。

20世纪70年代，由山西省选育出的晋738-64-2以及河北省选育出的冀张莜2号，适宜在高水肥的栽培条件下，其亩产量可到200～250 kg；适宜在旱滩地或者水滩地栽培的有山西省选育出的晋燕7号，乌兰察布市农林科学研究所选育出的内燕4号，河北省选育出的冀张莜3号等品种，其亩产量平均在100～150 kg，以及适宜旱坡地种植的晋燕8号、晋燕5号、冀张莜5号、内莜1号、内莜2号、蒙燕7312以及蒙燕7413等品种，都在乌兰察布市有过栽培种植。

近年来，由河北省培育出的高产、优质品种坝莜1号、坝莜8号以及冀张莜13号等，在乌兰察布市都有一定的推广种植面积。尤其是坝莜1号在乌兰察布市广泛种植，是该市种植面积最大的燕麦品种。由内蒙古农业科学院选育成的草莜1号、燕科1号和蒙燕1号，以及内蒙古农业大学选育出的粮饲兼用型蒙饲燕1号在自治区广泛推广，较一般当地主栽品种增产15%左右。吉林省白城市农业科学院选育出的白燕2号等系列品种，也在当地大面积推广，成为目前种植面积较大的主栽品种，甘肃省育成的定莜9号等定莜系列也有一定面积的种植。

# 第二节　乌兰察布燕麦主推品种简介

## 一、农家品种与国外引进品种

### 1. 张北大莜麦

张北大莜麦由原察北专署农场，河北省张北农业试验站，即现在的张家口市农业科学院从当时收集的各地农家品种中，经对比筛选培育的莜麦品种，是河北省张家口市20世纪50—60年代的主栽品种，幼苗匍匐，苗色黄绿，株高90～110 cm，茎较软，易倒伏。生育期100 d左右，属晚熟品种。周散型穗，串铃形，颖壳为褐色，穗铃数10～15个，穗粒数20～30粒，粒色黄褐色，纺锤形，千粒重16.2 g，籽实粗蛋白质含量15.57%，粗脂肪含量5.11%。感燕麦坚黑穗病，耐黄矮病，适宜在旱坡薄地上种植。

### 2. 丰宁大滩

丰宁大滩由原张家口坝上农业科学研究所、承德市丰宁县坝上农业科学研究所、河北省沽源县种子公司用丰宁县大滩镇农家种提纯后选育而成。该品种是河北省坝上地区20世纪60年代主栽品种之一，1985年通过河北省张家口市农作物品种审定小组审定。该品种幼苗匍匐，苗色淡绿，株高90～100 cm。生育期105 d，属晚熟品种。周散型穗，长串铃，颖壳黄白色，穗铃数10～15个，穗粒数20～40粒。籽粒椭圆形，白黄色，较小，千粒重13.49 g。籽实含粗蛋白质13.8%，粗脂肪5.12%。

茎秆细软，易倒伏，感燕麦坚黑穗病，耐黄矮病，该品种一般栽培亩产量50～60 kg，最高产量85 kg，亩产比张北大莜麦高产10%左右。适宜一般的旱坡薄地种植。

3. 华北2号

华北2号由河北省农林科学院张家口分院用从苏联引入的维尔1998中选育而成。20世纪70年代中期作为冀、晋、蒙地区的滩地推广品种，年种植面积达到300余万亩。该品种幼苗半直立，黄绿色，株高100 cm左右，最高可达140 cm。生育期95 d左右，属中熟品种。周散型穗，长串铃，铃鞭炮状，颖壳白黄色，穗铃数20个左右，粒数40～50粒；长粒，粒色黄，千粒重20～23 g，籽实含粗蛋白质15.27%，粗脂肪7.58%。一般栽培亩产量在100 kg左右，最高亩产量可达200 kg。较抗倒伏，耐黄矮病，轻感燕麦坚黑穗病，适宜在中等肥力的滩川地种植。

4. 小46-5(永492)

小46-5莜麦(永492)是由张家口市农业科学院从山西农业科学院高寒作物研究所引入，品种名称为Uptime，由中国农业科学院从法国引入，资源编号为永492。该品种是我国选育的第一个水浇地高产品种，20世纪70年代应用推广。该品种株型紧凑，株高80～90 cm，茎秆坚硬，抗倒伏。生育期80 d左右，属早熟品种。周散型穗，短串铃，颖壳黄白色；穗铃数15～20个，穗粒数30～50粒，籽粒纺锤形，籽色黄褐，千粒重18～20 g。籽粒含粗蛋白质15.59%，粗脂肪4.56%。一般栽培亩产量150～250 kg，最高可达365 kg。喜肥耐水，分蘖力强，适宜在水地或高肥力地块种植。生育期短，可作为春旱救荒品种应用。耐黄矮病，抗燕麦坚黑穗病。

5. 坝选3号

坝选3号由张家口市农业科学院从匈牙利引入的1-6-800原始材料中经系选培育而成。20世纪70—80年代在河北及山西冀晋蒙、内蒙古进行推广，年最大推广面积在133万$hm^2$左右。该品种幼苗直立，叶片宽厚，植株较矮，一般90～100 cm。生育期80～90 d，属早熟品种。周散型穗，短串铃，铃多粒小，铃粒数3～5个，颖壳白色，穗铃数20个左右，穗粒数50粒左右。粒黄色，千粒重21～22.5 g。籽粒粗蛋白质含量

15.30%,粗脂肪含量3.81%。茎秆粗壮,抗倒伏;落黄好,口紧不落粒。一般栽培亩产量125～175 kg,最高可达250 kg。喜肥耐水,耐黄矮病较抗燕麦坚黑穗病,适宜在高水肥条件下种植。

## 二、河北省育成品种

### 1. 坝莜1号

由张家口市农业科学院于1987年以冀张莜4号为母本、品系8061-14-1为父本,采用有性杂交系谱法培育而成,该品种幼苗半直立,苗色深绿色,生长势强,生育期86～95 d,属中熟型品种。株型紧凑,叶片宽大而上举,株高为80～123 cm。周散型穗,短串铃,内颖为白色,花稍率低,结实率高,穗部经济性状好,平均主穗小穗数20.7个,穗粒数57.5粒,穗粒重1.45 g,千粒重24～25 g。籽粒长型,深黄色,含余率0.1%。籽实粗蛋白质含量15.65%,脂肪含量5.53%,总纤维含量9.80%,β-葡聚糖含量4.63%～5.92%。该品种茎秆坚韧,抗倒、抗旱、耐瘠性强,分蘖力强,成穗率高,群体结构好,经多年多点试验、示范,一般旱地种植籽实产量为亩产150 kg;轻感黄矮病和坚黑穗病,落黄好,适应性广,丰产稳产。适宜在河北坝上肥沃平地、坡地、二阴滩地种植,也可以在内蒙古、山西、甘肃等同类型区种植。

### 2. 坝莜8号

由张家口市农业科学院、中国农业科学院作物科学研究所于1997年用裸燕麦高代品系品2号为母本,8711-40-3为父本,采用裸燕麦品种间有性杂交系谱法培育而成。幼苗半直立,苗绿色,生长势强,生育期92.8 d,属中熟型品种。株型较紧凑,株高86.0～106.6 cm,最高达130.0 cm;周散型穗,短串铃,内颖为白色,主穗小穗数24.1个,穗粒数55.9粒,穗粒重1.53 g,千粒重22.9 g;蛋白质含量14.51%,脂肪含量5.71%,β-葡聚糖含量5.42%。籽粒卵圆形,浅黄色,生长整齐,口紧不落粒,群体结构好,成穗率高,平均亩产194.05 kg。具有抗旱性强、高产稳产和适应性广的特性,其缺点是抗倒伏性和抗黑穗病差。

### 3. 坝莜18号

由河北省高寒作物研究所以优质、抗病、抗倒裸燕麦坝莜9号为母本，以抗旱、丰产性状优良的野燕麦与裸燕麦种间远缘杂交后代9641-4为父本，采用裸燕麦品种间有性杂交系谱法培育而成。该品种幼苗直立，深绿色，生长势强，生育期105 d左右，属晚熟品种。株型紧凑，叶片上举，株高120 cm左右，最高可达135 cm。周散型穗，短串铃，内颖为黄色；穗部经济性状好，主穗小穗数39个左右，穗粒数82粒左右，穗粒重2.2 g左右，千粒重28 g左右。籽实粗蛋白质含量15.17%，粗脂肪9.89%，粗淀粉58.26%，β-葡聚糖含量5.31%。籽粒整齐，卵圆形，粒色金黄，带壳率1.5%，群体结构优良，该品种一般亩产171.43～437.71 kg。免疫燕麦坚黑穗病，高抗燕麦红叶病和锈病；耐旱性、避旱性强，耐瘠薄；抗倒伏性强，适合水地生长，成熟一致，落黄好。

4. 张莜13

由河北省农林科学院张家口分院燕麦研发中心，采用核不育育种法培育的品种。从应用核不育"*ZY*基因"创建的"抗旱丰产目标基因种群库"中入选单穗，又经多次单穗选，进入品系测产、品系鉴定、品种比较，参加了国家及省、市级区试，生产示范，表现优良，有很强的抗旱耐瘠性。该品种幼苗半直立，苗色绿；株高120～150 cm，平均可达135.5 cm；侧散穗，短串铃，穗铃数30个左右，穗粒数50～60粒，穗粒重1.49 g；长粒，千粒重27.8 g左右，属大粒型品种。籽实含粗蛋白质17.82%，粗脂肪7.18%。生育期100 d左右，属晚熟品种。该品种一般亩产162.0～341.1 kg，平均亩产可达227.4 kg，比同类品种坝莜3号高10%～15%，比品16号高20%以上。抗旱耐瘠性强、抗倒伏、适应性广。经适口性鉴定做传统食品口感好，柔软劲道。

5. 坝莜3号

由张家口市农业科学院于1993年以冀张莜2号为母本，品系8818-30为父本，采用有性杂交系谱法培育而成。该品种幼苗直立，苗色深绿色，生长势强，生育期95～100 d，属中晚熟品种；株型紧凑，叶片上举，株高110～120 cm，最高可达165 cm，花稍率低，成穗率高，群体结构好；周散型穗，短串铃，主穗小穗数23.0个(最高达55.0个)，穗粒数61.7粒(最高达142粒)，铃粒数2.75粒，穗粒重1.22 g(最高达3.5 g)；籽粒椭圆形，粒色浅黄，千粒重22.0～25.0 g，带壳率0.1%；品质优异，籽粒粗蛋白质含量 16.8%，粗脂肪含量 4.9%，总纤维含量 7.05%。抗倒抗旱性强，适应性广，高抗燕麦坚黑穗病，轻感黄矮病，该品种适于生产潜力在 100～200 kg/亩的旱滩地、肥坡地种植。

6. 坝莜 6 号

由张家口市农业科学院于 1988 年以 7613-25-2 为母本、7312 为父本，通过品种间有性杂交系谱法培育而成，其系谱号为 8836-1-1。该品种幼苗半直立，苗色深绿，生育期 80 d 左右，属早熟品种。株型紧凑，叶片上举，株高 80～90 cm；花稍率低，成穗率高，群体结构好；周散型穗，短串铃，主穗平均小穗数 21.2 个，穗粒数 54.1 粒，铃粒数 2.55 粒，穗粒重 1.21g；籽粒椭圆形，浅黄色，千粒重 20～23.5 g，籽粒粗蛋白质含量 14.2%，粗脂肪含量 3.58%。该品种高产抗倒伏性强，一般生产每亩产为 200 kg 以上。适宜在河北坝上肥力较高的阴滩地或平滩地种植。可作为备荒救灾品种。

7. 坝莜 9 号

由张家口市农业科学院采用皮燕麦、裸燕麦种间复合杂交与花粉管道导入外源 DNA 法相结合培育而成。于 1994 年以 9034-10-1(皮燕麦永 73-1×578)为母本、906-38-2(小 46-5×皮燕麦永 118)为父本进行杂交，1998 年用其杂交后代株系 9413-25-1 为受体，经花粉管通道导入耐旱基因，从其后代中选出品系 986D-141-1。该品种幼苗直立，苗色深绿色，生长势强，生育期 80～85 d。株型紧凑，叶片上冲，株高 85～120 cm；周散型穗，短串铃，主穗小穗数 29.5 个，穗粒数 60.6 个，穗粒重 1.8 g，千粒重 25.1 g；籽粒整齐，粒色浅黄，粒形椭圆，籽实粗蛋白质含量 15.8%，粗脂肪含量 7.5%，$\beta$-葡聚糖含量 6.0%。抗旱、抗病(黄矮病、秆锈病、黑穗病)、抗倒性强，一般生产中亩产在 150 kg 以上，增产潜力大，是一个优质加工型的裸燕麦品种。适宜在旱坡地、旱平地、阴滩地种植。

8. 冀张莜 2 号

由张家口市农业科学院(原张家口坝上农业科学研究所)采用大粒裸燕麦与普通栽培燕麦种间杂交培育而成。母本小 46-5(永 492)，父本永 118，系谱号为 766-38-2 1。该品种生育期 80～85 d，属早熟品种。幼苗直立，深绿色，株型紧凑，叶片短而上举，株高90～100 cm。穗型侧散，长串铃，内外颖为褐色；主穗小穗数25～30个，穗粒数48～78粒，穗粒重1.0～1.5 g，千粒重20～24 g。粗蛋白质含量18.02%，粗脂肪含量4.13%。分蘖力强，成穗率高，群体结构好。一般亩产200～300 kg，最高每亩产量可达397.2 kg。喜肥耐水，抗倒性强。耐黄矮病，抗坚黑穗病。适宜在高产高肥力地块和水浇地种植。

9. 冀张莜12

由张家口市农业科学院采用核不育育种法培育而成。以核不育"ZY基因"材料为母本，父本材料为早熟品种品2号和中熟品种坝莜1号，采用聚合杂交法，育成的大粒、丰产、抗旱、耐瘠、品质优，可作为免秋耕防风固沙耕作技术配套用莜麦品种，系谱号为S013。该品种生育期80 d左右，属早熟品种。株高115 cm左右，最高达130 cm。周散型穗，短串铃，穗铃数约19.89个，穗粒数51.28粒，穗粒重1.37 g，千粒重25.31 g；籽粒长圆形，浅黄色，籽实粗蛋白质含量16.81%，粗脂肪含量10.53%。一般生产每亩产量187.17 kg，最高每亩产量可达到219.78 kg。适宜在河北省坝上地区的旱坡地、旱滩地种植，也可在山西、内蒙古相似类型区应用，是免秋耕晚播蓄沙固土耕作技术配套推广的首选品种之一。

10. 冀张莜14

由张家口市农业科学院从国外引进的42个燕麦品种中，经观察鉴定、品种比较、区域适应性试验、多年多点生产鉴定及大面积示范应用筛选出的早熟适宜免秋耕晚播种植的莜麦品种，系谱号为STK。该品种是抗旱、耐瘠性较强、适宜免秋耕晚播种植技术的莜麦品种。该品种千粒重24.6 g，生育期82 d，属早熟品种，株高94.5 cm；周散型穗，短串铃，穗铃数185个，穗粒数543粒，穗粒重1.35 g，千粒重24.6 g；籽粒纺锤形，黄褐色；籽实粗蛋白质含量14.5%，粗脂肪含量7.49%。一般亩产191.3 kg，最高亩产可达到292 kg。该品种抗旱耐瘠性强，耐水肥，抗倒伏能力较强，适宜在河北省坝上地区的旱坡地、旱滩地种植，也可在山西、内蒙古相同类型区应用，是燕麦田免秋耕晚播种植的首选品种之一。

11. 冀张莜 4 号

由张家口市农业科学院(原张家口坝上农业科学研究所)采用普通栽培燕麦与大粒裸燕麦种间杂交培育而成。母本为永 118,父本为华北 2 号,系谱号为 726-4-5-11-8-2。该品种生育期 88～97 d,属中晚熟型。株高 100～120 cm,抗倒伏力强。茎叶茂盛,产草量高,侧散型穗,短串铃,穗长 18 cm 左右,穗铃数 26.3 个;平均穗粒数 39.8 粒。籽粒椭圆形,浅黄色,千粒重 20～22.6 g,蛋白质含量 14.8%,脂肪含量 8.09%。株型紧凑,分蘖力强,成穗率高,群体结构好,适宜密植。一般栽培每亩产量 106.6～155.8 kg,每亩产量最高可达到 240 kg。喜肥耐水,抗倒伏力强,抗旱耐瘠性强,口紧不落粒,落黄好,适宜在华北及西北地区中等肥力的土壤上种植。

12. 冀张莜 5 号

由张家口市农业科学院(原张家口坝上农业科学研究所)采用大粒裸燕麦与普通燕麦复合杂交培育而成。其组合为 69-48-5-347(李家场×大铃串),皮燕麦永 118,系谱号为 7822-1-4 混。该品种生育期 95～110 d,属于晚熟品种。幼苗直立,深绿色,生长势强。株型紧凑,叶片上举。株高 100～120 cm,最高达 140 cm。侧散型穗,短串铃。颖壳为褐色。主穗小穗数 10～25.4 个,穗粒数 25～54.3 粒,穗粒重 0.45～0.98 g,千粒重 20～26.1 g。籽粒长卵形,色泽金黄。籽实粗蛋白质含量 15.12%,粗脂肪含量 7.83%。茎秆坚韧,抗倒力强。茎叶繁茂,产草量高,一般旱地栽培每亩产量 80～106.3 kg,最高可达 153 kg。抗旱、耐瘠性强,耐黄矮病,轻度感燕麦坚黑穗病,适应性广,适宜在旱坡地和土壤肥力较低的田块种植。

13. 坝燕 4 号(皮燕麦)

河北省高寒作物研究所从中国农业科学院作物科学研究所引进的加拿大品系 AC MORGAN 中单株系选,后经株行试验、品系鉴定、区域试验和生产试验培育而成,系谱号为 2003-N7-4。2013 年通过全国小宗粮豆品种鉴定委员会鉴定,定名为坝燕 4 号。该品种幼苗半直立,株型中等,株高 105.9 cm;生育期 95 d 左右,属中熟品种;叶绿色,叶片下披,旗叶挺直,锐角,叶鞘无茸毛;茎秆直立、呈绿色,茎节数 6 节,抽穗后有蜡质，茎粗 3.5～4.5 mm；籽粒纺锤形，浅黄色；周散型穗，主穗小穗数 35.3 个，穗粒数 77.1 粒，穗粒重 2.6 g，千粒重 36.0 g；籽实粗蛋白质含量 9.32%，粗脂肪含量 4.98%，碳水化合物含量 57.97%，水分含量 8.23%（备注：以上为皮燕麦带壳结果）。生长整齐，生长势强，抗倒抗病，抗旱耐瘠。在旱坡地和沙质土壤条件下一般每亩产量 100～170 kg，在肥坡地和旱滩地条件下每亩产量 170～200 kg，在阴滩地和水浇地条件下每亩产量 200 kg 以上。全国皮燕麦区域试验表明，该品种适宜在河北坝上，新疆奇台，内蒙古武川、克什克腾，青海西宁，吉林白城，以及其他同类型区土壤肥力中上等的旱坡地、旱滩地种植。

## 三、内蒙古自治区育成品种

### 1. 草莜 1 号

由内蒙古自治区农牧业科学院采用普通栽培燕麦与大粒裸燕麦种间杂交培育而成。母本为 578，父本为赫波 1 号，系谱号为 8474-1-1-2。2002 年通过内蒙古自治区农作物品种审定委员会审定，定名为草莜 1 号。该品种生育期 95～100 d。株型紧凑，株高 120～150 cm。周散型穗，长 25 cm 左右，茎秆坚韧，抗倒伏性强，茎叶茂盛，产草量高。籽粒椭圆形，颖壳为黄色，铃数 26.8 个，串铃形。铃粒数 2～3 粒，穗粒数 49 粒，穗粒重 0.9～1.2 g，千粒重 20.0～24.0 g。籽实粗蛋白质含量 15.7%，脂肪含量 6.1%。茎叶比 0.7∶1，干鲜比 0.18∶1。青干草粗蛋白质含量 8.56%，脂肪含量 2.78%，总糖含量 1.09%，粗纤维含量 25.25%。耐黄矮病，较抗坚黑穗病，抗旱耐瘠性强，口紧不落粒，落黄好。该品种一般栽培每亩产量 106.6～155.8 kg。春播每亩产鲜草 3 500～4 000 kg，夏播及小麦收获后复种，每亩产鲜草 2 000～3 000 kg。全国区试表现强，适合在华北及西北地区中等肥力的地区种植。春播可解决 6 月底至 7 月初缺乏鲜草的问题。

### 2. 燕科 2 号

由内蒙古自治区农牧业科学院采用普通栽培燕麦与大粒裸燕麦种间杂交培育而成。母本为 926，父本为 IOD526，系谱号为 833-1-1，2012 年通过内蒙古自治区农作物品种审定委员会审定，定名为燕科 2 号。该品种生育期 90～100 d。株型紧凑，叶片上举，株高 90～95 cm。茎秆坚，抗性强，茎叶茂盛，产草量高。籽粒卵圆形，浅黄色，周散型穗，穗长 25 cm 左右，穗铃数 26.8 个，串铃形。穗粒数 40～60 粒，最高达 67 粒，铃粒数 2～3 粒，穗粒重 1.0～1.6 g，千粒重 23～24.5 g。籽实粗蛋白质含量 14.68%，脂肪含量 7.20%。该品种一般栽培每亩产量 150～260.5 kg，耐黄矮病，较抗燕麦坚黑穗病，抗旱耐瘠性强，口紧不落粒，落黄好，适宜在华北及西北地区中等肥力以上土地种植。

3. 蒙燕 2 号

由内蒙古自治区农牧业科学院采用普通栽培燕麦与大粒裸燕种间杂交培育而成。母本为坝莜 1 号，父本为 C90012，系谱号 W04-96。2013 年通过全国小宗粮豆品种鉴定委员会鉴定，定名为蒙燕 2 号。该品种生育期 85～95 d。株型紧凑，叶片上举，株高 90～108 cm。茎秆坚韧，抗倒伏性强，茎叶茂盛，产草量高。籽粒椭圆形，浅黄色，周散型穗，穗长 19.5～21.2 cm，穗铃数 28.5 个，串铃型。穗粒数 46～71 粒，最高达 80 粒，铃粒数 2～3 粒，穗粒重 1.4～1.8 g，千粒重 23～25 g。蛋白质含量 14.16%，脂肪含量 6.99%。该品种一般旱滩地每亩产量为 187～206 kg，旱坡地每亩产量为 85～100 kg。耐黄矮病，较抗燕麦坚黑穗病，抗旱耐瘠性强，口紧不落粒，落黄好。适宜在华北及西北地区中等肥力的土壤上种植。

4. 燕科 1 号

由内蒙古自治区农牧业科学院采用普通栽培燕麦与大粒裸燕麦种间杂交培育而成。母本为 8115-1-2，父本为鉴 17，系谱号为 8631-4-1。2002 年通过内蒙古自治区农作物品种审定委员会审定，定名为燕科 1 号。该品种幼苗直立，深绿色，生育期 85～95 d。株型紧凑，株高 90～100 cm，茎秆坚韧，抗倒伏性强，茎叶茂盛，产草量高。周散型穗，穗长 20～25 cm，穗铃数为 26.8 个，串铃型。籽粒数 55 粒，最高达 70 粒，铃粒数 2～3 粒，穗粒重 1.0～1.5 g，千粒重 20～21 g，籽粒椭圆形，浅黄色，蛋白质含量 13.6%，脂肪含量 7.6%。耐黄矮病，较抗燕麦坚黑穗病，抗旱耐性强，口紧不落粒，落黄好。一般旱地每亩产量 200.0～250.0 kg，旱坡地每亩产量 90.7～150.5 kg。适宜在华北及西北地区中等肥力的土壤上种植。

5. 蒙农大燕1号

由内蒙古农业大学燕麦产业研究中心从加拿大引进品种VAO-6中,经过系统选育方法培育而成。2011年通过内蒙古自治区农作物品种审定委员会认定,定名为蒙农大燕1号。裸燕麦,春性,幼苗直立。生育期92 d左右,属中熟品种。分蘖力强,株型紧凑,籽粒长卵圆形,黄色。株高平均为103 cm。侧散型穗,长串铃,穗长23.76 cm;长芒,颖壳为黄色,主穗小穗数为30.6个,穗粒数43.6粒,穗粒重2.3 g,千粒重32.5 g。籽实粗蛋白质含量17.44%,赖氨酸含量3.25%,脂肪含量5.65%,β-葡聚糖含量8.3%。植株根系发达,茎秆粗壮,抗旱、抗倒伏及耐盐性强。籽实产量平均每亩322.8 kg,鲜草产量每亩1 736.1 kg。适宜在沙土,壤土、沙壤土、黑钙土,且≥10 ℃有效积温1 800 ℃以上的地区种植,内蒙古及其毗邻省份均可种植。

6. 蒙农大燕2号

由内蒙古农业大学燕麦研究中心,从加拿大引进品种VAO-2中,经过系统选育方法培育而成。2011年通过内蒙古自治区农作物品种审定委员会认定,定名为蒙农大燕2号。裸燕麦,幼苗直立,叶色深绿。生育期85 d左右,为中熟品种。分蘖力强,株型紧凑,株高平均98.4 cm。茎秆较粗,抗倒伏性强,侧散型穗、穗长22.7 cm,主穗小穗数22.0个,穗粒数30.2粒,穗粒重1.7 g,千粒重25.7 g,籽粒呈椭圆形,浅黄色。β-葡聚糖含量6.5%,粗蛋白质含量17.7%,赖氨酸含量2.5%,脂肪含量5.8%。籽实产量平均每亩304.6 kg,鲜草亩产1 720.10 kg。植株根系发达,抗旱及耐盐性强,发育前期耐低温能力强。生长季内田间观察未发现病虫为害症状。适宜在沙土、壤土、沙壤土、黑钙土,且≥10 ℃有效积温1 800 ℃以上的地区种植,内蒙古及其毗邻省份均可种植。

7. 内燕1号

由内蒙古自治区乌兰察布市农牧业科学研究院(原乌兰察布盟农业科学研究所)采用皮、裸燕麦种间杂交,经5代选育而成。母本为华北2号,父本为永380(milford)。1974年开始杂交选育,1987年通过内蒙古自治区农作物品种审定委员会审定,定名为内燕1号。该品种茎秆粗壮,水地株高为110～120 cm;旱滩地株高为90 cm左右;旱坡地株高为70 cm左右。穗型紧凑,周散型穗,穗长12.6～17.4 cm、成穗率83.49%～85.9%,串铃形。主穗结实数:水地65～80粒;旱地、旱坡地分别为33粒和29粒。籽粒纺锤形,黄白色,单株粒重29 g左右,千粒重20～23.5 g。生育期84～90 d,属中熟品种。该品种一般水地每亩产量149.8 kg、旱滩地每亩产量109 kg、旱坡地每亩产量62.8 kg。前期生长发育较慢,后期成熟快,耐水肥,抗倒伏,适应性强,对红叶病有一定抗性,感染秆锈病,口紧不落粒。

8.内燕2号

由内蒙古自治区乌兰察布市农牧业科学研究院(原乌兰察布农业科学研究所)采用皮、裸燕麦种间杂交,经5代选育而成。母本为赫波1号、父本为比利时皮燕麦健壮(Vigour)、谱系号1815。1975年开始杂交选育,1987年通过内蒙古自治区品种审定委员会审定,定名为内燕2号。该品种株高80～120 cm,株型紧凑,茎秆粗壮。周散型穗,穗长16～19 cm,穗结实数:水地22～35个,旱滩地14～23个;单株粒数:水地50～160粒,旱滩地40～110粒。籽粒白黄色,纺锤形,千粒重20.7～25.6 g,蛋白质含量15.5%,脂肪含量4.42%,淀粉含59.67%。平均每亩产量187 kg,生育期79～98 d,属中熟品种。耐水肥,中抗倒伏,抗红叶病、秆锈病。

9.内燕6号

由内蒙古自治区乌兰察布市农牧业科学研究院(原乌兰察布农业科学研究所)采用皮、裸燕麦种间杂交,经5代选育而成。母本为法国裸燕麦永492,父本为丹麦皮燕麦fyris,原代号小繁30。1974年开始杂交选育,1996年通过内蒙古自治区农作物品种审定委员会审定,定名为内燕6号。该品种株高84～110 cm。侧散型穗,穗长17.6 cm,主穗小穗数为21～35个,穗粒重1 g左右。单株结实率高,最高可达70粒以上,单株分蘖1.2～1.4个,成穗率80%～85%。千粒重19～23 g,蛋白质含量14.69%,脂肪含量4.68%。生育期90～94 d,属中熟品种。该品种平均每亩产量129.1 kg,生育后期黄穗,绿叶、绿秆,是良好的饲草,抗旱,适应性强,产量弹性大,对红叶病中抗,感染秆锈病,口紧不落粒。

### 10. 蒙饲燕 1 号

内蒙古农业大学于 1987 年以永 492 为母本，皮燕麦歇里·努瓦尔为父本，采用种间杂交选育而成的新品种，2017 年经第二届内蒙古自治区草品种审定委员会审定登记育成品种备案，品种登记编号：N074。该品种幼苗半直立，叶片为深绿色，植株蜡质层较厚；植株较高，一般在 120～160 cm，平均为 143.7 cm；周散型穗，松散下垂，穗长 24.8 cm，短串铃，穗铃长 4.3 cm，穗铃数 24 个，穗粒数 56 个，穗粒重 1.44 g；籽粒纺锤形，大粒，千粒重 27.7 g，最高可达 30.0 g 左右。抽穗期干草粗蛋白质含量 8.99%，磷 0.232%，钙 0.380 5%，灰分 7.01%，干物质 93.22%，粗脂肪 5.21%，粗纤维 27.99%，中性洗涤纤维（NDF）49.90%，酸性洗涤纤维（ADF）30.46%。生育期在 100 d 左右，属晚熟品种；鲜草亩产量达 2 277.84 kg，干草亩产量达到 783.35 kg，种子亩产量 178.35 kg。抗旱耐瘠薄，耐黄矮病，适宜在一般旱滩地及坡梁地种植。

### 11. 乌莜 1 号

乌莜 1 号是由乌兰察布市农林科学研究所以冀张莜 1 号（裸燕麦）为母本和永 118（皮燕麦）为父本进行种间杂交选育而成的粮饲兼用型燕麦新品种。该品种幼苗直立，植株高大，全株绿色，生长势强，生育期 103 d 左右，属中晚熟型品种。株高 1.37 m 左右，叶片宽大，长披针形，叶脉绿色，周散穗型，松散下垂，穗长 19.53 cm，穗粒数 75.60 个，穗粒重 2.05 g，小穗数 37.87 个；千粒重 26.50 g；平均分蘖数 2.37 个（有效分蘖 1.21 个）。作为饲草在抽穗期鲜草产量可达 52 726.35 kg/hm$^2$，干草产量达到 14 907.45 kg/hm$^2$，种子产量 3 701.85 kg/hm$^2$。该品种茎叶多汁、柔嫩，草质好；营养价值高，抽穗期晾制干草时粗蛋白质含量 13.70%，磷 0.23%，钙 0.60%，灰分 10.03%，干物质 91.62%，粗脂肪 3.00%，中性洗涤纤维（NDF）55.85%，酸性洗涤纤维（ADF）37.50%。具有出苗快，根系强大，抗旱耐瘠薄能力强，抗倒伏能力强的特点，在沙土、壤土、沙壤土、黑钙土上均能良好生长，适应性广。

### 12. 蒙饲燕 2 号（皮燕麦）

内蒙古农业大学以母本永 492 和父本歇里·努瓦尔进行种间杂交选育而成的新品种。母本永 192 为裸燕麦，是于 1980 年内蒙古自治区品种审定委员会第二次会议决定推广的燕麦品种。该品种幼苗半直立，植株高大，平均高度 135 cm，全株绿色；侧散型穗，呈松散下垂状，燕尾铃，穗长 20.4 cm；叶为长披针形，叶脉绿色，穗粒数 65.5 个，穗粒重 1.25 g，小穗数 20 个，穗铃长 5.8 cm；千粒重 31.0 g；生育期 90 d，属于中熟类型。抽穗期晾制干草时，粗蛋白质 7.51%。每株具叶片 5～6 片，叶宽 0.8～1.5 cm。平均分蘖数 2.15 个(有效分蘖 1.12 个)；根系强大，抗倒伏。品比试验鲜草亩产量达 2 156.24 kg，干草亩产量达到 733.59 kg，种子亩产量 180.21 kg。

13. 蒙燕 1 号(皮燕麦)

内蒙古农牧业科学院采用普通栽培燕麦与大粒裸燕麦种间杂交培育而成。母本为永 492，父本为 80-13，系谱号为 8707。2010 年通过全国农作物品种审定委员会审定，并命名为蒙燕 1 号。该品种生育期 85～95 d。株型紧凑，株高 90～100 cm。茎秆坚韧，抗倒伏性强，茎叶茂盛，产草量高。周散型穗，穗长 16.3～21.2 cm，颖壳为黄色，穗铃数 26.8 个，穗粒数 25.9～55.0 粒，铃粒数 2～3 粒，籽粒椭圆形，穗粒重 1.5～2.58 g，千粒重 33～35 g。籽实粗蛋白质含量 14.46%，粗脂肪含量 4.95%，粗淀粉含量 53.42%。耐黄矮病，较抗燕麦坚黑穗病，抗旱耐瘠性强，口紧不落粒，落黄好。旱滩地亩产量平均 200～273 kg；旱坡地亩产量平均 80～100.5 kg。适宜在华北及西北地区中等肥力的土壤上种植。

14. 乌燕 3 号(皮燕麦)

乌燕 3 号是由乌兰察布市农林科学研究所以冀张莜 1 号(裸燕麦)为母本，以歇里·努瓦尔(皮燕麦)为父本进行种间杂交选育而成的中熟饲草专用型皮燕麦新品种。该品种生育期 95 d 左右，属中熟型品种。幼苗半直立，苗浅绿色，株型紧凑，株高 90～120 cm。周散型穗、燕尾铃，穗长 18.57 cm，穗粒数 65.30 个，粒重为 2.08 g，千粒重 30.68 g，籽粒纺锤形，浅黄色。茎秆柔软、叶量丰富、适口性好，抽穗期晾制干草时粗蛋白质含量 11.00%，磷 0.24%，钙 0.66%，灰分 7.84%，干物质 90.66%，粗脂肪 2.30%，中性洗涤纤维(NDF)61.65%，酸性洗涤纤维(ADF)41.30%。该品种在抽穗期刈割鲜草产量达 42 825 kg/hm$^2$，干草产量达到 9 516.67 kg/hm$^2$，种子产量 4 500.03 kg/hm$^2$。该品种具有耐瘠薄、抗旱抗倒伏性强，中抗黑穗病、抗红叶病和锈病。

## 四、山西省育成品种

### 1. 晋燕1号

晋燕1号于1965年山西省农业科学院高寒区作物研究所以华北2号为母本，华北1号为父本杂交培育而成，原编号661-1。1972年定名为晋燕1号。该品种生育期104 d左右，属晚熟品种。幼苗匍匐，分蘖力强，抗旱、耐瘠薄。叶片长大后呈深绿色，内颖褐色，千粒重24 g，主穗粒数68.9粒，穗粒重1.44 g。每亩产量132.5～216.5 kg，适宜阴湿山区种植。

### 2. 晋燕8号

晋燕8号是1974年山西省农业科学院高寒区作物研究所以裸燕麦292为母本，皮燕麦赫波为父本，采用皮燕麦、裸燕麦种间杂交技术，经过多年连续单株选育而成，原编号50-1。1990年通过山西省农作物品种审定委员会审定，命名为晋燕8号。该品种生育期85～90 d。幼苗浅绿色、半匍匐，叶片较窄，分蘖力适中，株高90 cm左右。周散型穗，长17 cm，平均小穗数21.7个，穗粒数54.8粒，千粒重252 g。籽粒纺锤形、白色、粒大、有光泽。籽实含粗蛋白质18.81%，含脂肪5.75%。该品种前期生长缓慢，后期生长快，抗旱性强，较抗红叶病。每亩产量130.2 kg，适宜在夏、秋燕麦区的旱地及中等肥力水浇地种植。

### 3. 晋燕9号

1986年山西省农业科学院高寒区作物研究所以皮燕麦555为母本，裸燕麦69328为父本配制杂交组合，经连续单株选择培育而成。2000年通过山西省农作物品种审定委员会审定，命名为晋燕9号。该品种生育期88 d，株高100 cm。幼苗直立、深绿色，叶片短宽上冲，分蘖力较弱，茎秆粗壮，抗倒性强。周散型穗，穗长15～18 cm，小穗数25个，主穗粒数60个，穗粒重1.16 g，千粒重23 g。籽粒卵圆形、白色，粗蛋白质含量21.22%，粗脂肪含量6.33%，赖氨酸含量0.65%。平均每亩产量223.7 kg，适宜在高寒地区的旱坡地种植。

4.晋燕13号

由山西省农业科学院右玉农业试验站采用雁红10号为母本，皮燕麦455为父本，进行有性杂交选育而成。系谱号为Yy03-38。2010年通过山西省农作物品种审定委员会审定，定名为晋燕13号。该品种生育期95～100 d，属中晚熟品种。株高110～120 cm，株型紧凑，叶片上举。周散型穗，短串铃，穗长15～18 cm，平均单株小穗数25.2个，穗粒数45.3粒，最高达60粒，主穗粒重0.90～1.16 g，籽粒椭圆形，浅黄色，千粒重22.0～24.8 g。粗蛋白质含量16.37%，粗脂肪含量7.17%。一般亩产量为108.5～150.6 kg。抗逆性强，成穗率高，茎秆粗壮，抗倒性较强，抗旱耐瘠性强，抗病性好，大田未发现感染黑穗病、红叶病等病害。适宜华北及西北燕麦生产区的一般旱地种植，尤其在下湿地种植增产潜力更大。

5. 晋燕14号

1999年山西省农业科学院高寒区作物研究所以皮燕麦、裸燕麦杂交高代7801-2为母本、74050-50为父本杂交而成，原编号XZ04148。2011年通过山西省农作物品种审定委员会审定，定名为晋燕14号。该品种生育期：秋莜麦区90 d左右，夏莜麦区85 d左右。幼苗为半匍匐、深绿色，分蘖适中，前期生长缓慢，有抗干热风特点。株型紧凑，株高96 cm。周散型穗，长17 cm，有效分蘖1.9个，主穗小穗数31个，穗粒数62粒，千粒重20.4 g。$\beta$-葡聚糖含量5.68%。平均每亩产量164.8 kg。

## 五、吉林省育成品种

1. 白燕2号

由吉林省白城市农业科学院从加拿大引进高代材料，采用系谱法选育而成。2003年1月通过吉林省农作物品种审定委员会审定；该品种春性，幼苗直立，深绿色，分蘖力较强，株高99.5 cm，早熟品种，生育期81 d左右，可以进行下茬复种；穗长19.0 cm，侧散型穗，小穗串铃形，颖壳黄色，主穗小穗数10.5个，主穗数39.3个，主穗粒重1.11 g，活秆成熟，籽粒纺锤形，浅黄色，表面光洁，千粒重30.0 g，容重706.0 g/L；籽粒蛋白质含量为16.58%，脂肪含量为5.61%；灌浆期全株蛋白质含量

12.11%，粗纤维含量27.40%；收获后秸秆粗蛋白质含量5.12%，粗纤维含量34.95%。经张家口市农业科学院田间鉴定和白城市植保站田间鉴定，未见病害发生，根系发达，抗旱性强，粮草饲兼用。2001年区域试验平均每亩产量153.6 kg；2002年区域试验平均每亩产量167.1 kg；2002年生产试验平均每亩产量164.9 kg。抗黑穗病、叶锈病，根系发达，抗旱性强。适于吉林省西部地区中等以上肥力的土地种植。

2. 白燕8号

由吉林省白城市农业科学院从加拿大引进的高代材料(引进编号：9044)经系谱法选育而成。2008年通过吉林省农作物品种审定委员会审定；2011年通过内蒙古自治区农作物品种审定委员会认定。该品种春性，出苗到成熟74 d左右。籽粒长卵圆形、黄色，千粒重20.87 g，株高104 cm左右。侧散型穗，长芒，颖壳黄色，穗长19 cm左右，小穗着生密度适中，小穗数37个，穗粒数81粒，穗粒重1.47 g。粗脂肪含量8.57%，粗淀粉含量58.64%。2004年参加品比试验，每亩产量158.8 kg；2005年参加产量鉴定试验，亩产量169.5 kg；2006年进行生产试验，亩产量157.2 kg。适于吉林省西部地区退化耕地或草原种植。

3. 白燕11号

由吉林省白城市农业科学院从加拿大引进的高代材料(引进编号：V9)，经系谱法选育而成。2010年通过吉林省农作物品种审定委员会审定。该品种春性，出苗至成熟83 d左右。籽实长卵圆形，黄色，千粒重25.57 g，幼苗直立，叶片鲜绿色、中等大小，株高95.8 cm。侧散型穗，颖壳黄色，穗长18.3 cm，小穗着生密度适中，小穗数31个；穗粒数60粒，穗粒重1.35 g。粗蛋白质含量16.48%，粗脂肪含量8.29%，粗淀粉含量43.49%。2007年进行产量鉴定试验，每亩产量146 kg；2008年进行产量比较试验，每亩产量254 kg；2009年进行生产试验，每亩产量230 kg，比对照品种白燕2号增产7.8%。适于吉林省西部地区中等以上肥力的土地种植。

4. 白燕13号

2004年吉林省白城市农业科学院以VAO-2为父本，VAO-10为母本进行杂交，经系谱法选育而成，系谱代号2004R-3-44。2012年通过吉林省农作物品种审定委员会审定。裸燕麦，从出苗到成熟 83 d 左右。春性。幼苗直立，叶片鲜绿色，株高 102 cm，茎秆有蜡被。周散型穗，穗长 16.2 cm，芒弯曲，黑色；串铃型，小穗数 27 个，穗粒数 53 粒，穗粒重 0.86 g，籽粒圆形、黄色，千粒重 25.8 g，经田间鉴定，未见病虫害发生。适宜于吉林省西部具备水浇条件、中等以上肥力地区种植。千粒重 26.81 g，容重 721.56 g/L，籽粒长 6.96 mm，籽粒宽 3.51 mm。粗蛋白质含量 16.05%，粗脂肪含量 7.349%，粗淀粉含量 55.60%。蛋白质含量 12.55%，脂肪含量 6.24%，淀粉含量 53.5%，β-葡聚糖含量 1.12%，粗纤维含量 5.53%。2010 年区域试验平均每亩产量 174.7 kg，比对照品种白燕 2 号增产 10.5%；2011 年区域试验，平均每亩产量 190 kg，比对照品种白燕 2 号增产 12.4%。两年区域试验，平均每亩产量 182.3 kg，比对照品种增产 11.5%。2012 年生产试验，平均每亩产量 184.5 kg，比对照品种白燕 2 号增产 9.12%。

## 六、甘肃省育成品种

### 1. 定莜 1 号

定西市农业科学研究院（原定西市旱农中心）用大粒裸燕麦种间杂交培育而成。母本为 955，父本为小 46-5，系谱号为 79-16-22。1996 年通过甘肃省农作物品种审定委员会认证登记，定名为定莜 1 号。该品种幼苗直立，绿色，圆锥花序，株高 80～115 cm，周散型穗，穗长 18.59～21.9 cm，平均小穗数 16.9～36.5 个，穗粒数 35.6～75.7 粒，穗粒重 0.74～1.64 g，千粒重 15.6～24.3 g，容重 638～657 g/L，籽粒长筒形，籽粒含粗蛋白质 18.38%，赖氨酸 0.75%，粗脂肪 8.58%，亚油酸 39.52%（占不饱和脂肪酸）。每亩平均产量 126.10 kg，抗倒伏，抗旱性较强，个别年份有轻微的燕麦坚黑穗病、红叶病，秋季较抗，春季表现感病。

### 2. 定莜 9 号

定西市农业科学研究院（原定西市旱农中心）于 1992 年以大莜麦为母本、7633-112-1 为父本组配杂交，经系谱法多代选育而成的高产、耐旱、抗病、适宜加工的高蛋白莜麦新品种，原代号为 9227-3。2014 年 1 月通过甘肃省农作物品种审定委员会审定，定名为定莜 9 号。该品种株高 106～135 cm，穗长 23～27 cm，叶型上举，无芒，生育期 102～107 d，籽粒椭圆形，淡黄色，粗蛋白质含量为 211.7 g/kg，粗脂肪含量为 65.8 g/kg，粗灰分含量为 21.1 g/kg，赖氨酸含量为 7.09 g/kg，亚油酸含量为 45.01%（占不饱和脂肪酸）。平均亩产量 149.00 kg，抗旱性强，无燕麦坚黑穗病，黄矮病较轻。

## 燕麦品种展示

1. 张北大莜麦　2. 丰宁大滩　3. 华北 2 号　4. 小 46—5　5. 坝选 4 号

6. 坝莜 1 号　7. 冀张莜 1 号　8. 花早 2 号　9. 花中 21 号　10. 花晚 6 号

11. 品 5 号　12. 品 16 号　13. 乌莜 1 号　14. 乌燕 3 号　15. 乌莜 2 号

## 参考文献

[1] 周海涛，杨才，李天亮，等. 冀北燕麦种植及利用情况的分析[J]．中国种业，2012(5)：14-15.

[2] 任长忠，胡新中. 中国燕麦产业发展报告 2010[M]. 西安：陕西科学技术出版社，2010.

[3] 杨晓虹，周海涛，杨才，等. 我国燕麦育种技术的回顾与发展方向[J]. 中国种业，2012(9)：6-7.

[4] 周建萍，刘龙龙，崔林. 山西省燕麦育种现状及资源特点[J]. 山西农

业科学 2010,38(11):6-9.
[5] 杨才. 21 世纪初中国北方莜麦育种的目标和任务[J]. 河北农业科学,2001(5):47-51.
[6] 崔林,刘龙龙. 中国燕麦品种资源的研究[J]. 现代农业科学,2009. 16(4):120-123.
[7] 崔林,徐惠云,李刚. CA 雄性不育性状在裸燕麦上的转育[J]. 山西农业科学,2003,31(4):10-14.
[8] 杨才. 燕麦论:杨才文集[M]. 北京:中国农业大学出版社,2015.
[9] 梅雪,王凤梧,高卿,等. 优质裸燕麦新品种坝莜 8 号的特征特性及其推广效益分析[J]. 现代农业科技,2018(3):59,61.
[10] 田长叶,赵世锋,李云霞,等. 粮草兼用型裸燕麦新品种"坝莜三号"的选育[J]. 内蒙古农业科技,2008(5):39-40.
[11] 王建平. 早熟高产莜麦坝莜六号在湟中县的种植表现及高产栽培技术[J]. 种子,2013,32(6):112-113.
[12] 葛军勇,田长叶,李云霞,等. 张家口市农业科学院召开千亩"坝莜 18 号"莜麦新品种现场会[J]. 现代农村科技,2016(18):76.
[13] 田长叶,赵世锋,陈淑萍,等. 裸燕麦新品种坝莜 1 号[J]. 作物杂志,2001(5):39.
[14] 田长叶,温利军,赵世锋. 莜麦新品种"冀张莜五号"[J]. 内蒙古科技,1995(12).
[15] 杨才,田长叶. 早熟高产裸燕麦冀张莜 2 号[J]. 作物品种资源,1989(46).
[16] 魏黎明,郭来春,沙莉,等. 燕麦新品种白燕 2 号选育报告[J]. 作物研究,2007,21(3):341-342.
[17] 郭来春,魏黎明,沙莉,等. 燕麦新品种白燕 7 号选育报告[J]. 作物研究,2007,21(3):341-342.
[18] 任兰生,刘彦明,南铭,等. 旱地燕麦新品种定莜 9 号的选育[J]. 中国种业,2014,(5):59-59,60.

# 第五章 燕麦栽培技术

## 第一节 燕麦主要栽培技术

### 一、选茬和整地

#### (一)选茬

一般以小麦、马铃薯、玉米、油菜茬最适宜种植莜麦，并实施3～4年轮作制。例如：小麦—玉米—莜麦，小麦—马铃薯—莜麦—胡麻，小麦—莜麦—胡麻，油菜—莜麦—小麦，轮作倒茬不仅可以均衡利用土壤养分，还可以减少病、虫、草害的发生。乌兰察布市马铃薯播种面积每年稳定在400多万亩，为了更好地进行轮作倒茬，特别是在马铃薯生产面临较大市场压力的形势下，燕麦是不可或缺的轮作作物，而且是当地的首选作物。目前，乌兰察布市已探索建立了“马铃薯与燕麦”相互轮作的倒茬制度，对减轻土传病害发生率、修复土壤微生态环境、丰富土壤微生物多样性具有重要作用。

#### (二)整地

在上茬作物收割后，应该立即进行早秋耕、深秋耕，耕深达20 cm以上。翻后及时耙耱，达到地平土碎、减少土壤水分蒸发的目的；乌兰察布地区风沙大，可以留茬过冬，减少风蚀，保持墒情。

有灌溉条件的地区，要在立冬前后进行灌溉，一般以秋灌最宜，可提高土壤的持水量。如未能秋灌，应进行春灌。春灌宜早不宜晚，一般在土壤解冻时即可进行，灌溉过晚会影响播种时期。

## 二、播种

### (一)种子处理

1. 品种选择

根据市场需求来选择适宜本区域自然条件的生育期适中、高产、优质、抗逆性强的品种，并且是经国家或各省(市、自治区)品种审定委员会审(认)定的裸燕麦品种，如燕科1号、燕科2号、蒙农大1号、蒙农大2号、内燕1号、内燕2号、花早2号、坝莜1号、白燕2号及坝莜8号等当地主推品种。这些品种综合性状好，生育期为90～100 d，产量稳定在150～250 kg，适宜乌兰察布地区坡梁地种植。水肥条件好的地块以耐密和半耐密型品种为主，如草莜1号、燕科1号、白燕2号、白燕8号、科燕1号、坝莜5号、内农大燕1号、花早2号等品种。

2. 种子处理

(1)去杂　去除土块、石子及瘪粒、小粒、病粒、破粒，选用新鲜、成熟度整齐、饱满的籽粒作为种子。去杂方法有风选、筛选、机选、盐水选、粒选等，一般用风选和筛选即可达到去杂标准。

(2)种子检验　去杂后播种前15 d进行种子检验，主要检验种子的纯度、净度以及发芽率。应符合标准：所选良种纯度≥96%、净度≥98%、发芽率>85%、水分≤13%。

(3)晒种　播种前3～5 d选无风晴天把燕麦种子摊开，厚3～5 cm，在干燥向阳处晒2～3 d，以达到杀菌、提高发芽率的目的。

(4)拌种　晒种后选择无公害生产允许使用的药剂，如多菌灵、甲基托布津，以燕麦种子量0.3%的药量拌种，起到杀菌防病的作用，尤其对燕麦坚黑穗病有防治效果。

若进行有机燕麦生产，则禁止使用任何化学物质或有机农业生产中禁用物质处理的种子。

### (二)播种时期

燕麦最适于生长在气候凉爽、水分充足的地区。种子发芽的最低温度为 3～4 ℃，幼苗能耐－4～－2 ℃的低温，成株遇－4～－3 ℃低温仍能缓慢生长，－6℃则受害。燕麦生长期最适宜的温度为 20 ℃左右，不耐高温，超过 35 ℃即受害。

在土壤含水量达 10％以上、地温在 5 ℃以上时即可播种，播期根据气候、土壤条件及种植目的等确定。燕麦的播种期对产量的影响很大，播期过早燕麦需水关键期与降水量高峰期不吻合而大幅度减产；播期过晚，影响成熟度，降低产量。因此，只有选择适宜的播期才能有效地利用自然条件中的有利因素而获得比较理想的产量结果。如乌兰察布前山地区一般在 5 月中旬至下旬播种；后山地区一般在 5 月上旬至中旬播种。若以收获饲草为目的，播种时间可以灵活掌握，一般可采用倒推的方法确定，从燕麦播种到孕穗期，约需 2 个月的时间，因为孕穗期营养价值较高，是刈割的较佳时期。

## （三）播种方法

燕麦种植，除山地、坡地小面积或不适宜机械作业的地块外，一般均采用机械播种，可选用燕麦精量播种机、宽幅燕麦条播机。不同型号的播种机只是在行数上有区别，可根据地块大小等情况进行选择。

### 1. 种植密度

燕麦的种植密度可根据土壤肥力、水分条件确定。旱地裸燕麦一般每亩播量为 8～10 kg，即每亩 40 万～45 万粒，基本苗 27 万～33 万株；皮燕麦每亩播量在 12 kg 左右，饲草用燕麦可适当增加播量到 16 kg。不同水分、肥力条件下燕麦播量不同，在瘠薄旱地每亩播量 6～7 kg，一般旱地每亩播量应在 7～8 kg，中等肥力旱地每亩播量 9～10 kg，在肥力较高的水浇地每亩播量应在 10～12 kg。燕麦在种植过程中，行距一般采用 25 cm 左右，为了方便在燕麦生育期进行田间作业，增加产量，可以增加到 30 cm，也可以选择 20/40 cm 宽窄行的行距。

### 2. 播种深度

燕麦种植中，使用种肥分层播种机播种，播种深度为 3～5 cm。土壤含水量高时，要浅播，为 3 cm；土壤含水量较低，要深播，应为 5 cm。要求播种时种子均匀，不漏播，不断垄，深浅一致，播种后必须镇压以利于出苗。

## 三、田间管理

俗话说“有收无收在于种，多收少收在于管”，只有加强田间栽培管理，才能达到苗壮、秆粗、穗大的高产稳产目的。燕麦的田间管理，主要分为施肥、灌溉、杂草防除以及病虫害防治等4个方面。

### (一)施肥

在农业生产中，有机肥与无机肥配合施用，可以使土壤具有良好的理化性质，促进作物生长健壮。燕麦根系发达，对养分的需求量较少。在有机燕麦生产中，农家肥原则上来源于本生态圈内的厩肥、绿肥、秸秆等堆腐而成的经无害化处理的有机肥，以便施足底肥，不断提高土壤肥力的同时，使燕麦达到高产、优质。

1. 基肥

燕麦是耐贫瘠、低产作物，一般不注重有机基肥的施用。目前，生产上主要以绿肥及其他堆肥和厩肥等有机肥为主，燕麦在种植过程中，基肥的施用一般以农家肥为主，根据土壤肥力确定施肥量，以优质农家肥(如羊粪)2 000～3 000 kg/亩为宜。

2. 种肥

是指在播种或移栽时，将肥料施于种子附近或与种子混播供给作物生长初期所需的养料。就目前的生产而言，燕麦播种时种肥一般随种施入。在乌兰察布地区，如果有机肥做基肥，一般每亩种肥施用纯氮和磷($P_2O$)分别为4 kg和1.5 kg，氮、磷比约为3∶1；如果未施基肥，一般每亩施用氮(N)、磷($P_2O$)、钾($K_2O$)分别为4 kg、1.5～3 kg、5 kg。在有机燕麦的生产中，不允许施用无机肥，要施用有机肥做种肥，每亩施用优质农家肥800～1 000 kg。

3. 追肥

分蘖期或拔节期，是燕麦需肥的关键时期，此时基肥和种肥已不能满足燕麦生长发育所需要的养分，因此需要追肥。追肥原则为前促后控，结合灌溉或降雨前施用。若在基肥和种肥均施足或土壤质地为壤土或黏壤土时的情况下可不追肥，因为肥水条件较好，追肥易造成燕麦倒伏；土壤质地为保水保肥性差的沙壤土时，在乌兰察布市燕麦主产区每亩追施氮(N)和钾($K_2O$)分别为 4 kg 和 5 kg；有机燕麦的生产不允许追施无机肥。

### (二)灌溉

燕麦是耐旱性较强的作物，在有灌溉条件的地区，通过适时补充水分，可实现燕麦超高产。燕麦灌溉主要分为三个阶段，即苗期、拔节期至抽穗期和开花期至灌浆期。

(1)在燕麦苗期 3～4 叶时，进行第 1 次灌水。这一时期正是燕麦开始分蘖、小穗分化的时期，此时水对燕麦产量影响较大。

(2)在燕麦拔节期至抽穗期，进行第 2 次灌水。这一时期是燕麦营养生长和生殖生长并重的时期，是需水肥关键期和水肥最大效率期，灌水可达到穗大、穗多、粒重的目的，进而实现燕麦丰产。

(3)在燕麦开花期至灌浆期，进行第 3 次灌水，这一时期正处于高温时期，及时灌水，既可满足燕麦因高温对水分的迫切需要，又可创造良好的田间小气候，起到降温的作用。如果此期缺水，会严重影响燕麦籽粒的饱满程度，导致产量和品质下降。

### (三)杂草防除

燕麦田的杂草种类繁多，阔叶杂草种类较多，禾本科杂草发生非常严重。乌兰察布地区燕麦田杂草共 11 科、20 属、24 种，主要杂草有藜、地肤、猪毛菜、狗尾草、苦菜、狗舌草等。轮作倒茬是有效防治田间杂草的一个重要途径，在燕麦生产中进行杂草防除时，一般采用中耕除草和化学防除。

1. 中耕除草

在燕麦 4～5 叶期进行第 1 次中耕除草，这一时期应浅锄、早锄。此期锄草不仅能松土，提高地温，减少水分蒸发，防旱保墒，而且能促进燕麦根系发育，早扎根、快扎根，形成发达的根系。尤其在二阴滩地和下湿盐碱地，中耕除草有提温通风、防止盐碱上升发生锈苗的作用。

在燕麦拔节期，根据燕麦长势，进行中耕（3～5 cm），此期中耕可消除田间杂草，同时可起到提高地温、减少土壤水分蒸发、促进壮秆以防倒伏等作用。

在抽穗初期至灌浆期，人工拔除田间野荞麦、野燕麦和其他杂草。

2. 化学防除

燕麦对除草剂反应较其他禾谷类作物敏感，使用不当会造成产量下降，直接影响种植效益，因此一定要慎用。

在有机燕麦生产过程中，严禁使用化学除草剂防除杂草。

### （四）病虫害防治

近年来，随着燕麦种植年限的增加和种植面积的扩大，燕麦生产病虫害有加重的趋势。目前的主要病害有黑穗病、锈病和红叶病。虫害与其他禾谷类作物相同，有黏虫、蚜虫、蓟马、金针虫、蛴螬等。

1. 防治原则

燕麦病虫害防治应坚持“预防为主，综合防治”的植保方针，首先应选用抗病良种；其次是实行轮作；最后是药剂防治。以农业防治为基础，积极提倡生物防治；按照病虫害发生的规律，选用高效、低残留的化学农药进行防治。同时提倡药剂的交替使用和合理混用，防止产生耐药性。

在有机燕麦生产过程中，严禁使用任何化学药剂防治病虫害。

2. 防治对象

（1）病害防治

①锈病　燕麦锈病是由专性寄生菌引起的，先在叶片的背面发病，出现圆形暗红色小点，后扩大到整个叶片，最后穿透叶肉，导致组织坏死。在防治上可采用播前拌种，及时中耕除草，消除寄生寄主；发病时，可用多菌灵、甲基托布津等500倍液喷雾防治。

②黑穗病　黑穗病也称乌霉，是目前燕麦生产中主要的病害之一，造成燕麦严重减产，品质下降。黑穗病病原是附着在种子表面的厚垣孢子，随着种子的萌发进而侵染燕麦植株。在防治上可在播种前用多菌灵或甲基托布津等可湿性农药闷种，起到预防效果；发病初期可用多菌灵、

甲基托布津等500倍液喷雾防治。

③红叶病　燕麦红叶病是由蚜虫传播的一种病毒性病害。发病初期，幼苗叶片中部自叶尖变成紫红色，之后沿着叶脉发展，最终叶片呈红色，植株早衰，枯死。红叶病是由蚜虫传播引起的，因此，在防治上要和蚜虫的防治相结合，可采用播前拌种，及时中耕除草消除寄生寄主；发病时，可用多菌灵、甲基托布津等500倍液喷雾防治。

(2)虫害防治

①黏虫　黏虫是燕麦生产中主要的害虫之一，尤以幼虫为害最为严重，主要取食燕麦叶片。黏虫一般潜伏在秸草堆、土块下或是草丛间，昼伏夜出取食和产卵，在防治上要注意早防，以防治3龄前幼虫为宜，每亩可用50%辛硫磷乳油、80%敌敌畏乳油兑水50 kg或20%灭幼脲3号悬浮剂或25%氰·辛乳油20～30 mL或4.5%高效氯氰菊酯50 mL兑水30 kg均匀喷雾；成虫可用谷草把或糖醋毒液诱杀。

②蚜虫　蚜虫是燕麦红叶病病毒的携带者，其危害较大，因此，在燕麦生产过程中要注意观察蚜虫的发生情况。在乌兰察布市燕麦产区，蚜虫一般在5月中旬到6月中旬发生。防治可用3%啶虫脒乳油，每亩用量15～20 mL；也可用25%溴氰菊酯乳油，每亩用量30 mL；10%吡虫啉可湿性粉剂15～20 g/亩。

## 四、收获

燕麦穗部成熟表现为“自上而下、由外到内、由基部向顶部”的顺序，因此，当燕麦穗子由绿色变为黄色，中、上部籽粒变硬，表现出籽粒正常的大小和色泽，进入蜡熟期时即可收获。乌兰察布地区一般在9月下旬可以收获。收获时可用小麦联合收割机直接脱粒，也可用小型割晒机收获。

燕麦脱粒后要及时晾晒，避免因晾晒不及时而造成发霉变质。一般燕麦种子晾晒到含水量在13%以下，方可将种子装袋入库贮藏。燕麦籽粒营养丰富，极易遭鼠害和虫害，因此在贮藏过程中一定要注意防范。

# 第二节　燕麦主要病虫草害防治

近年来，随着燕麦种植面积的逐渐扩大以及环境气候的变化，燕麦病虫害问题日益突出，给产业发展带来不良影响。在北方地区燕麦主要病害有黑穗病、叶斑病、锈病和红叶病，其中以锈病和红叶病较为严重；虫害主要有黏虫、蚜虫等，上述病虫害在不同年份时有发生，严重时造成减产 30%～50%，严重影响了燕麦产业的健康发展。另外，燕麦产区生产者普遍认为燕麦"皮实"，对燕麦病虫害缺乏足够的重视，大田生产中基本不防治，任由病虫害蔓延发展；技术人员对此也缺乏相关的研究，病虫害大发生的年份只能借鉴小麦或大麦上的防治方法，导致防治不彻底、效果不理想。燕麦田分布较广的杂草有狗尾草、稗草、猪毛菜、藜、黄花蒿、牻牛儿苗、打碗花、山苦菜、卷茎蓼、苍耳、蒲公英、田旋花、艾蒿、蛇头草、地肤、萹蓄、野胡萝卜、野荞麦等。当前由于燕麦机械化、规模化种植使得杂草问题日益突出，并且生产者缺乏必要的知识和技术，除草剂的药害现象也越来越严重。因此，针对主要病虫草害的发生规律进行研究，提出防治措施很有必要。

## 一、燕麦病害及其防治

### （一）燕麦坚黑穗病

1. 发病症状

坚黑穗病主要发生在抽穗期。坚黑穗病带病植株从苗期到抽穗初期，症状不明显，外形与健康植株相似，到灌浆后期病穗染病的结实部分，变成黑褐色粉末状的孢子堆，病穗比较松散。种子的胚和颖片被毁坏，其内充满黑褐色粉末状厚垣孢子，其外具坚实不易破损的污黑色膜。厚垣孢子黏结较坚实，不易分散，收获时仍呈坚硬块状，故称坚黑穗病。见图 5-1。

2. 防治方法

(1)农业防治　播种前或收获后，清除田间及四周杂草，集中烧毁或

图 5-1　燕麦坚黑穗病

沤肥;深翻地,晒土,促使病残体分解,减少病源和虫源;提倡轮作,选用抗病品种,选用无病、包衣的种子;合理密植,增加田间通风透光度;提倡施用充分腐熟的农家肥,不用未充分腐熟的肥料;增施磷、钾肥,重施基肥、有机肥有利于减轻病害。

(2)化学防治　拌种霜按种子量的 0.2%拌种,药效可达 95%~100%;或 50%克菌丹按种子量的 0.3%~0.5%拌种,播前 5~7 d 拌种堆放在一起可提高拌种效果;或 25%萎锈灵按种子量的 0.3%拌种;也可用 50%福美双按种子量的 0.3%拌种。另外若用多菌灵、甲基托布津等可湿性农药湿拌闷种防效更好。湿拌药剂闷种的方法是:按常规用量将药剂溶于水中,用水量是种子量的 3%~5%,若气温低于 0 ℃,将水加温至 10 ℃,种子以 100 kg 为一堆,平摊在水泥地面上,用小喷雾器边喷药液边用木锨翻拌,连续翻 3 遍以上,然后集堆盖好,闷种 5~7 天即可播种。

## (二)燕麦锈病

### 1. 发病症状

该病包括冠锈病、秆锈病和条锈病 3 种,我国燕麦以秆锈病为主,主要发生在 7 月中、下旬。发病初期,叶片上产生橙黄色椭圆形小斑,后病斑逐渐扩散出现稍隆起的小疮疱,即夏孢子堆。当孢子堆上的包被破裂，散出夏孢子。后期燕麦近枯黄时，在夏孢子堆基础上产生黑色的、表皮不破裂的冬孢子堆。见图 5-2。

图 5-2　燕麦锈病

2. 防治方法

(1)选用抗锈病高产良种。

(2)消灭病株残体，清除田间杂草寄主。

(3)实行“豌豆—小麦—马铃薯—燕麦—胡麻—豌豆”轮作方式，避免连作。

(4)加强田间管理，多中耕，增强植株抗病能力，合理施肥，防止贪青徒长晚熟，多施磷钾肥促进早熟。

(5)发病后及时喷药防治，用 25％三唑酮、12.5％速保利可湿粉在发病初期兑水喷雾；用 12.5％粉唑醇乳油、20％萎锈灵乳油在锈病盛发期兑水喷雾；也可用 25％三唑酮可湿粉 12 g 拌种 10 kg 燕麦。

## (三)燕麦红叶病

1. 发生与为害

燕麦红叶病是一种由大麦黄矮病毒(BYDV)引起的病毒性病害，可由蚜虫、蓟马、条斑蝉等昆虫传播。主要通过蚜虫从其他越冬寄主上吸入的病毒传播，病毒侵染植株3～15天出现症状，植株染病后一般上部叶片先表现症状。叶部受害后，先自叶尖开始，呈现紫红色或红色，逐渐向下扩展成红绿相间的条纹或斑纹，叶片变厚、变硬。植株受害后，造成不同程度的矮化、早熟和枯萎现象，燕麦穗粒数、穗粒重明显下降。见图5-3。

图5-3 燕麦红叶病

2. 防治方法

(1)选用抗病良种。

(2)改善栽培管理，合理施用氮肥、磷肥，促进早封垄，增加田间湿度，减少黄叶，保持绿叶数量，同时消灭田间地埂周围杂草，控制寄主和病毒来源。

(3)若发现发病植株，及时喷药杀灭蚜虫控制病毒传播，可用50%辛硫磷乳油200倍液喷雾；也可在播种前用内吸剂浸种或用内吸剂制成颗粒拌种。

## (四)燕麦叶斑病

1. 发病症状

燕麦叶斑病又称条纹叶斑病，主要为害叶片和叶鞘。发病初期病斑呈水浸状，灰绿色，大小(1～2)mm×(0.5～1.2)mm，后逐渐变为浅褐色至红褐色，边缘紫色。病斑四周有一圈较宽的黄色晕圈，后期病斑继续扩展达(7～25)mm×(2～4)mm，呈不规则形条斑。严重时病斑融合成片，从叶尖向下干枯。见图 5-4。

图 5-4　燕麦叶斑病

2. 防治方法

(1)农业防治　参考燕麦坚黑穗病防治方法。

(2)生物防治　用 80% 抗菌剂 402 水剂 5 000 倍液浸种 1 d 后，捞出晾干即可播种。

(3)化学防治　可用 5% 速保利拌种剂，或 40% 多菌灵、50% 的福美双、70% 甲基托布津拌种。也可在发病期间用 50% 的多菌灵、50% 苯菌灵可湿性粉剂喷雾。

## 二、燕麦虫害及其防治

### (一)蚜虫

1. 发生与为害

蚜虫俗称腻虫、旱虫，属同翅目蚜科，是燕麦的主要害虫之一(图 5 5)。麦蚜的寄主种类较多，多群集在叶背面和穗部为害，并排泄蜜露，影响燕麦的呼吸和光合作用。被害处呈浅黄色斑点，严重时叶片发黄，甚至整株枯死。蚜虫又是植物病毒的重要昆虫媒介，以传播 BYDV 为害最重。长期干旱，温度较高，气候条件适宜，天敌少，而早期蚜虫量又多，是蚜虫大发生的有利条件。

2. 防治方法

(1)合理安排作物布局。

(2)选用高产优质的抗虫品种。

(3)药剂防治。喷洒 50% 抗蚜威可湿性粉剂 2 000 倍液、10% 吡虫啉可湿性粉剂 1 000 倍液等。也可与防治红叶病结合，采用拌种方法进行防治。

图 5-5 蚜虫

## (二)黏虫

### 1. 发生与为害

黏虫又称东方黏虫、五色虫、夜盗虫,属鳞翅目夜蛾科。黏虫食性较杂,主要为害水稻、小麦、玉米、燕麦、高粱、谷子、糜子等禾本科作物。大发生时可将作物叶片全部食光,造成作物大幅度减产甚至绝收。因其群聚性、迁飞性、杂食性、暴食性,成为全国性重要农业害虫。

黏虫的适宜温度为 10～25 ℃,温度低于 0 ℃或高于 30 ℃对其生长发育和存活均有不利影响,温度高于 35 ℃时孵化的幼虫均不能存活,高湿有利于虫的生长发育和繁殖,黏虫迁飞有顺风运转的特点,每晚迁飞距离可达 400～800 km。

### 2. 防治方法

防治黏虫必须把幼虫控制在 3 龄以前,如果超过 4 龄则进入暴食期,防治效果降低。

(1)耕作防治　在越冬区,结合种植业结构调整,合理调整作物布局,大量压缩麦田面积;通过冬季铲除杂草等可有效减少越冬虫源,降低第 1 代发生区的发生程度。在 1～3 代发生区,通过合理密植,加强田间水肥管理等,控制田间小气候,可降低卵的孵化率和幼虫存活率。

(2)药剂防治　防治黏虫的化学药剂较多,应注意选择高效、低毒、低残留或与环境相容性好的药剂。目前常用的杀虫剂有 90%晶体敌百虫、50%辛硫磷、45%马拉硫磷、40.7%乐斯本等。对天敌杀伤作用较小的药剂有 25%灭幼脲 3 号、20%除虫脲、1.8%阿巴丁、0.3%苦参碱等。

## (三)金针虫类

### 1. 发生与为害

金针虫是叩头虫的幼虫，属鞘翅目叩头虫科，是我国一类重要的地下害虫(图 5-6)，主要有沟金针虫、细胸金针虫、褐纹金针虫、宽胸金针虫等。沟金针虫、细胸金针虫分布较广，较为常见，为害各种作物、蔬菜和林木，咬食播下的种子，伤害胚乳使之不能发芽；咬食幼苗须根、主根或地下茎，使之不能生长甚至枯死；还能蛀入块茎或块根，导致病原菌的侵入而引起腐烂。金针虫为害幼苗的症状是受害苗主根很少被咬断，被害部位不整齐，呈丝状。其成虫在地上取食作物的嫩叶，但为害不重。

图 5-6　金针虫

### 2. 防治方法

(1)农业防治　耕翻土壤，实行精耕细作。春、秋季播前翻耕土壤，特别是在我国北方深秋深翻多耙，通过机械损伤、天敌捕食、寒冷冻死等，可消灭大量蛴螬、金针虫、根蛆等地下害虫。合理施肥，猪粪、厩肥等农家肥必须腐熟后方可施入田间，施后要覆土，不能露在土表。

(2)化学防治　目前，地下害虫的综合防治主要以化学防治为主，防治方法有种子处理、土壤处理以及诱饵毒杀等。

①种子处理　种子处理因方法简单、用药量低、对环境安全等特点成为当前防治地下害虫最理想的方法之一，可采用50%的辛硫磷乳油拌燕麦种子50 kg播种。

②土壤处理　土壤处理方法有多种，可将农药在播种前均匀撒在地表上，然后犁入土壤中，也可将农药与底肥和种子混合施入土壤中，一般土壤处理采用50%辛硫磷乳油3 750～4 000 mL兑10倍水稀释，喷施在450 kg左右的沙土上拌成毒土，播前施入土壤中。

③诱饵毒杀　可采用毒谷与种子混播，用谷子或糜子5 kg，90%的敌百虫30倍液150 g，先将谷子或糜子灭活10 min(蒸煮即可)，晾干后拌药后与燕麦种子一起播种，一般用量为1 kg/亩。

## 三、燕麦草害及其防治

### (一)燕麦田间主要杂草生物学特性

#### 1. 藜

当地称灰菜，为苋科藜属植物，是乌兰察布地区最常见的杂草，主要分布在全球热带和温带地区，是地老虎的寄主(图5-7)。

图5-7　藜

生物学特性：一年生草本植物，种子繁殖，种子最低温度 10 ℃即可发芽，20～30 ℃为最适温度。适应性强，抗寒和耐旱性较强，喜水肥和光照。在乌兰察布地区 4—5 月出苗，7—10 月开花结果，种子量大，每株结种子约 2 万粒，种子落地或借风力等外力因素传播。

2. 猪毛菜

当地又称沙蓬、扎蓬棵，藜科。主要分布于我国的东北、华北、西北、内蒙古、西南及西藏、河南、山东、江苏、陕西等地。

生物学特性：一年生草本植物，种子繁殖，在乌兰察布地区 5 月开始返青，7—8 月开花，8—9 月果熟，果熟后，植株干枯，于茎基部折断，随风滚动而散布种子。

猪毛菜适应性、再生性及抗逆性均强，为耐旱、耐盐碱植物，有时成群丛生于田野路旁、沟边、荒地、沙丘或盐碱化沙质地。

3. 黄花蒿

当地又称黄蒿、臭蒿，是菊科蒿属，在全国各地均有分布，适应性强，植株高大，严重影响燕麦产量(图 5-8)。

**图 5-8　黄花蒿**

生物学特性：一年生草本植物，植株有浓烈的挥发性香气，种子繁殖。种子发芽温度为 8～25 ℃，发芽适温为 18～25 ℃，种子在低温条件下至少可以保存 3 年。在乌兰察布地区，4—5 月出苗，6—9 月为花果期。种子小，单株可结实数千粒至数万粒，随风、水以及动物身体等外力传播。

4. 苣荬菜

当地称甜苣菜，菊科，在全国各地均有分布，常以优势种群单生或混生为害(图 5-9)。

图 5-9　苣荬菜

生物学特性：多年生草本植物，全株有乳汁，地下根状茎匍匐，多数须根着生，以地下茎和种子繁殖，以根茎和种子越冬。在乌兰察布地区，4—5 月出苗，6—10 月为花果期，7 月种子开始成熟。种子成熟后随风传播，经越冬休眠后萌发。

5. 野稷

当地称野糜子，禾本科，多生于旱田、果园、菜地以及路边。

生物学特性：一年生草本植物，花果期为 6—9 月，种子繁殖，成熟落地后，经冬眠后萌发。

6. 打碗花

又称喇叭花，属旋花科(图 5-10)。在全国各地均有分布，为麦田里常见恶性杂草，由于地下茎蔓延迅速，常成单优势群落，对燕麦为害较严重。其不仅直接影响燕麦生长，而且能导致燕麦倒伏，有碍机械收割，是小地老虎的寄主。

图 5-10 打碗花

生物学特性:多年生草本植物,以地下茎和种子繁殖,田间以无性繁殖为主,地下茎质脆易断,每个带节的断体都能长出新的植株。在乌兰察布地区,4—5 月出苗,花期 7—9 月,果期 8—10 月。种子成熟后不易脱落,易混入农作物中传播。

7. 野燕麦

禾本科、燕麦属一年生植物,是麦类等作物的田间杂草,在全国各地均有分布。

生物学特性:一年生草本植物,种子繁殖,分蘖力强,每株有 15～25 个分蘖,最多可达 64 个分蘖;每株结种子 410～530 粒,多的可达 1 250～2 600 粒;种子发芽的最适温度为 15～20 ℃,在土壤中持续 4～5 年均能发芽,有的经过火烧和牲畜胃、肠后仍能发芽。

## (二)燕麦杂草防除技术

1. 农业防除

(1)轮作倒茬　轮作倒茬对于调节和促进土壤肥力,消除或减轻病虫害杂草为害,提高作物产量具有重大意义,通过不同作物的轮作倒茬,改变杂草的生存环境,形成不利于杂草生存的条件,从而控制杂草。同时要精耕细作,结合中耕除草,能够及时地控制麦田杂草。对于多年生杂草重发区,要入冬前深翻,使杂草地下根茎暴露在地表,将其暴晒或者冻死。

(2)农家肥的使用　在农家肥中常混有大量杂草种子,因此,在施用农家肥时必须经过高温腐熟后,充分杀死杂草种子,防止杂草的发生。

(3)加强田间管理　在燕麦 4～5 叶期以前开始人工除草,以苗压草,充分发挥生态控制效应。

2. 化学防除

燕麦田当前主要以传统的人工除草为主,效益低、效果差,严重制约着农业生产的可持续发展,化学除草因高效、省时、省力、快捷而成为人们的首选,其费用仅为人工除草的 1/3,随着种植面积的扩大,化学除草的优势尤为明显。

针对当前燕麦田杂草分布情况,下面重点介绍几种燕麦田常用的化学除草剂。

(1)氟乐灵　是一种二硝基苯胺类选择性触杀型除草剂,也是优良的旱田除草剂,对人畜低毒,防除一年生禾本科和种子繁殖的多年生杂草和某些阔叶杂草,如稗草、狗尾草、蟋蟀草、千金子、早熟禾、雀麦、野燕麦、雀舌草、藜、苋、粟米草、繁缕、地肤、马齿苋等。对龙葵、苍耳、苘麻等宿根性多年生杂草防效差或基本无效。氟乐灵属于土壤处理除草剂,在植物体内输导能力较差,该药易挥发和光解,施药后应立即混土。一般在播前或芽前使用,杂草在种子发芽生长出土过程中吸收,出苗后的茎叶也能吸收。燕麦播前或播后苗期进行土壤处理,施药后及时混土 3～5 cm 深,不宜过深,以免对作物幼苗造成伤害。缺点是残效期长,在北方低温干旱地区可达 10～12 个月,对后茬有一定影响。

用法用量:每亩用量为 48%的氟乐灵乳油 100～170 mL,兑水 45～70 kg,混合均匀后喷雾。

注意事项:①氟乐灵在干燥时使用效果较差,可在用药后喷水提高药效。②尽量选择阴天或傍晚时候喷施,减少药剂光解。

(2)田普　45%微胶囊悬浮剂,为二硝基苯胺类土壤封闭性除草剂,主要抑制芽尖、根尖等生长点细胞的有丝分裂。杂草种子萌发过程中的幼芽、茎和根吸收药剂后，其生长点受到破坏而起作用。施药后在土表形成一层 2～3 cm 厚的药土层，封闭杂草生长。可有效防除稗草、马唐、狗尾草、牛筋草、早熟禾、看麦娘等一年生禾本科尖叶杂草，也可防除藜(灰灰菜)、马齿苋、苋菜、繁缕等一年生阔叶杂草，以及一年生莎草，在高剂量时可抑制龙葵、苘麻、铁苋菜的生长。对马齿苋、繁缕有特效。要在推荐剂量下使用，对燕麦根系安全，不伤根，并增加产量。田普几乎不溶于水，不易淋溶，施药后降雨、灌溉对土表药土层影响不大，药效持久，不易光解，不易挥发，持效期长达 45～60 天。施药时间灵活、选择播前施药、播后苗前施药，移栽前或苗后喷药(早期杂草未出土前)。

用法用量：杂草特别是灰灰菜较多的地块，每亩用量应大于 110 mL，乌兰察布地区每亩用量应为 150～180 mL。原则上草多、土壤黏重、整地不平或有机质含量高于 2%，希望持效期更长的地块用高剂量，反之则用低剂量。

注意事项：①应在播种盖后再喷药，不能用沙子盖种，否则药剂易淋洗到种子而产生药害。②施药后应注意保护药土层，避免铲地等农事操作破坏药土层而导致封不严，防效不好。③在低温情况下作物根系生长慢，或是药后大量浇水及降水造成地块积水，将土表药剂淋洗到根部，可能会产生轻微药害或影响药效，可用促根剂促根生长与解毒。施药后 7 d 左右，土表过度干旱也会影响药效。

(3)扑草净　剂型为 50%、80%可湿性粉剂。难溶于水，易溶于有机溶剂，是内吸选择性除草剂。可经根和叶吸收并传导，抑制杂草光合作用，使杂草死亡。对刚萌发的杂草防效最好，杀草谱广，可防除一年生禾本科杂草及阔叶杂草，可防除马唐、车前草、蓼、藜、马齿苋等杂草。

用法用量：于燕麦苗 2～3 叶期，杂草 1～2 叶期，每亩用 50%可湿性粉剂 75～100 g，兑水 30～50 kg，做茎叶喷雾处理，可防除繁缕、看麦娘等杂草。

注意事项：①扑草净兑水进行土表喷雾时，先将扑草净加入少量水调成糊状，再加水稀释。②制毒土时应先混入少量细土，充分混合后再加足量的土拌匀，防止因混药不匀出现药害。③使用过扑草净的喷雾器应清洗干净，以免喷施其他农药时产生药害。

(4)苯磺隆　是一种磺酰脲类除草剂,对人、畜毒性极低。具有选择内吸传导性,通过植物的根、茎、叶吸收后,迅速传导,抑制乙酰乳酸合成酶(ALS)的活性,阻碍缬氨酸与异亮氨酸生物合成,造成生长受抑制,植株在1～3周内死亡。苯磺隆在土壤中能迅速降解,残效期短,一般为30～60天,对后茬作物影响小。主要用于防除各种一年生阔叶杂草,对播娘蒿、荠菜、碎米荠菜、麦家公、藜、反枝苋等效果较好,对地肤、繁缕、蓼、猪殃殃等也有一定的防除效果,对田蓟、卷茎蓼、田旋花、泽漆等效果不显著,对野燕麦、看麦娘、雀麦、节节麦等禾本科杂草无效。

用法用量:燕麦2叶期至拔节期,杂草苗前或苗后早期施药。一般用药量10%苯磺隆可湿性粉剂10～20 g/亩,兑水量15～30 kg,均匀喷雾杂草茎叶。杂草较小时,低剂量即可取得较好的防效,杂草较大时,应用高剂量。

注意事项:①本剂活性高、用量少,称取药量要准确,与水要充分混匀。②用药时注意防止药液雾滴飘移至邻近的敏感植物上。③避免在干燥、低温(10 ℃以下)条件下施药,以免影响药效。

(5)立清　40%立清乳油是麦田苗后茎叶处理除草剂,其有效成分为辛溴苯、二甲四氯异辛酯,可防除繁缕、婆婆纳、猪殃殃、卷耳、播娘蒿、泽漆、野油菜等多种阔叶杂草,是目前麦田苗后防除阔叶杂草的优良药剂,而且无土壤残留,不影响后茬作物,具有触杀、传导功能,杀草速度快,杀草谱广,对燕麦田大多数阔叶杂草均有很好的效果,特别对当前常用除草剂苯磺隆、使它隆的抗性杂草如婆婆纳、刺儿菜、铁苋菜等有较高的防效。施药后,一般3～5天杂草受害症状明显,表现为叶片从边缘开始干枯,植株畸形,叶龄大的杂草生长受到严重抑制。药后30 d大部分杂草死亡,药后50～60天达到最佳防效。

用法用量:草龄4～8叶期,40%立清80～90 mL/亩兑水40～50 kg喷雾;草龄大于8叶期和较难防除的杂草,用量为每亩100 mL。

注意事项:①在燕麦分蘖盛末期施药,拔节期开始后不能使用;施药时应选晴天,光照较强、温度偏高,有利于药效发挥,可加速杂草死亡。②施药后6 h内下雨,应补施;不宜与肥料混用,也不能添加助剂,以免造成药害。③该药剂在0 ℃以下可能结冰,此时若使用应将药剂放在阳光下或室内高温处,不断搅动,直至溶解,不影响药效。④本品可与骠马、禾草灵、苯磺隆、异丙隆、使它隆等混用以扩大杀草谱，提高综合除草效果。

(6)使它隆　内吸传导型茎叶处理除草剂。施药后很快被植物吸收，敏感植物出现典型的激素类除草剂反应，植株畸形、扭曲。温度对其除草的最终效果无影响，但影响其药效发挥的速度，一般在温度低时药效发挥慢。本剂在土壤中淋溶不显著，可防除空心子草、天胡荽、马齿苋、凹头苋、猪殃殃、牛繁缕、蔊菜、大巢菜、一年蓬、小飞蓬、田旋花等阔叶杂草。

用量用法：燕麦 3～5 叶期，阔叶杂草 2～4 叶期，每亩 20%的使它隆乳油 50～66.7 mL，兑水 30～40 kg 混匀喷雾。

注意事项：施药时应选择无风或微风天气，严禁将药液漂移到邻近花卉和灌木上。

(7)阔极　是美国富美实生物科技公司研制的三元复配麦田阔叶草除草剂，具有触杀和内吸双重作用，灭草迅速，敏感杂草 3 d 死亡，能防除麦田各种阔叶杂草，对后茬作物安全。能防除麦田各种阔叶杂草，尤其是对播娘蒿、荠菜、猪殃殃以及恶性杂草泽漆、小蓟、狗儿秧、麦家公、野艾蒿等效果突出。

用法用量：在燕麦 4 叶期至拔节期均可使用，杂草 3～5 叶期使用，春季每亩 40～60 g，兑水 30 kg 叶面均匀喷雾，杂草密度高、草龄大时可适当增加剂量。

注意事项：①药剂配制采用两次稀释，充分混合，田间喷雾应均匀周到，勿重喷、漏喷。②低温天气避免使用。③燕麦分蘖前及倒二叶抽出后勿使用。

(8)溴苯腈　选择性苗后茎叶处理触杀型除草剂。药剂通过叶片吸收，在植物体内进行极有限的传导，通过抑制光合作用的各个过程迅速使植物组织坏死。主要用于防除蓼、藜、苋、麦瓶草、龙葵、苍耳、猪毛菜、麦家公、田旋花、荞麦蔓等阔叶杂草。

用法用量：每亩用 22.5%溴苯腈乳油 100～170 mL，兑水 40～60 kg 混匀，对准杂草进行茎叶喷施。

注意事项：①使用溴苯腈遇到低温或高湿的天气，除草效果可能会降低。②施药时选择无风或微风的晴好天气，避免将药液施到邻近的敏感作物上。③施药后 6 h 内应保证无雨，以保证药效。

# 第三节　燕麦栽培新技术

## 一、北方燕麦“一早三改”栽培技术

21 世纪初，我国北方地区水土流失，生态环境恶化，而北方燕麦产区多属于干旱、半干旱类型区，属温带大陆性季风气候，植被少，生态脆弱，年均降水量少；冬季严寒而漫长，春季干旱，大风日数多，级别高，容易形成沙尘暴。秋翻后的土壤风蚀较严重，最严重时在处于风口的地块可刮出犁底层。在河北省张家口坝上流传着“坝上一场风，从春刮到秋，秋天刮出山药蛋，春天刮出犁底层”的农谚，足可见当时坝上的生态环境恶劣。在此背景下，河北省农林科学院张家口分院经过多年研究发现不秋翻比秋翻风蚀轻，晚播避开 3—5 月的大风日，进入雨季播种，燕麦既可早出苗，也可防止风蚀，提出了以“一早三改”为核心技术的免秋耕晚播蓄沙固土保墒耕作新技术，即“选用早熟、超早熟品种，改秋耕为播前耕翻，改早播为晚播，改稀植为密植”。该技术具有很好的蓄沙固土、蓄水保墒、灭草节劳、增产增效的效果。

### (一)核心技术

1. 一早技术

选用早熟与超早熟品种。调节播期使燕麦的需水期吻合当地雨季，从而得到丰产。但需要注意燕麦要能够正常成熟，因此，晚播必须选用早熟与超早熟品种。目前应用的早熟和超早熟品种有花早 2 号、冀张莜 11、冀张莜 12、坝莜 6 号、白燕 2 号以及中早熟品种坝莜 1 号等。

2. 三改技术

(1)改秋耕为播前耕翻　秋翻容易形成活土层，土壤易跑墒风蚀，基于此原因，改秋翻地为播前整地，形成以翻耕、耙耱、播种、镇压为一体的机械播种技术。

(2)改早播为晚播　一般北方地区传统播种期在 5 月中旬，为了避开 5 月大风干旱期，改为晚播。一般根据选择的品种、土壤肥力状况和管理水平来确定播期，一般阴滩地、高水肥管理和冷凉区在6月10日左右播种；旱坡地、肥力较差、管理水平较差的在6月15日左右播种。

(3)改稀植为密植　燕麦是长日照、喜冷凉作物，晚播会使雨热同期相遇，燕麦分蘖减少，基本是一苗一穗，主要靠主穗夺取丰产。因此，必须增大播种量，提高亩苗数，以大群体、高密度来获得高产。其播种量一般每亩掌握在30万～35万株为宜。

3. 其他管理技术

(1)小垄密植技术　适宜的晚耕晚播可以灭掉部分杂草，采用小垄密植的播种方法后，可不再进行中耕锄草，一般燕麦行距在30 cm，而小垄行距掌握在15～20 cm。

(2)底肥和种肥　若有足够的农家肥，可作为基肥施入；若农家肥较少可作为种肥随种施入；在无农家肥的情况下，可结合每亩5～7 kg的磷酸氢二铵作为种肥施入。

(3)种子处理　使用拌种双、甲基托布津拌种，防治燕麦坚黑穗病。

(4)其他管理　同传统耕作方法。

### (二)适用范围与效益

经过多年试验示范表明，该技术适宜在华北冀、晋、蒙三地的秋燕麦区，以及同一生态类型区的北方燕麦产区应用。在西北燕麦产区，根据当地降水量和雨季的不同，适当调整播期，也可采用该项技术。

该技术的应用，一般可增产15%～20%，增产明显，经济效益高；年蓄沙固土34.27 $m^3$/亩，提高土壤含水量2%～5%，减缓了沙尘暴，生态效益显著；灭草效果达70%～90%，灭草效果好，节省了中耕锄草的费用和劳动强度，每亩节省开支100元，提高了经济效益。

## 二、燕麦地膜覆盖栽培技术

1978年地膜覆盖技术开始应用于农业生产，因其具有能够为土壤保温保墒、抑制杂草生长、减少病虫害和增加产量等优势，逐渐成为一项旱作雨养区高效栽培技术。该技术主要利用垄面产流、沟内汇流，并依靠增温、抑蒸保墒等生理生态效应提高作物水分利用效率，在降雨时空分布不均，并与作物关键生育期严重错位，且阶段性干旱频发的旱作区是一项重要的抗旱措施。目前，在玉米、小麦、马铃薯等大田作物及其他经济作物中广泛应用，增产效果明显，增产幅度达 30%～60%，具有较高的经济效益。燕麦地膜覆盖栽培技术在乌兰察布地区应用较少，甘肃省定西市农业科学院刘彦明研究员课题组在多年抗旱技术研究的基础上制定出了“裸燕麦全膜覆土穴播技术规程”和“旱地裸燕麦膜侧沟播技术规程”，具体规程介绍如下。

## (一)裸燕麦全膜覆土穴播技术规程

### 1. 范围

本规程规定了旱地裸燕麦全膜覆土穴播栽培技术。适用于年降水量 300～500 mm 的半干旱、半湿润偏(易)旱区。

### 2. 术语和定义

下列术语和定义仅适用于本规程。

(1)全膜覆盖　采用厚 0.008～0.010 mm、幅宽 120 cm 的抗老化耐候地膜全地面覆盖。

(2)膜上覆土　在地膜上均匀覆细绵土，厚 1.0 cm。

(3)穴播　播种深度 2～3 cm，行距 15～20 cm，穴距 12 cm，每穴播种 5～6 粒。

### 3. 栽培技术

本条款没有详细说明的栽培措施仍按常规农艺措施实施。

(1)地块选择　选择土层深厚、土质疏松、土壤肥沃、坡度 15°以下的川地、塬地、梯田、沟坝等平整土地。

(2)深耕蓄墒　前茬收获后伏秋深耕，即及时深耕灭茬、深翻晒土，以利于保墒，耕深 25～30 cm，雨季过后适时耙耱。覆膜前采用旋耕机浅耕，耕深达 18～20 cm，然后平整地表，做到上虚下实无根茬，地面平整无坷垃。马铃薯茬口地最好是先深耕再用旋耕机旋耕，开春解冻前镇压破碎土块。

(3)施肥　一次覆膜连续多茬种植时，前茬要重施有机肥、施足化肥。一般结合整地施入优质腐熟农家肥 22.5～45.0 t/hm$^2$、N 75～

120 $kg/hm^2$、$P_2O_5$ 56～92 $kg/hm^2$、$K_2O$ 45～60 $kg/hm^2$。

(4)土壤处理　地下害虫为害严重的地块，覆膜前用50%辛硫磷乳油7.5 $kg/hm^2$ 喷拌细沙土750 kg制成毒土撒施后浅耕。

(5)覆膜覆土　覆膜与膜上覆土一次性完成，覆膜时间依据土壤墒情而定。墒情好时可提前覆膜，墒情差时则应等雨抢墒覆膜适时播种。土壤湿度过大时，应翻耕晾晒2～3 d再耙松整平覆膜，以避免播种时播种孔(鸭嘴)堵塞。覆膜后要防止人畜践踏，以延长地膜使用寿命，提高保墒效果。

①人工覆膜覆土　全地面平铺地膜，不开沟压膜，下一幅膜与前一幅膜要紧靠对接，膜与膜之间不留空隙、不重叠。膜上覆土厚度1 cm左右，以基本上看不见地膜为宜。覆膜用土必须是细绵土，不能将土块或土坷垃覆在膜上，以免影响播种质量，膜上覆土要均匀，薄厚一致，覆土不留空白。

②机械覆膜覆土　机械覆膜覆土一体机以小四轮拖拉机做牵引动力，实行旋耕、镇压、覆膜、覆土一体化作业，具有作业速度快、覆土均匀、覆膜平整、镇压提墒、苗床平实、减轻劳动强度等优点，每台每天可完成2.7 $hm^2$ 作业量，作业效率较人工提高20倍以上。

(6)品种选择　选用秆矮、抗旱、抗病、抗倒伏、丰产性好的裸燕麦品种，如定莜8号、定莜9号、坝莜8号、白燕2号等。

(7)播种

①播种机调试　穴播机有人力和机械两种，人力穴播机有单行和双行两种，机械穴播机有3行、4行两种。播前应由技术人员指导调试好下籽量和播种深度。

②适期播种　4月上中旬土壤解冻、平均气温稳定通过5 ℃、5 cm土层地温达到5～9 ℃时为播种适期。采用双行穴播机播种，以两幅膜为1个作业带，先从一幅地膜一侧同一方向播种，再从另一幅膜向返回方向播种，同一幅膜只能同一方向播种。同一幅膜先播两边，由外向里播种，既可控制地膜不移动、利于出苗，又便于控制每幅行数。播种深度2～3 cm，行距15～20 cm，穴距12 cm，每穴5～6粒。播种量120～150 $kg/hm^2$，保苗450万～525万株/$hm^2$。

(8)田间管理　出苗期及时放苗，保证苗齐苗全。拔节期遇自然降水及时追施尿素 75～150 kg/hm$^2$。病虫害防治、收获等田间管理技术同裸燕麦栽培技术，不再赘述。

(9)留膜免耕　裸燕麦收获后应保护好地膜，休闲期人工或化学除草。留膜免耕二茬，以种植马铃薯、玉米、豌豆等作物为宜。

## (二)旱地裸燕麦膜侧沟播技术规程

### 1. 范围

本规程规定了旱地裸燕麦膜侧沟播栽培技术，适用于年降水量 300～500 mm 的半干旱、半湿润偏(易)旱区。

### 2. 术语和定义

下列术语和定义仅适用于本规程。

(1)膜侧沟播　采用厚 0.008～0.010 mm、幅宽 80 cm 的抗老化耐候地膜垄上覆膜，垄沟种植。

(2)起垄方式　按垄宽 60 cm，沟宽 50 cm，垄高 10～20 cm 起成脊背形的垄，然后覆膜，两边压土，每隔 2～3 m 在垄上压土腰带，防止大风揭膜，垄起好后整平垄沟准备播种。

(3)播种　采用畜力 3 行播种机在垄沟内播种，每沟 3 行，行距 15 cm，播种深度 6～7 cm。

### 3. 栽培技术

本条款没有详细说明的栽培措施仍按常规农艺措施实施。

(1)地块选择　选择土层深厚、土质疏松、土壤肥沃、坡度 15°以下的川地、塬地、梯田、沟坝等平整土地。倒茬地为豌豆、小麦、马铃薯，忌连作。

(2)土壤处理　地下害虫为害严重的地块，覆膜前用 50%辛硫磷乳油 7.5 kg/hm$^2$ 喷拌细沙土 750 kg 制成毒土撒施后浅耕。

(3)整地施肥起垄覆膜

①春覆膜　开春解冻前镇压破碎土块，采用旋耕机浅耕 18～20 cm，然后平整地表，做到上虚下实无根茬，地面平整无坷垃。结合整地施入优质腐熟农家肥 22.5～45.0 t/hm$^2$、N 75～120 kg/hm$^2$、$P_2O_5$ 56～92 kg/hm$^2$、$K_2O$ 45～60 kg/hm$^2$。起垄后在垄上覆膜。

②秋覆膜　前茬作物收获后伏秋深耕，及时深耕灭茬、深翻晒土，耕深 25～30 cm，雨季过后适时耙耱。秋施底肥，起垄覆膜，施肥量及具体操作方法同上。翌年春天播种。

(4)品种选择　选用矮秆、抗旱、抗病、抗倒伏、丰产性好的裸燕麦品种，如定莜 8 号、定莜 9 号、坝莜 8 号、白燕 2 号等。

(5)适期播种　4 月上中旬，土壤解冻平均气温稳定通过 5 ℃，5 cm 土层地温达到 5～9 ℃时为播种适期。采用畜力 3 行播种机在垄沟内播种。播种量 120～150 $kg/hm^2$，保苗 450 万～525 万株$/hm^2$。

(6)田间管理　拔节期遇自然降水及时追施尿素 75～150 $kg/hm^2$。病虫害防治、收获等田间管理技术同裸燕麦栽培技术，不再赘述。

## 三、饲草燕麦栽培技术

燕麦不仅是重要的粮食作物，更是家畜优良的饲料作物，燕麦茎叶繁茂、秸秆多汁柔嫩，适口性好，是理想的青饲料。据研究，裸燕麦秸秆中含粗蛋白质 5.2%、粗脂肪 2.2%、无氮浸出物 44.6%，均比谷草、麦草、玉米秆高；难以消化的纤维 28.2%，比小麦秸秆、玉米秸秆低 4.9%～16.4%。

燕麦饲草产量高、品质好、耐旱和耐贫瘠的特点越来越受到养殖户的重视，随着国家"草牧业""粮改饲""引草入田"等政策的实施，国内燕麦草需求量的增加，使燕麦草生产区域和种植面积不断扩大；同时，燕麦草播种、收割、晾晒以及打捆等一系列配套机械设施也将逐步完善，从而推动了燕麦草产业化发展。

乌兰察布地区气候冷凉，干旱少雨，土壤贫瘠，地处农牧交错带和农牧镶嵌区，是内蒙古自治区重要的畜牧业生产基地，燕麦是该地区重要的粮饲作物，加大饲草燕麦的种植面积有利于轮作倒茬，充分发挥燕麦特性，使该地区饲草产量提高，品质提升，做到可持续发展；同时，燕麦刈割饲草品质优良，饲喂效果好，可提高肉、蛋、奶的品质，对本地区农牧业的发展具有重要的意义。

### (一)整地

整地包括秋季与春季翻耕，燕麦是须根系作物，主要分布在 20～

30 cm 的耕作层，秋季要进行深翻（超过 30 cm），深翻后及时耙耱碎土，整平待播。春季翻地宜浅耕，耕后一定耙耱保墒。有灌溉条件的地区，春季应在播前 10 d 进行春灌，耙耱平整后即可播种。

## （二）选种及种子处理

要选出饱满粒大且成熟度一致的种子。选种后播前要进行晒种，杀死部分附着在种子表皮的病菌，提高种子的发芽率和发芽势。晒种后选用多菌灵或甲基托布津以种子量的 0.3%药量拌种后进行播种。

## （三）播种

### 1. 播种期

根据当地自然条件、燕麦品种以及土壤墒情来确定，北方地区一般从 4 月上旬至 6 月初，早熟品种可以最晚推迟至 6 月下旬，另外，播种时期要结合当地降水情况，与之同步，提高产量。晚熟品种的适宜播期为 5 月 15—20 日；中熟品种的适宜播期为 5 月 25 日左右；早熟品种的适宜播期为 5 月底至 6 月初。

### 2. 播种量

饲草燕麦的播种量要比籽粒用燕麦高 30%～50%。一般旱地裸燕麦每亩播量为 8～10 kg，皮燕麦每亩播量为 12 kg 左右。

### 3. 播种方法

采用机械条播，行距为 15～20 cm，深度以 3～5 cm 为宜，防止重播、漏播，下种要深浅一致，播种均匀，播后镇压使土壤和种子密切接触，防止漏风闪芽。

## （四）田间管理

（1）施肥　如有条件，可用有机肥做基肥施入，每亩 1 000～1 500 kg，或每亩 5～6 kg 复合肥作为底肥；播种时每亩施用磷酸二铵 3～5 kg，搭配尿素 1～2 kg 作为种肥。在燕麦分蘖期或拔节期结合灌溉或降水，每亩追施尿素 5～8 kg。

（2）灌溉　在有灌溉条件的地区，燕麦拔节期及孕穗期浇水 1～

2次。

(3)除草　在燕麦苗前期、分蘖期要进行除草,可选用低毒、高效的除草剂。

(4)病虫害防治　同籽粒用燕麦病虫害防治技术。

## 参考文献


[1] 郭明.乌兰察布市杂粮杂豆产业化发展对策[J]. 内蒙古农业科技,2005(2):51-52.

[2] 内蒙古自治区统计局.内蒙古统计年鉴[M]. 北京:中国统计出版社,1978-2007.

[3] 苏筠.乌兰察布盟农业土地利用变化对粮食稳产的影响分析[J]. 干旱地区农业研究,2006(12):23-25.

[4] 乌兰察布盟志编写组.乌兰察布盟志[M]. 呼和浩特:内蒙古人民出版社,2002.

[5] 杨才,魏志信,周海涛,等.莜麦田免秋耕晚播蓄沙固土种植技术研究[J].河北农业科学,2012,16(7):22-23,27.

[6] 任长忠,胡跃高. 中国燕麦学[M]. 北京:中国农业出版社,2013.

[7] 杨才.燕麦论——杨才文集[M]. 北京:中国农业大学出版社,2015.

[8] 杨晓虹,张新军,周海涛,等. 莜麦田采用免秋耕晚播蓄沙固土蓄水保墒耕作技术要点[J]. 中国农业信息,2012(7):63.

[9] 王凤梧.乌兰察布市盐碱地燕麦高产栽培技术[J].现代农业,2014(6):35.

[10] 王凤梧.乌兰察布市沙地燕麦高产栽培技术[J].现代农业,2015(9):19.

[11] 高卿,赵培军,陈秀奎,等.乌兰察布市旱地莜麦生物学特性及高产栽培技术[J].现代农业科技,2016(15):43-44.

[12] 李倩.乌兰察布市杂粮杂豆产业现状与发展建议[J].现代农业,2019(12):66-67.

[13] 陈宝书.牧草饲料作物栽培学[M].北京:中国农业出版社,2001.

[14] 韩冰,杨才,田青松.有机燕麦草生产[M].北京:中国农业科学出版社,2017.

[15] 赵桂琴. 饲用燕麦及其栽培加工[M]. 北京：科学出版社，2016.
[16] 韩冰，任卫波，田青松. 燕麦饲草生产技术手册[M]. 北京：中国农业科学出版社，2018.
[17] 胡战朝，赵桂琴，刘欢，等. 除草剂对燕麦田杂草的防效及其对燕麦产量的影响[J]. 甘肃农业大学学报，2012(2)：97-103.
[18] 谷雪菲. 内蒙古武川县燕麦田杂草种类及除草剂的筛选[D]. 呼和浩特：内蒙古农业大学，2012.
[19] 许杰，张启勇，孙贤品. 麦田杂草为害及防除技术探讨[J]. 安徽农学报，2007，13(11)：217.

# 第六章　燕麦文化与传统食品

## 第一节　燕麦文化

一方水土产一方物，一方水土养一方人。

燕麦文化在我国传统产区伴随着一定的地域文化及民族文化不断发展，并随着时光的推移慢慢沉淀，其中一部分进入了各地的方言俗语及民间说唱艺术中传承了下来；一部分融进各民族的民俗和祭祀文化中传承了下来。燕麦文化已经融入了燕麦传统产区人民的血脉，深刻地影响了产区人民集体性格的塑造。

莜麦、莜面，养育了一代代的乌兰察布人。当地人对莜麦、莜面的热爱也广泛地体现在当地的民间文艺中。在民间广为流传的爬山调、二人台、顺口溜、俏皮话、串话、谚语、歇后语、俗语、谜语、打油诗等民俗文化中，常常含有对莜麦、莜面的赞美之词、钟爱之情；并把莜麦生产系列农活儿的苦与累，加以淡化、美化和转换，湮没在对丰收、美食、情爱的喜悦与欢愉之中，成为形式多样、丰富多彩的民间地域文化，伴随着莜麦、莜面美食传承至今。

### 一、民间故事

#### 1. 远古时代

**故事一**：这个故事发生在远古时期，那时候农耕还不发达，刚有了谷物，还没有麦类植物。一天，一位仙人领着麦类兄弟俩来人间传播种子。他们一行来到人间，先落脚到南方，看到的是山清水秀的景色，还有良好的沃土，很适合植物生存。仙人问："你们兄弟俩谁在这里扎根？""我！"麦子答应着，随手从口袋里拿出些小颗粒做标记撒在了地上，后来这些小颗粒就长出了庄稼——麦子(有些分支长成了大麦,有些分支长成了小麦)。哥哥莜麦也不吱声,就默默地跟着。再到一处,仙人又问:“谁在这里?”“我!”麦子又撒下标记,莜麦还是默默地跟着。就这样,他们转遍了南方,麦子也把标记撒满了南方,莜麦还是默默地跟着。

当他们转到坝上一带时,看到满山都是野草,也没有庄稼。没等仙人说话,莜麦就说话了:“这里可以撒下一些种子!”他又问麦子:“你在这里吗?”“我不在这里,这里多荒凉啊!这么寒冷的气候怎么生存?”“那我在这里!”莜麦撒下了一些标记。麦子就说了:“这里很难生存,无霜期这么短。”莜麦说:“没关系!无霜期短,咱就让子孙在短时期内生存。无霜期怎么也有俩月,不怕。”他们一行继续往北,在麦子不愿意生存的地方莜麦都做上了标记,后来这些地方都有了莜麦。在行进的途中,仙人问莜麦:“这么短的生长期,产量肯定上不去,你怎么解决?”“产量上不去,我就让子孙生长得实在,虽然颗粒不大,却能储存大量的能量,让人类吃了既顶事又耐寒!”仙人又问:“北方寒冷,你怎么对付?”莜麦说:“我从头到脚穿上点儿毛衣服。”于是,莜麦两头有了毛。

**故事二**:很久以前,坝上是一片草原,没有能供人食用的植物。玉皇大帝就下令高粱和莜麦去坝上安家落户,繁衍后代,供人食用。

高粱、莜麦领旨后,商量谁去坝上合适,莜麦说:“高粱大哥你去吧,你身高七尺,腰粗体大,能承受寒风袭击。”高粱说:“莜麦老弟你去最合适,那里太冷,你身上有好多毛,还是你去为好。”莜麦忙说:“不行,不行,我身材瘦小,尽管有好多毛也会冻死。”高粱想了想又说:“这样吧,我来酿酒,你呢,喝上二两,再加上身上的毛,就不怕寒冷了。”莜麦也想了想,就答应到:“好吧,我就去试试。”于是高粱把自身酿成酒,莜麦用高粱酒把身子涂擦了一遍,到坝上安了家。

至今,当地还流行着用酒拌莜麦籽的方法。

2.汉朝

相传,汉武帝时期战事不断,北方地区的游牧民族——匈奴经常骚扰汉地,造成了大量的人畜损失,人民苦不堪言,正常的生产生活无法继续。消息传到朝堂,汉武帝大怒,随即命大军前去征讨。可是游牧地区的匈奴大军忽东忽西、行踪不定,给汉军造成了极大损失。军队屡战屡败，加上汉军的补给全靠长安从内地及各郡征调，补给环节薄弱，很容易遭到打击。而游牧民族的骑兵，靠掳掠为主，随军自带干粮，不仅没有被消灭，反而越战越勇，令汉军十分头痛。于是武帝采纳了大将军卫青的建议，命军队驻地垦荒，生产粮食以供军需，并从各郡征调大批劳力前往当时的战区，使汉军的实力大增。当时别的农作物在当地产量有限，大臣莜司敬献了种子，军民大量种植。此种一经播下，生长迅速，产量很高。汉军食用后，军力大增，耐饥寒，经酷暑，最后大获全胜。汉武帝非常高兴，亲自率众到河套地区，犒劳三军，并封敬献谷物的大臣莜司为大将军。汉武帝还亲自为这种谷物取名为莜面。从此，这种谷物在中华大地扎下了根。

3. 隋朝

隋朝末年，隋文帝杨坚偏信奸佞之言，要立次子杨广为太子，唐国公李渊力谏不纳，被贬为并州（太原）留守。不料李渊被贬途中经过灵空山时，身怀六甲的李夫人要临盆分娩，一行人只好借宿灵空山古刹盘谷寺，后李夫人生下公子李元霸。李渊滞留该寺，常与老方丈谈论天下大事。一日，老方丈对李渊说："我夜观天象，天下大乱，群雄恶战，将军应养精蓄锐，将来必成大业。今日我让香积房给你做顿稀罕饭，吃了之后定会精神焕发，体强力壮。"午时，老方丈将莜面"蜂窝筒筒"端了出来，李渊吃后，顿觉神清气爽，便问刚才吃的是什么饭。老方丈说是用莜面做的，形似"蜂窝"，所以称为"莜面窝窝"。后来李渊当了皇帝，便派老方丈到五台山当住持。老方丈带领众僧赴任途中，路过静乐县。时值秋收季节，看到当地盛产莜麦，老方丈便上前询问一位中年男人，得知当地人吃莜麦的方法仅仅是把莜麦磨成面，然后加水和好再蒸熟，就和吃馒头一样，特别单调。于是，老方丈便把"莜面三生三熟"的加工制作方法和莜面的各种吃法传给了他。从此莜面窝窝成为静乐人的待客饭。后来静乐人看见这种窝窝像存放东西的直筒"栳栳"，故将窝窝改称为"栲栳栳"。随着时间的推移，朝代的更替，有些静乐县人为躲避战争迁徙到了大同的天镇，随后又迁到了张家口的张北县，日久这种民间美食传遍了山西、陕西、内蒙古、河北等地，成为山区人民的家常美食。

4. 元朝

成吉思汗创立的蒙古帝国横跨欧亚大陆，其丰功伟业，令后人惊叹。有关专家考证成吉思汗和他的子孙们之所以能够跃马从波罗的海到太平洋，从西伯利亚到波斯湾，就是因为他们的战马饲料大多数为燕麦，马吃饱后跑得快，且耐饿长久。

5. 清朝

相传，清朝康熙皇帝远征噶尔丹，在归化城吃过莜面，吃后给予了很高的评价。康熙皇帝巡边途经多伦县二蹬泉一带时，因多日奔波于野外，人困马乏，于是到一百姓家借宿。饭桌上，主人向皇帝献上莜面锅饼，饥渴交加的康熙吃到锅饼感觉从未吃过这么美味的食品，甚至超过了宫廷御宴。从此，多伦莜面锅饼便经常出现在宫廷宴桌上。乾隆年间，莜面作为进贡皇帝的食品被送往京城。

6. 现代

19 世纪 50 年代，朱德总司令两次来察哈尔视察，点名要吃莜面。他曾说，当年在晋西北转战，曾多次在老乡家的热炕头上吃过莜面。就是这筋道又耐饿的莜面，曾支持革命根据地的将士开展了英勇而顽强的抗日战斗。后来他在回忆录中说："我一直很怀念塞北的莜面窝窝、莜面鱼鱼。"

1973 年 9 月，周恩来总理陪同访华的法国总统蓬皮杜品尝了"色、香、味、形"俱佳的莜面美食后，蓬皮杜连连称赞。英国前首相撒切尔夫人胆固醇高，她不吃药，每天坚持吃一个燕麦面包。据说，在德国和美国的一次总统会晤中，两位总统都喜欢吃燕麦食品，因此在西方把燕麦食品称作"总统食品"。

## 二、民间传说及解读

春节期间的腊月、正月，民间有许多的传统习俗，其中，北方地区"燕麦（莜面）与正月初十的民间传说"流传甚广。

1. 民间传说之"老鼠娶亲"

在内蒙古中西部地区民间有正月初十这一天是"老鼠嫁女""老鼠娶

亲”的日子的传说。当地人民有“老鼠娶亲日要吃莜面”的习俗。

每年到了这一天，在乌兰察布地区，无论是市民还是村民，都要吃一顿莜面饭菜。据说，人们在这一天吃莜面，可以保佑家中一年风调雨顺，生活在乡下的农户，则会有个好收成。一家人欢声笑语，大人孩子一起亲自动手搓莜面鱼鱼。搓得丑也罢，俊也罢，都在莜面鱼鱼里寄托了一种憧憬，要讨一个吉祥兆头，以取其谐音“年年有余”“有面有鱼”的寓意。这一日，人们很早就上床睡觉，还忌开启箱柜，说是怕惊扰了老鼠的新婚宴会，以免你(人)扰它(鼠)一天，它扰你一年。

从民俗学角度讲，民间在老鼠嫁女日的行事与禁忌实质上是一种祀鼠活动，而各种有关鼠婚的故事、歌谣以及年画、墙围画、剪纸等民间工艺品，就是对祀鼠活动的解释。有人认为，作为民俗文化的“老鼠嫁女”传说，其实是表达了民众根绝鼠患的愿望；之所以采用“遣嫁”方式，是因为对鼠患充满了畏惧和无奈，于是以提供食物、熄灯禁光等迎合鼠类习性喜好，这是一种在矛盾心态中趋利避害的选择。在我国民间习俗文化中，“嫁灾”观念由来已久。所谓嫁灾、嫁祸、嫁非、嫁鼠，包含有把灾祸、是非、鼠虫逐出家门的意思。送鼠出嫁，意味着送鼠“自家而出”，从人们的心理来看，便可达到杜绝鼠患的目的。

2. 民间传说之“十指节”

按照内蒙古中西部地区的传统习俗，正月初十这一天是“十指节”，家家户户蒸莜面、吃莜面饭，以祈求一年里平平安安、健健康康，风调雨顺。

“十指节”最为精彩的是各家各户心灵手巧的女人们要精心制作一条莜面面龙(蛇)，代表着管理人间降水事务的龙王爷。还要在龙背上按下十二个小卜坑，代表十二个月，蒸熟后，观察每个卜坑里的聚水情况，可以预示本年度每月的降雨信息。面龙把莜面做成了艺术品，既是庄户人的美餐，更是一种光彩夺目的工艺品。这一习俗表面上看，是春节期间连日来大酒大肉吃的荤腥过剩，在初十吃一顿莜面饭菜调剂一下口味，其实更重要的是借此预测农业年景收成，测试年内各月份的降水丰歉信息。这一习俗反映出千百年来形成的民以食为天，敬畏天地万物，祈求天人合一、天遂人愿、人顺天意，浓浓的、深入灵魂的农耕文化。

3. 民间传说之“石头节”

正月初十为“石头节”，是石头神生日，也称“石磨日”“十子日”“石不动”等。在山西、内蒙古两地，也俗称“十指节”“搓十指”。民间习俗是家家户户要做莜面吃，搓一搓自已的十个手指头，“十”“食”与“石”同音，以表达对石头神的敬意。

这一天，民间习俗忌动石器，不搬石头，凡磨、碾等石制工具都不能动，恐伤庄稼，也称“石不动”“十不动”，以此祭祀碾神、石磨磨神、碓臼神、泰山石敢当神等。除夕在这些石器上贴上春联，正月初十日以前，是禁止使用的。过了正月初十，则可以开封使用。

莜麦是这些地区的主要粮食作物，莜面是日常饮食中的主食，而生产莜麦、加工莜面的整个生产流程中需要使用石碌碡、石碾、石磨等石质农具。感恩日日月月食用的、赖以生存的主粮莜麦，感谢朝夕相处、年年使用的赖以生产莜麦的石碾、石磨等石质农具，才是每年春节期间正月初十庆贺“石头节”“十指节”的真正含义，这一民俗委婉地表达了对养育了生命的食物(以莜麦、莜面为代表)，对帮助生产粮食的农具(以石碾、石磨等为代表)的敬畏和感恩的古朴思想。

## 三、民歌

民歌，劳动人民的歌，富有地域特色，记录着人民的生产生活，或表达对家乡的热爱，或还原生产生活场景，或展示独特的民族文化。民歌是经过广泛的群众性的即兴编作、口头传唱而逐渐形成和发展起来的，是无数人智慧的结晶。民歌音乐形式简明朴实、平易近人、生动灵活。乌兰察布地区属于蒙古高原半农半牧区，民歌形式主要有爬山调、蛮汉调、二人台等，曲调高亢悠长，气质粗犷、淳朴，让听众陶醉不已。

## 割莜麦

哥勒哥我在山顶以上，
手拿镰刀嘶喽嘶喽，割莜麦。
小妹妹你走在那些山里，
洼里沟里岔里对坝坝那圪梁梁上。
你白格胳膊银手镯镯，
手拿铲铲，咯嘣咯嘣刨山药。
哎嗬啦亲亲…

## 吃莜面

白格凌凌的莜面捏成小窝窝，
沙个蛋蛋的山药煮下一大锅。
干腌芥菜切满一大盘，
再给你拿上个大花碗。
葱花花盆汤辣椒椒蒜，
吃得客人满头头汗。
吃了一碗呀又一碗，
这就是庄户人的家常饭……

## 燕麦歌

（陇州民间酒歌）

满满地斟上来呀，
咿儿哟呀三杯杯酒来么。
扬子燕麦青呀，
英雄的宴前三枝六花开呀，
请呀起拳哩呀扬子燕麦青呀。

## 乡 亲 赞

鱼鱼搓得细针针儿，窝窝推得薄凌凌儿，
山药煮得沙腾腾儿，茄子烧得绵敦敦儿，
黄瓜水萝卜调得脆铮铮儿，韭菜芫荽切得碎纷纷儿，
葱花扎麻麻炝得黄冲冲儿，盐汤兑得酸茵茵儿，
辣椒子拌得红彤彤儿，吃在嘴里香喷喷儿。

## 摇 篮 曲

宝宝，宝宝你不要哭，妈妈没奶没办法。
挎点儿莜面糊糊给你吃，喝了糊糊你结实。

莜面和得筋个笨笨，窝窝捏得齐个生生，
鱼鱼搓得细个针针，汤汤调得香个喷喷。
烧酒喝得醉个洞洞，家人乐得笑个盈盈。

## 四、民谚

后山(阴山南北麓)有三宝,山药、莜面、羊皮袄。

四十里的莜面三十里的糕,二十里的荞面饿断腰。

一日莜面一日糕,半日白面饿断腰。

莜面吃上半饱饱,喝碗汤汤正好好。

五谷杂粮,莜麦称王。

一面粗来一面光,一顿不吃想得慌。

甜醅甜,老人娃娃口水咽,
一碗两碗能开胃,三碗四碗顶顿饭。

给嘴解馋,甜醅当先。

莜面是咱后山饭,不论咋吃都习惯,
今天莜面明天糕,不入这程你不知晓。

金盏盏花开一盏灯,倒挂金钟一口钟,
石榴花开一盆火,莜麦花开一串铃。

揭笼十里香,开坛千人醉。

离了山药的莜面,寡汤没味;缺了莜面的山药,单调无趣。

莜面山药是一对,分不开来打不离。莜面不够,山药来凑。

莜面搭配羊肉臊子台蘑汤,一家吃着十家香。

小手手,妙手手,灵窝窝十个一口口,细鱼鱼好像头发一绺绺。

## 五、诗歌

### “燕子”归（作者：卢建国）

随季迁居体不衰，酷寒逢雪又归来。
方得载誉千家进，绿色安康亮品牌。

注：“燕子”指阴山优麦企业“小燕子”燕麦品牌。

### 记　者　聚（作者：卢建国）

媒体云集科布尔，品牌见证进千家。
闪光留影芳容展，著笔香余燕麦花。

### 内蒙古“三宝”燕麦（作者：卢建国）

黄金产地阴山麦，经纬颇优最宜居。
性味甘温营养好，有机认证世人需。

注：(1)麦指燕麦。

(2)经纬指经纬度。(东经 113°，北纬 40°～44°)燕麦黄金生长区。

## 在城市看见莜麦(作者:王占斌)

在城市里,我一眼就认出了他们,
结实的胸膛,淳朴的脸庞,
都深深地烙上了莜麦的标记。

在城市人一百个不愿意去的地方,
地沟、下水道、垃圾场、搬运通道……
莜麦们扑下身去,他们毫不怀疑
自己流淌的汗水,无论在哪里,
在高高的脚手架上,噪音交响的工厂,
只要能够温暖普通的胃。

莜麦随风摇曳,在城市四处漂泊,
可是他们压迫着我,莜麦的青,
莜麦的孤单,忍耐背后的酸楚和脆弱。

大地上孤独的影子,无法一一细数的莜麦,
分散或者聚集,淹没在川流的人海之中。
在城市看见莜麦,看到民工,
我昨天看到和今天看到的竟如此相像。

## 六、散文

### 燕　麦

作者：董佃香

燕麦，光听名字，就足够不俗。在我的意念里，燕麦应该是个女人，不，燕麦该是一个小家碧玉型的姑娘，是一个亭亭玉立、葱葱茏茏、豆蔻年华的邻家女孩。实际上燕麦是一种植物，准确地说，是一种农作物。它是内蒙古主产作物之一，它凭借抗旱、耐寒、高产的优势在高原上茁壮生长，它未必是经济作物，但它一定是这里人们餐桌上离不开的食物。农人们从立夏后下种，看着它发芽、抽节、伸腰、拔高、放粗，然后很长时间滞留在那个鼎盛时期，直到枝叶枯败，年华老去。那些成熟的燕麦，静静地悬垂在记忆里故乡的深处，如微风里轻轻晃动的风铃。风不动，安然伫立，风动便你拥我挤，掉出来的是修得一世圆满的舍利，等待着下一世的轮回。

小时候，我因为生得孔武有力，早早地便跟随在父亲身后，成为一把干农活的好手。记忆里最美的农活就是割燕麦了。因为燕麦收获比别的农作物要晚，收割的时候差不多已是仲秋了。秋高气爽的日子，广阔无垠的田野里，一片片、一垄垄齐刷刷的燕麦，像排兵布阵的士兵头顶着碎碎的铃铛，摇曳在秋风里。闭眼，能闻到大地馈赠的香气萦绕鼻尖，提镰割去，它似软玉温香缀在我手里。有光的爱抚，风的调教，它的生命力才更强。如人一样，青涩固然美好，圆润、除去水汽后才更有韧性，似乎也更堪重用。

燕麦收获到农人的粮仓里，农人便幸福地满足于辛劳一年后吃食的丰足。在漫长的冬季，风寒雪白，燕麦已经蜕变成细腻的面粉——莜面。在农家主妇的巧手里莜面成为各种花样翻新的主食，和土豆一起成就了一顿顿美食，暖和了我们水瘦山寒的胃口。

一日，弟弟发烧，昏昏沉沉，一天水米未进。母亲出远门了，我和父亲束手无策。弟弟说想吃面片儿，无奈，一穷二白的家里没有一把白面，我便给弟弟做了一锅莜面熬鱼儿。土豆切细条下锅，莜面捏成小鱼儿状，放了红红的辣椒，剥了几瓣白蒜，就着咸菜，弟弟吃了一大碗，汗淋淋地躺下了。是夜，弟弟的烧竟然退了。母亲回来后，弟弟嚷嚷着还要吃熬小鱼儿，吃了几顿，只觉得不是那夜的味道，也就作罢了。

虽然每餐都是莜面，母亲却能推陈出新，让我们吃出了各种不同。母亲说，莜面是最好的食物了，省油、省肉、省菜，这三省，在那个清贫的岁月里，像一面写满励志标语的大旗，我们在旗下竟有些采菊东篱下享受莜面的妙处了。至此，我们与莜面血肉相连。

1996 年，我在现在的城市安营扎寨，有了自己的小家。起初十天半月不见荤腥，白开水般寡淡的日子，涤荡着成年的各种欲望，此消彼长。所幸有从母亲那里拿来的莜面，于是我的餐桌也可以丰饶起来，我的账单也可以细水长流了。终于，肉买得起了，莜面也吃得稀少了，偶尔做一顿也是清拌。总觉得肉太俗气，和莜面呼应不上，感觉还是清汤相伴合适，别被油腻封了它的毛孔，封锁了它独有的味道。莜面，还是清汤好。

在味觉渐被蒙蔽的日子里，人们常常食不知味，满世界寻找回归。莜面三招两式拿下你没得商量。红的辣椒，白的蒜，清爽的黄瓜相配，细细品尝，好像听见了食欲顽皮的笑声。更多时候，在夕阳斜坠的午后，我的思绪穿房越脊回到童年，定格在那个荒远的时光深处，燕麦在风中舞，我在地头看不够。

## 莜面之歌

作者:许庶民

内蒙古是故乡,家乡在后山。吾乡出莜麦,莜面乡人爱。春夏秋冬含笑过,酸甜苦辣都是歌。莜麦,禾本科,一年生草本植物,叶扁平,小穗小花圆锥序。杆直挺拔,一米上下,根系发达,吸水力强。喜寒凉,耐干旱,可高产。大后山,高海拔,山峦起伏,丘陵交错,黄黑沙土地,昼夜温差大。山坡路旁接纳,高山草甸不嫌,沙质黏土宜播,黑土平滩适种。南北朝现身,清初期广种。晋察冀抗日,军中战功立。

掌握春播时期,了解土壤墒情,筛选种子,粒大饱满,应时按候,耙耱耧种。四六年倒茬,整地不连播。夏初之际,葱葱郁郁,提锄进地,前弓后蹬,松土固水分,除草排异类。秋高天气爽,穗白秆泛黄,籽满挂铃铛,开镰割捆堆码,车拉进场碾打,颗粒完满归仓。

淘莜麦,出烧锅,加满水,大笊篱,撇鱼子,去泥沙。手腕之功,沉淀之理。大锅炒,柴火旺,钉耙翻滚双手舞,汗流如雨热难挡,莜麦毛毛飞身藏,钻心痒,口咬莜麦乘热香,解嘴馋。磨莜麦,石磨套驴碾盘转,费人费时,万能磨省劲省力,磨面柴油气,村中老者,齐声感慨,石磨磨面香,一度冷落机器,支起老碾老磨,回归本色本味,咀嚼原汁原味。

莜面,蛋白质含量最高,氨基酸种类齐全,营养价值丰富,居谷类营养之首。食前三熟,做工精细,炒熟泼熟蒸熟,磨面和面捏面,品类手法多样,价廉味美色香。

和莜面在于掺水,揉莜面在于力气,捏莜面在于手艺,吃莜面在于口味。奋斗在于毅力,生活在于坚持,人生在于磨砺,幸福在于体会。做莜面,千滚开水入面,搅棍均匀搅拌,双手交替指握掌摁,上下翻飞左右倒腾,紧攥拳头合力揉揉。关键过程,不能省略。和面硬,齐怔怔,掉圪生,做不成;面和软,把手沾,蒸出黏,不是饭。炕头老汉粗气喘,老伴儿媳骂不断,越饿越骂越没完,一气之下摔了碗。

盘住膝盖压住腿,搬成小剂子,捏在手心里,各种做法全由你:推窝窝、搓鱼鱼、搅拿糕、擦块垒、擀囫囵、包饺饺、圪筋筋、压饸烙、搓圪团、蒸山药鱼、烙山药糕、抹刨渣子、煮鱼子、下鱼鱼、刀切片片、山药丸丸、灰菜蛋蛋，任由你摆布，全凭你水平，满足你胃口。有词曰：

### 雨霖铃·饺饺难捏(方言)

泪眼吧嗒，对锅长叹，饺饺不会捏。莜面热水泼，置热处，等待发落。洗净山药再擦，切刀剁沫沫。拌馅馅，荤油调味，撅面慢慢捏叭叭。多层壳壳摞一沓，盘膝压腿巧手捏。笼屉滚水架锅，不要馋，吃后入发。此去经年，乌盟后山美味一绝！

蒸莜面，猛火慢火细分配，一鼓作气熟彻底，笼锅不严漏了气，乡亲说你是棒槌。千蒸万熬，不再筋道。蒸熟面，回回气，别等黏，揭开盖，趁热吃。事情要早办，莜面要热吃。

莜面山药是一对，分不开来打不离。莜面不够，山药来凑。离了山药的莜面，寡汤没味，缺了莜面的山药，单调无趣。莜面拌山药，小心把肚撑，山药就莜面，憋得直打滚。吃莜面，卤子蘸料汤，好吃凉的有凉汤，爱吃热的有热汤，最简单的便是冷盐汤。黄瓜丝凉汤、水萝卜凉汤，庄户人家上排场，莜面窝窝泡肉汤，羊肉蘑菇馏汤汤、山药芥芥肉丝汤，莜面拌辣椒，香坏老大嫂。冷调莜面炝拌辣椒面，噎得你难往肚里咽，随你的喜好，由你的口味。蒸锅水不要扔，入发又味正，吃莜面肚皮吃个半饱饱，喝碗水正好好。

吃莜面的人，猫道里擩擀面杖，直来直去，半个麻壳子也夹不住，掏心挖髓。他乡遇故知，提起莜面有话题，握住乡人的手，圪丢半嗒叙乡愁，顶住膝盖嘴挨嘴，撩起肺子表心里，胡姑姑假姨姨，八十架算盘打不起，五百年的米，八百年的糠，三天六夜九后晌，七十二个半前晌，说不够，道不完，情不尽，意不断。

白面莜面倒挂年，莜麦盛产顶半边，莜面天天做主饭，半月难把白面沾。常吃莜面心也烦，一心思慕白面来解馋。任凭巧妇手工娴熟，顿顿莜面不免憋气心堵。揭开笼屉，孩儿叹气，什么时候，吃顿馒头。嘴巴馋眼盼干，常和妈妈把嘴拌。立志飞出土坡坡，再不吃你那推窝窝。

自从白面把身翻，莜面成了稀罕饭。热乎乎酸淋淋，真想吃一顿擀囤囤，香汤汤肉沫沫，多想来一碗调窝窝。游子外飘荡，不由思故乡，抓心挠肚肠，想把莜面尝。自从离家记忆深，一直难忘莜面情。走南闯北味觉乱，一顿莜面全搞定。莜面嘴里嚼，心中才不闹，莜面进了胃，才止思乡泪。

吃饱了莜面的人，肚皮溜圆汗津津，叽里咕噜打饱声，解开裤带松一松，伸伸脖子数椽檩，炕沿边边抽根烟，顺山大炕一圪躺，哼着小曲进梦乡，梦见莜麦满山梁……

## 老家美味——莜面磨擦擦

作者：王成海

年关既近，过年的气氛越来越浓。

卧在病榻之上，透过妻子刚刚擦过的窗户，能望见湛蓝湛蓝的天空，偶尔有一两只麻雀从窗边掠过，也不时能听到从天空洒下的鸽哨，紧接着会看到几只鸽子自由盘旋的身躯……

此时，我的思绪总是被不自觉地拽回到一个遥远的山村，那是储满我记忆的家乡……

家乡给我少年生活刻上的痕迹太多太深了，这些记忆现在成了我在病榻上咀嚼不断的美味，让我时时陷于陶醉，忘却病痛……

今天我要和大家分享的就是老家的一种莜面特色小吃磨擦擦。

磨擦擦是莜面众多吃法中比较独特的一种，它之所以独特，不但因为制作方法比较复杂，更主要的是口感好味道美。但可惜的是知道且会做这种莜面美味的地方太少，大概只有内蒙古中部乌盟一带，其他地方甚至不知道莜面还有这样的吃法。

吃磨擦擦首先是准备食材，食材不外乎是几颗洗干净的土豆、莜面和粉面，当然这些东西准备多少，都是因吃的人多寡而论。

然后把一块被钉子钉了密密麻麻窟窿的铁皮固定在一块能插放在盆里的木板上，之后就手拿土豆在上面磨吧。这个过程比较危险，一不小心就会把手滑到摩擦板上，很容易伤了手指头和手掌。不过现在街上有人专门卖磨擦擦板，五块钱一块，比原始的强多了。

直到把土豆磨成稀糊状的时候，把莜面和土豆粉面按照五比一的比例掺入到土豆糊盆里，然后用筷子均匀搅拌到黏黏的即可。此时把用水湿过的笼布铺在笼里，放在已经加热的锅上，热气透过笼布穿出，此时，用铲子铲上搅拌好的磨擦擦食料，用筷子均匀地一条一条地拨在笼底，直到把笼底铺满，当然了中间要保持适当的缝隙，以便于热气上浮，蒸熟磨擦擦，之后把锅盖盖严实，大火连续蒸十二三分钟即可。

如果为了做出的磨擦擦更可口，磨擦擦食料中还可以加入一些调料，诸如葱、盐等佐料，也可以加入一些肉末或切碎的羊尾巴等。准备这些的时候，其实蘸料也得同步进行，正如红花必须有绿叶的辅助。当然蘸料也是多种多样的，可以是热汤也可以是凉汤，最简单的蘸料汤子莫过于腌菜汤滴上几个香油点子，不过这都是过去穷困时候的吃法了。

我一贯不喜欢凉汤子，我一般是把瘦肥相间的猪肉切成肉丁状，盛在一个小盆里，下面倒少许胡麻油，里面加各种佐料，诸如花椒、大料、干姜、葱，酱油等，之后放入锅里和磨擦擦一块蒸，磨擦擦出锅的时候，汤子也就熟了，加热水调拌一下就可以了。吃的时候再搭配上几瓣大蒜，如果有托县辣椒再往汤子里挑上两筷子，直到汤子上面红彤彤的一层，把磨擦擦挑入碗里搛成小块就可以吃了。

估计你两碗过后，一定汗流浃背，面色红润，肚子也圆圆的，饱声不停，你一定会摸着鼓鼓的肚子说，我还想吃一碗……

真正做好的磨擦擦筋而不硬，黏而不软，口感好味道足，耐饥饿，是过去庄户人家常吃的饭食，为的就是干活的时候有力气，持续时间长。可随着时间的推移，现在这种普通的农家饭渐渐演变为了一种稀罕的地方美味，只有亲朋好友光顾的时候，主人才愿意一展才艺，你说怪不怪呢？

## 七、戏剧

### 金　种　子

（小戏）编剧：宋丽

**人物**：景民　　驻村书记

冬生　　贫困户

翠花　　寡妇、贫困户

［幕启］

［冬生家场面里，到处堆的是粮食和打粮的农具，冬生喜气洋洋地边干活边哼着爬山调］

**冬生**：（唱）金格楞楞的太阳——哎，金格楞楞的粮

毛格眼眼的妹子叫岗岗

（景民上）

**景民**：冬生……

**冬生**：哎，景民书记你来啦，我正思谋你的了。

**景民**：思谋我甚了？

**冬生**：想和你叨拉叨拉了。

**景民**：嗯，我也是，不歇心过来看看。

**冬生**：景民，你看这场面一堆堆一堆堆的，啊呀，高兴得我睡不着，早早地来听喜鹊鹊叫那阳婆婆，晒得我心里乐开了花，这扶贫政策就是好，打下了这么多的粮，书记呀，冬生我这辈子从没有这样嬲过。

**景民**：哈哈……冬生，这就闹对啦，扶贫工作就是这样的，干部把你当亲人，你把干部当家人，咱们都是一家人，你看看，这扶贫到了决胜关，粮食收成翻了又翻，啊呀呀，你呀、我呀，咱们一疙蛋吃了个定心丸。

**冬生**：这还得感谢包扶干部给咱们送来的金种子！

**景民**：对，对对，没有金种子就没有今年的大丰收！

**冬生**：（唱或念白）没想到莜麦亩产翻又翻，包扶干部真有好点子传，送来的种子就是那金疙蛋，科学种田我冬生一百个赞！

**景民**:(唱或念白)包扶干部包咱村和户,生产生活柴米油盐都扶助,开春带领种粮专家来村住,优良品种科学种田可讲了个透。

**冬生**:就是,帮扶干部那可辛苦了,领上专家到田头、上炕头。

**景民**:那就叫:包户脱贫找由头,真心实意起带头!

**景民**:冬生?

**冬生**:哎!

**景民**:你就是个激活人,贫困户们都要是像你就好啦!

**冬生**:书记啊……(唱)感谢社会救咱出贫窝,老婆大病有起色,儿女顺当当上学堂,再不动弹对不起扶咱的党。

**景民**:别人的莜麦一亩收成一二百,你的莜麦一亩收成四五百,冬生,你种这么多可闹对了,真让你逮住金蛋蛋啦!

**冬生**:这就是帮扶干部送来的金种子、新产品,坝莜种子没虚名,别人不敢种,我敢,我相信科学不哄人,咱党的干部不哄人。书记,你忘了,我除了把送来的种子种完后,又去专家指定的地方买了几百斤,都种上了。

**景民**:要不我说你激活了……

**冬生**:唉,景民书记,丰收是大丰收啦,我是高兴又担心。

**景民**:丰收啦还担心啥?

**冬生**:你得帮我卖粮了哇,刚开始就知道个高兴,这两天越来越愁这么多的莜麦咋卖呀?

**景民**:噢,我早就想到了,你先拾掇哇,到时候再说,我再去看看别人家。冬生,记得留够明年的好籽种。

**冬生**:放心哇书记,一千斤种子留下啦!

**景民**:(唱)包扶干部有统筹,扶贫要从根上扶,科学种田有奔头,明年全村儿致富走前头。

(景民下,冬生低头拾掇粮食,翠花上)

**翠花**:哎吆吆,这喜鹊鹊不懂女人心,飞来飞去疙捣人,也不看看老娘啥心情。

(唱或念白)俺家那口没福人,撇下老婆地府行,可怜我翠花孤单身,这个时候更闹心。

听说今年的收成爆冷门，难不成这瘦田薄地生了金？黄格楞楞的莜麦晃眼睛，翠花我过来看分明。

**翠花**：冬生……

**冬生**：翠花嫂？

**翠花**：啧啧啧，冬生兄弟，嫂子我今天可刮目相看你啦！

（唱或念白）两家贫困都因病，我家男人你家凤，老天爷咋就偏心眼，好运气单单照你送。

**冬生**：你也不赖哇，三金一转，彩礼一万，不管做饭……更别说，翠花嫂，你捏的彩礼是三万了，值钱了哇。

**翠花**：呸呸呸（唱或念白）金山银山不如你家粮垛山，千安万安不如农民心上安，后山的胡燕儿扑棱赛罕的窝，谁知道下半辈子谁好过。

**冬生**：嫂子正好你来了，把那两袋莜面拿上哇，我给你扛过个。

**翠花**：看看，啧啧啧，冬生，收成好了跟嫂子说话也硬戳了，还"把那两袋莜面拿上哇"。

**冬生**：是呀嫂子，年初说好的，你的种子不种我替你种啦，秋天给你两袋子莜面，够你一年吃啦。

**翠花**：冬生你是知道的，地下没根儿地上连草都不生，锅里没米巧媳妇也没办法，更别说嫂子那是好种子，你再有本事能有这么大的收成。

**冬生**：就是就是，谢嫂子了！

**翠花**：那就拿两袋子莜面打发嫂子？冬生，不看僧面看佛面，更别说嫂子孤苦一人没个做主的……（翠花哭）老天爷呀，低头不见抬头见，你可别让莜面糊糊……糊住了心！

**冬生**：嫂子，嫂子，这不是开春时候咱们一起定好的么？

**翠花**：嫂子一年 365 天有 300 天头疼，谁知道那个时候咋定的了，兄弟口说无凭，嫂子不记得了。

**冬生**：啊，嫂子，你不能说了不算，算了不说，胡搅蛮缠！

**翠花**：冬生呀，你满囤满院满场面，不差余嫂子那一麻壳子，你可不能见利忘义，忘了你那九泉下的大哥啊！

**冬生**:哎呀,哎呀,嫂子你别说了,兄弟我再多给你一袋子。

**翠花**:嫂子可不是那疙绳害糊的人,为了一袋子面蹲犊子伤脸又伤心!

**冬生**:你想要咋了?

**翠花**:翠花我想也没想到,这好种子一亩能打五百斤,嫂子也不跟你多要,一袋子面五十斤,你咋也顶给嫂子十来袋子,算下来你也不亏哇?

**冬生**:哎呀呀,(唱或念白)知人知面不知心,没想到世上真有这种人,起早贪黑可受了个灰,换来狮子开口把粮分。

**冬生**:说到这儿啦,我也把话挑明,年初说好的,一斤种子三块钱,我给你两袋子莜面是本分,别的你就甭想了!

(景民上)

**景民**:哎呀,哎呀,这好好的年限咋啦,服不住,非要闹个不高兴。

**冬生**:书记你来得正好,给评评这理哇。

**景民**:我早就来了,你们说的话我也听清楚了……翠花嫂子不是我说你,当初包扶干部送种子是给真正种地的人,你不种硬要了,我们就睁一只眼闭一只眼给你啦。当时咋定的我和村主任都知道,冬生种了你的种子,折合下多少钱就给你多少面,这到了秋天就不行啦?嫂子,你是看见冬生今年大丰收了,那要赶上个灾年限,颗粒无收,冬生还不得借钱还你种子款,嫂子呀,你可别"看不得别人的好"得了红眼儿病啊!

**翠花**:大兄弟,唉……大兄弟,嫂子就是得病了,浑身的不舒服。

**景民**:嫂子,你以前给大哥看病生活难过一些,但现在好了,好过多了。(唱或念白)翠花嫂子别心酸,你家生活也宁安,春有补贴冬有炭,难不成你贪图享受把良种换。

村里安排你把清洁活干,每月固定填那领款单,勤劳致富向前看,他人富裕你可别眼馋!

**翠花**:书记你说我生活好过多了,唉,书记呀你不知道,(唱或念白)事事从来难如愿,天上风云经常变,苦日子过得我心忽闪,七上八下老不安。

**景民**:嫂子呀,你现在是一人吃饱全家不饿,儿女也都出去了,没个负担啦，有啥不安的。好在咱们今年收成好，腰板也挺直了，让你塞罕的老公吃吃咱们的莜面，那就是吃了上顿想下顿，嫂子，知足吧……还有就是你要开介绍信，走哇，我正有空儿了，开下哇？

**翠花**：哎呀呀，书记大人，顾说籽种的事儿把这个茬儿给忘啦。

**景民**：嫂子捏是往福窝窝走呀不用记别的了。

**翠花**：书记你看看咱们村，家家的粮食堆满院，连外地打工的人都回来啦，你说说我，人还没走了，你倒急得要把我——往外撵！

**景民**：哪是撵你了，你不是要开介绍信走了么？嫂子你可说对了，咱们村今年不光粮食大丰收，今年全村脱贫，村里需要做的事可多了。

**翠花**：有多少？做甚了？

**景民**：习近平总书记说啦，脱贫不光看数量，还要看质量。怕得是脱了以后又返贫，要真脱贫。咱们村有这金种子做保证吃饭不用愁了，基本医疗、住房和吃水的问题都安顿好了，"两不愁三保障"确保全面小康不落一个人。剩下的工作就是往扎实了做啦。下一步就是打造"美丽乡村"和"幸福家园"，让人们真正获得幸福感——目标是向小康社会迈进。

**冬生、翠花**（同时说）：哎呀呀，太好了。（唱或念白）书记一席话说得我们心里乐开了花，好日子就跟那天上的彩云霞，照到了后山圪崂每一家。

**翠花**：书记，我正要和你说了，我想收回我的地，我明年也要种地呀。

**景民**：啊，翠花，你那块地流转了那么长时间，定猛子说出这话了。

**翠花**：以前是以前，这以后有了金种子，还有国家的各种补贴，再不种地就是愣货了。

**冬生**：嫂子你不是要去塞罕坝了么？

**翠花**：不去了。

**景民　冬生**：啊，不去了？那……

**景民**：那用开介绍信不了？

**翠花**：用，用了哇，不过是他……开了。

**景民**：啊，他开……他来咱们这儿呀？

**翠花**：嗯，书记，我们私下合计好了，咱们这儿的金种子种的好莜面，脱下的麸皮还能喂羊，俺那对象养了一辈子羊了，一来咱们这儿就看上这莜麦脱下的麸皮……是个宝贝。

**景民**：哈哈哈，这真是有了梧桐树不愁引来金凤凰，咱们是有了金种子就引来好对象。

**翠花**：书记大人，我想种地你可得帮我呀！

**景民**：有牛还愁往山上赶了！嫂子，别着急，想种地是好事儿，我回去看看村里你那块儿地签的协议啥时候到期。

**冬生**：就是，嫂子，自己的地自己种心里踏实，嫂子我给把两袋子莜面扛回家哇。

**翠花**：唉，可哭了一气……

**冬生**：嫂子，说到这啦，你先吃上这莜面，等你种地时兄弟再给你一百斤种子，有了这金种子，你的日子就跟那芝麻开花节节高，好日子在后头了。

**翠花**：冬生，大兄弟……

**景民**：嫂子，冬生可真是好兄弟，以后再不能哭闹啦。

**翠花**：不啦，书记，我是看人们都往小康跑闹了，我也着急啦。

**景民**：哈哈哈，我也是真没想到你不走还能招个女婿来，好啊，嫂子，兄弟我再和你圪遢圪遢……知道咱后山地区甚最响？

**翠花**：甚了？

**景民**：厚道，嫂子，是做人的厚道本分，这里是你的家你的根，以前你有不对的地方乡亲们能担待，像上次八月十五包扶干部给你送的胡麻油和月饼，你吃得还没消化了，检查组来了走访你，问帮扶的干部常来吗？你说：没见。当时气得我就吼喊你，你吃得嘴歪啦！做人不能昧良心，不能久占便宜不吃亏。

**翠花**：唉，大兄弟，说起那件事，嫂子我也是顺口那么一说，以为不是个啥事，后来才知道，这么多年来，包扶干部给的米面都是他们自己掏的腰包，难得他们一片苦心。大兄弟，你城市人长年住在我们村，为我们脱贫，真不容易，嫂子不识好人心，唉，唉，嫂子知道……不对啦！

**景民**：嫂子，你想通就好啦，以后成家了可不能给咱村人丢脸啊。

（手机铃声响起）

**景民**：我接个电话，喂，嗯，嗯，好！好！太好了！谢谢！谢谢。

**景民**：好消息，好消息，包扶干部给咱们莜麦找下销路了。

**翠花**：哎呀，这真是一包到底了啊！

**景民**：冬生，包扶干部刚给我打电话说找下买莜面的啦。

**冬生**：是了，是了，也刚给我打电话了。

**景民**：这下不用愁了，你准备咋卖呀？

**冬生**：按行情别人卖多少钱我就卖多少钱。

**景民**：冬生，现在莜麦多少钱一斤？

**冬生**：一块多。

**景民**：莜面呢？

**冬生**：三块多……啊，书记，我明白了，我要磨成面卖莜面，我的莜麦不用化肥，全上的羊粪，是好莜麦，卖了莜面自己还能落下麸皮喂羊…

**景民**：对对，我们的莜麦是绿色食品，产量有限，价格可以再高点。

**冬生**：书记，今天中午他们就要过来试吃莜面，包扶干部带了好几个大酒店的老总，说菜和肉他们自己带，只要我们把莜面做好，我正愁的这马上中午了，我家二凤病得还不顶事，这搓莜面……

**翠花**：有我了，大兄弟，有我了哇。（唱）说起搓莜面翠花我不是吹，莜面鱼鱼细针针儿，山药囤囤薄凌凌儿，莜面窝窝齐整整儿，磨擦擦，捣晶晶，老娃（应为鸦）含柴三层层儿。

**景民　冬生**（异口同声）：太好了，翠花嫂。

**冬生**：（唱或念白）金种子结下金疙蛋，莜面窝窝就是那钱串串。

**景民**：（唱或念白）山也转来水也转，幸福生活就是那向前走来向前看！

哈哈哈，做饭去喽。（三人下）

（注：作品中使用方言较多，选入时以尊重原作为原则。）

# 第二节 燕麦类传统食品

燕麦具有蛋白质、油脂、膳食纤维含量高的优点，保健功能十分显著。悠久的种植历史，为乌兰察布市发展和弘扬燕麦文化奠定了坚实的基础，乌兰察布当地流传的“后山(阴山南北麓)有三宝，莜面、山药、羊皮袄”的民谣，便是早期燕麦文化的纯朴写照，充分显示出燕麦一直以来在乌兰察布市经济、社会和人民大众心中的重要地位。随着加工技术不断改进，一些新型燕麦食品涌现，深受消费者喜爱。但是在乌兰察布市及周边地区，燕麦的消费仍然以传统类燕麦食品为主。

燕麦粉，在乌兰察布市俗称“莜面”，是一种半成品，用于加工传统燕麦食品，主要销售市场为内蒙古、山西等地，部分燕麦粉也销往一些南方城市，占我国燕麦总消费量的一半左右。当地流传有“燕麦片腿长，燕麦粉腿短”说法，意思是:燕麦片是一种大家普遍接受的食品，可以销往世界各国，因而“腿长”;燕麦粉主要用来制作窝窝、鱼鱼、囤囤等传统食品，制作工艺复杂，只有在产区当地的人们才会做，外地消费者不知如何做，消费范围主要集中在燕麦主产区，因而“腿短”。乌兰察布市是燕麦主产地区之一，传统燕麦食品的制作工艺极具代表性和地方特色。

燕麦面粉(莜面)虽是粗粮，但在乌兰察布地区却是“粗粮细作”的典型代表，花样繁多，超过白面食品，且更富特色。在农村常听人讲“谁家的媳妇做得一手好饭”，这好饭便是莜面。在巧妇手里，莜面时而细若粉丝(莜面面条)，时而薄若蝉翼(莜面窝窝)，时而成若鲜肉(莜面拿糕)，时而变成碎玉(莜面馈垒)，时而状若鲜鱼(莜面鱼鱼)，时而包罗万象(莜面囤囤)，时而浪里翻江(莜面煮鱼子)……巧妇们搓莜面、搓鱼鱼的功夫在美食家眼里简直是绝妙。就说“鱼鱼”，将一小块莜面，分成八小块放在平展展的面案上，左右两手各按四块，双手轻搓，均匀地滚动，左右四根莜面条像溪水般流出。一霎间，盘龙卧凤，游鱼斗虾，看上去巧妇手里有抖不完的细缕，看不尽的线头。再说推“窝窝”，巧妇指挟面团儿，在雪白的瓷板上，拨动拇指，食指轻弹，一转眼，一个个蛋卷儿似的莜面“莜面窝窝”就挨个儿立满笼屉，一样样薄、一样样高、一样样圆、一样样白，横竖成行，转圈成圆，成一幅巧夺天工的图案。

吃莜面讲究冬夏“两样汤”:冬蘸羊肉卤,夏调盐菜汤。羊肉丁、土豆丁做的香气扑鼻的肥汤,喷香红亮的辣椒油,咸香爽脆的芥菜丝,撒一点葱花香菜末,滴几滴老陈醋,把刚出锅的莜面往里一拌,嚼在嘴里,又香、又筋、又辣、又酸,那才叫开胃解馋呢。至于夏季则要冷调凉拌,以时令蔬菜如黄瓜丝、水萝卜丝、香菜等,加蒜泥、辣椒油、酱油、醋、盐等调配而成,与莜面拌起来,清香可口。“水萝卜丝丝酸腌菜,就一筷子莜面真不赖”,若再加上一杯啤酒,是最美不过的了。切记,不要吃得过饱,“莜面吃个半饱,一喝水正好”。这不是说莜面不好消化,而是莜面中的可溶性膳食纤维持水性强,吸水后容积增大,莜面吃多了会胀肚就是这个道理。也正因为莜面含有可溶性膳食纤维,使莜面具有降血脂、调节血糖、润肠通便等生理功能,成为营养、保健的食疗佳品。

1.莜面窝窝

莜面窝窝,又叫莜面栲栳栳,是内蒙古、山西、河北等燕麦产区人们最家常的吃法。把莜面倒入盆内,倒入开水烫面,边倒水边用筷子搅拌,等莜面呈雪花状时,稍凉后用手揉成面团,用湿布盖住饧面 5～10 min,趁热分成若干个小面剂。取一块面剂,在光滑的案板或菜刀侧面上用大拇指推成猫舌状长 10 cm 左右、宽 5 cm 左右的薄片,用右手揭起搭在二拇指上,卷成中间空的筒形,一个挨一个整齐地竖立在已备好的蒸笼里,要依次摆放,像蜜蜂巢一样,摆满后放在沸水锅上急火蒸 5～10 min 即可。蒸时要注意火候,火候不到,窝窝不熟,吃着带沙感;蒸得过火了,窝窝软瘫立不起来,吃时则无筋,味欠色减。莜面窝窝看着精致,吃着筋道,耐饥抗寒,营养丰富。

2.莜面面条

把莜面倒入盆内,倒入开水烫面,边倒水边用筷子搅拌,等莜面呈雪花状时,稍凉后用手揉成面团,用湿布盖住饧面 5～10 min。将一小块莜面分成 8 小块放在面案上,左右两手各按 4 块,双手轻搓,均匀地滚动,左右 4 根莜面条像溪水般流出。或者是用饸饹床挤压成直径 2～3 mm 的面条,均匀地铺在蒸笼上(厚 1～2 cm),放在开水锅上蒸 5～10 min。蒸好的面条,柔韧喷香,取出放入准备好的热汤或冷汤中即可食用。也可以在蒸莜面面条时,在锅内蒸一些土豆片、茄子条等,蒸好后将土豆压成泥,和蒸好的莜面面条、茄子条一起加盐、蒜泥、酱油、香油等凉拌,别有一番风味。

3. 莜面囤囤

土豆去皮洗净切成丝,香芹(其他蔬菜也可以)洗净,用刀拍一下切末,放入盆内,加油、盐、五香粉等调料搅拌均匀待用。把莜面倒入盆内,倒入开水烫面,边倒水边用筷子搅拌,等莜面呈雪花状时,稍凉后用手揉成面团,用擀面杖擀成1～2 mm厚的方形薄饼。把事先准备好的馅料均匀铺在面饼上,摊平、厚薄一致,但要留出一侧边缘,从不留边缘的一侧轻轻向内卷起,卷成长条状后,用刀均匀切成5 cm左右的段,竖立放进笼内,开水上锅蒸10 min左右。蒸好后取出,放入准备好的热汤或冷汤中即可食用。囤囤因形似盛放粮食的谷囤而得名,吃起来内涵丰富,营养均衡。

4. 莜面土豆鱼

土豆2 500 g洗净入锅,加水500 mL,中火把土豆煮熟。土豆去皮、捣碎,加入莜面500 g搅拌均匀,用手揉成莜面土豆面团。把一小块面团放进手心,双手轻搓,搓成两头细中间粗的梭形,并排放入蒸笼,放在开水锅上蒸8～10 min。取出放入准备好的热汤或冷汤中即可食用。莜面土豆鱼形似小鱼,口感柔软爽滑。也可以起锅烧油,放葱、姜和五香粉爆锅,填入适量清水,放一些自己喜欢吃的菜,如土豆条、油菜叶等,再把蒸好的莜面鱼鱼下锅略煮,加盐、酱油、香油等调味,连汤一起盛入碗中,既能吃莜麦面鱼鱼,又能喝汤吃菜,温暖踏实,别有一番风味。

5. 莜面拿糕

莜面粉500 g,水750 mL。水入锅大火烧开后转小火,抓一把莜面慢慢撒向锅中,撒面的同时,用筷子或擀面杖顺着一个方向不断地用力搅拌,直至成为柔软、黏稠的糕状,停火加盖焖5～10 min出锅,放上提前准备好的凉汤或热汤即可食用。莜面拿糕软糯劲道、爽滑可口。

6. 莜面蒸饺

制馅:准备适量的羊肉馅或牛肉馅,将800 g马铃薯去皮洗净切丁,加上植物油、花椒粉、姜末、葱花、食盐、味精等,搅拌均匀即成(准备其他肉馅和菜馅也可以)。

包饺子：莜面粉 800 g 和马铃薯淀粉 200 g 混合均匀，加开水 1 100～1 200 mL 烫面后，揉成面团，分成小剂子，擀皮后包馅成型，上笼蒸 10～15 min 即可食用。莜面蒸饺皮柔馅香、味美可口，营养丰富。

7. 莜面馈垒

土豆洗好，入锅蒸熟，趁热去皮、冷却、捣碎，加莜面搓拌成均匀的小颗粒。把搓散的莜面土豆颗粒均匀地铺撒在铺了半干笼布的笼屉里，上锅大火蒸 10 min，略凉后抖散，备用。起锅烧油，放葱花、五香粉炝锅，放入蒸好、抖散的馈垒颗粒，放少许盐，炒香即可。莜面馈垒味美绵软，面香、薯香、油香、葱香完美结合，风味浓郁。

8. 莜面炒面

炒锅烧热转小火，把莜面倒入锅中，反复翻炒使面粉均匀受热，压碎颗粒，待面粉炒出香味，呈土浅褐色即可。取 50 g 炒面放入碗中，可依据个人口味加入适量白糖，用开水冲成面糊状即可食用。制作简单、携带方便，喷香可口、久存不坏。莜面炒面是成吉思汗时期蒙古大军长途跋涉携带的主要军粮。

9. 莜面土豆饼

小葱洗净，切葱花备用；土豆 2 500 g 洗净入锅，加水 500 mL，中火将土豆煮熟，土豆去皮、捣碎，加入 500 g 莜面、适量食盐和提前准备好的葱花，搅拌均匀，用手揉成均匀的莜面土豆面团，将面团分成若干小面剂，每个面剂擀成圆形薄饼；平底锅烧热，薄饼下锅，两面刷油，烙到金黄色熟透即可食用。

10. 炒莜面

把莜面倒入盆内，开水烫面，揉成面团。把一块面团放入饸饹床挤压成直径 2～3 mm 的面条，均匀地铺在蒸笼上（厚 1～2 cm），放在开水锅上蒸 5～10 min。提前准备瘦肉、洋葱、胡萝卜、青红椒丝等自己喜欢吃的肉和蔬菜，切丝备用，把蒸好的莜面面条抖散，起锅烧油，下葱花、五香粉炝锅，放入准备好的肉丝和蔬菜丝炒熟，下入抖散的莜面面条，加酱油、盐等调料调味，炒香即可出锅。炒莜面色泽鲜艳、口感丰富、唇齿留香。

11. 莜面锅饼

把莜面倒入盆内，加开水烫面，用筷子充分搅和，再用手反复用力揉成团，将面团揉成长条，切成小面剂。取一个小面剂用擀面杖擀成厚0.5 cm、直径5～10 cm的小薄饼，然后用力贴在尖底锅中，中火加热10 min左右，取出即可食用。莜面锅饼香脆可口，适口性好。

12. 莜面土豆饼

准备适量食盐和葱花备用；土豆2 500 g洗净入锅，加水500 mL，中火将土豆煮熟，土豆去皮、捣碎，加入莜面500 g搅拌均匀，用手揉成莜面土豆面团，将提前准备好的食盐和葱花均匀地揉在面团内；将面团揪成若干小剂，每个剂擀成圆形薄饼；平底锅烧热，薄饼下锅，两面刷油，烙成金黄色即可食用。莜面土豆饼饼薄柔软，喷香味美。

13. 老娃儿含柴

准备2个土豆，把土豆去皮洗净，切厚1 mm左右的薄片备用。将莜面倒入盆内，倒入开水烫面，边倒水边用筷子搅拌，等莜面呈雪花状时，稍凉后用手揉成面团，用擀面杖擀两张1～2 mm厚的薄饼，将事先准备好的土豆片依次平铺放在其中一张面饼上，再轻轻拿起另一张面饼盖在土豆片上，用刀均匀切成1～2 cm的宽条，放进笼内，开水上锅蒸10 min左右，取出放入准备好的热汤或冷汤中即可食用。因上、下两面是莜面薄片，中夹土豆薄片，共三层，切成细长的夹馅式条状，形似老鸦嘴内含着柴火的样子而得名“老娃(应为鸦)儿含柴”。老娃儿含柴层次丰富，营养均衡。

14. 莜面凉皮

准备辅料，黄瓜洗净切丝，香菜洗净切末，大蒜切末。碗中加入两勺生抽，加入1勺食醋、少许白糖、味精、香油，适量食盐和辣椒油，调匀成一碗料汁备用。

将莜面倒入盆内，倒入开水烫面，边倒水边用筷子搅拌，等莜面呈雪花状时，稍凉后用手揉成面团。案板上刷一层食用油，取一块揉好的面团，用擀面杖擀成0.5 mm左右厚的薄饼，平铺在笼内，开水上锅蒸3～5 min，蒸好后取出自然放凉，放凉后卷成卷，切成1～2 cm宽的条，放入碗中，加入提前准备好的黄瓜丝、香菜末和大蒜末，倒入提前调制好的料汁，拌匀即可食用。

15. 磨擦擦

“磨擦子”是一种磨碎土豆的工具。用一块长条形穿满小钉眼的白铁皮，垫在一块略大于铁皮的长方形木板上，用钉眼尖碎刺儿的一面，把生土豆磨成糊状物。

准备2个土豆削皮洗净控水，放在擦子上来回磨成糊状物。全部磨完把水控一下。加入莜面和淀粉(按5∶1)。用铲子搅拌黏稠的糊状擦擦泥。把笼布用凉水完全泡湿，尽量水大点，把和好的擦擦泥用铲子平铺满笼屉，薄厚适中。上锅大火蒸20 min。时间到关火用筷子分割，放上提前准备好的凉汤或热汤即可食用。

16. 甜醅

将莜麦去皮簸净，清水洗去杂质，入锅煮熟(表层开口)，沥出凉冷，加入甜醅曲和匀，一般7.5 kg中兑入25 g甜醅曲，装进坛中密封，保持恒温(15 ℃上下)，经3～5 d发酵，即可开坛食用。甜醅醇香、清凉、甘甜，夏能清心提神，冬则壮身暖胃。

在传统饮食中，燕麦做法讲究“三生三熟”，即生燕麦制粉前“炒熟”籽粒，和面时生面粉开水“烫熟”，做饭时生莜面坯上锅“蒸熟”。“三生三熟”工艺是燕麦产区劳动人民在2 000多年的燕麦食用过程中摸索出来的燕麦传统食品加工方法，主要指燕麦面粉类食品，包括莜面面条、莜面窝窝、莜面饺饺、莜面鱼鱼、莜面馈垒等制品。之所以要进行“三生三熟”，有如下原因：

一是“生燕麦炒熟”，生燕麦籽粒硬度低，脂肪含量高，容易堵塞磨粉机和筛网，需要进行炒制，从而提高燕麦出粉率。同时，燕麦中的脂肪酶很活跃，容易导致燕麦酸败，引起哈喇味，诱导微生物生长，保质期很短，因此炒熟过程也是一个灭酶的过程，有助于延长燕麦粉的保质期。

二是“生面粉烫熟”，由于燕麦粉不含湿面筋，不能像小麦粉一样形成面团，燕麦面团成形需要用热水烫面使淀粉糊化，通过淀粉颗粒间黏结性形成面团。

三是“生面坯做熟”，不论是莜面窝窝、饺饺、囤囤、鱼鱼等不同食品的生面坯，都需要上锅蒸熟才能吃。

# 第七章　乌兰察布燕麦产业愿景

## 第一节　产业发展目标与路径

### 一、指导思想

以“创新、协调、绿色、开放、共享”的新发展理念为指导，立足乌兰察布市资源禀赋和产业基础，坚持走特色燕麦产业发展道路。以创新发展为主题，以加快工业发展驱动产业升级为主线，以构建现代燕麦产业体系和促进农牧民持续较快增收为主要目标，聚焦于“大、高、低”（大众化主食、高附加值产品、低血糖生成指数食品）三大主攻方向，围绕健康产业需求，提高综合集成水平，完善多层次多类型人才培养体系和科技创新体系，加速培育产业适应现代化大生产的能力，提质增效，实现乌兰察布市燕麦产业从传统走向现代化跨越。

### 二、基本原则

#### （一）坚持创新驱动原则

坚持把创新摆在产业发展全局的核心位置，依托国家燕麦产业体系，推动原始创新、集成创新和协同创新，突破一批关键共性技术，促进产业集成化、工业化，走创新驱动的发展道路。

#### （二）坚持质量为先原则

坚持把质量作为产业发展的生命线，加强企业质量主体责任，加强质量技术攻关、自主品牌培育。发挥行业自律作用，推进质量标准体系建设，培育先进质量文化，营造诚信经营的市场环境，走质量品质取胜的发展道路。

### （三）坚持绿色发展原则

坚持把可持续发展作为产业发展的重要着力点，发挥燕麦在退耕还林、还草，脆弱生态区保护，非耕地利用等方向的作用。在加工业中加强节能环保技术、工艺、装备推广应用，全面推行清洁生产。发展循环经济，提高资源回收利用效率，构建绿色制造体系，走生态文明的发展道路。

### （四）坚持结构优化原则

优化燕麦产业区域布局、产品布局和企业布局。因地制宜筛选乌兰察布市燕麦的最佳种植带，进行区域布局。以此提高质量、稳定规模、适度扩展。在大众化产品基础上，开发功能产品。在企业布局上，注重大、中、小型企业结合，大型企业主要瞄准构建国际竞争优势，中型企业主要瞄准国内市场，鼓励小型企业发展特色浓郁的地方名优产品。优化产业空间布局，培育一批具有核心竞争力的产业集群和企业群体，走换挡增效的发展道路。

### （五）坚持人才为本原则

坚持把人才作为燕麦产业发展的根本，构建人才培养、交流体系，建设一支学风纯正、素质优良、能接地气、结构合理的人才队伍，走人才引领的发展道路。

## 三、发展目标

以乌兰察布市自然优势为前提，按照高产、优质、高效、生态、安全的要求，构建燕麦产业体系。通过科研、生产、加工、流通等多领域有序推进，协同配合，逐步提高区域燕麦综合生产能力；完善支撑保障体系，创新发展体制机制，提供燕麦种植、产业等生产能力，提升质量安全保障水平，增强市场竞争力和可持续发展能力，促进农民收入持续较快增长。为聚焦“大、高、低”主攻方向，从产业规模、创新能力、绿色发展和战略前瞻等 4 个方面，实施产业倍增工程、创新高峰工程、绿色健康工程和前瞻瞭望工程等 4 项系统性工程计划，建成全国绿色燕麦生产加工输出基地的核心区，全面支撑战略目标实现。

到 2025 年，燕麦产业基本实现工业化。燕麦种植面积达到 200 万亩，总产量分别达到 25 万 t，平均单产水平由 75 kg/亩提高到 125 kg/亩，其中水地由 125 kg/亩提高到 175 kg/亩，旱地由 50 kg/亩提高到 100 kg/亩。生产基地标准化栽培技术推广率达到 90%。优质率达到 60%以上，优种覆盖率达 60%以上，商品率达到 70%以上。燕麦关键环节核心技术和装备取得较大突破，行业整体素质显著提升，支撑农业现代化和带动农民增收作用更加突出，满足城乡居民消费需求的能力增强。围绕"大、高、低"三大主攻方向，应用一批工业化关键共性技术，质量、品种和效益水平有较大提升，加工机械化基本普及。乌兰察布市燕麦加工食品人均消费量比 2019 年增加 1 kg。积极探索燕麦领域新兴产业、新业态的发展模式。推动绿色制造，单位工业增加值能耗、物耗及污染物排放明显下降。

到 2030 年，燕麦产业基本实现现代化。乌兰察布市燕麦种植面积保持稳定 200 万亩，总产量分别达到 30 万 t，单产提高 5%以上，优质率达到 80%以上，优种覆盖率达到 85%以上，商品率达到 90%以上。产业技术体系创新能力显著增强，在"大、高、低"三大领域科研水平和产业规模走在全国乃至世界前列。质量、品种、效益显著提升，开展以"互联网＋"为代表的"跨界＋"实践探索，新业态成为新常态。助推"健康中国 2030"战略，燕麦加工品人均消费量比 2020 年提高 1 kg。单位工业增加值能耗、物耗及污染物排放达到世界先进水平。

## 四、发展理念

### (一)以加工业为核心，驱动产业发展

顺应"以加工业为核心，逆向驱动产业链发展"这一规律，"十四五"期间乃至今后一段时期，燕麦产业以问题为导向，围绕"大众化、高附加值和低血糖生成指数"关键技术领域，组成加工技术研究团队。育种、栽培、生态等研究团队均应瞄准"大""高""低"目标，承继"十三五"以来形成的研究基础，发挥协同创新、集成创新、交叉创新的效用，为将燕麦产业发展成

为我国现代农业和食品制造业中的新产业提供技术支撑。

## (二)全面挖掘、创新提升大众化传统食品

燕麦在加工成最终产品之前,通常要进行深加工,将其加工成粉、米或者颗粒。乌兰察布市燕麦储藏等初加工设施简陋、产后和贮藏损失率高达7%～11%,加工能力低,单位能耗高。通过大众化主食、传统食品工业化生产,产区就近储藏和初加工,在千百年的传承发展过程中,形成花色品种丰富的传统食品。挖掘整理各种传统食品,使它们能够走出产区,走上更多消费者的餐桌。

## (三)实施创新高峰工程,推动高值化加工

燕麦高附加值食品加工包括高新技术在燕麦育种、栽培、加工中的应用,特殊人群食品和新型食品加工等。针对"大健康"产业需求,面向特殊人群,开发高$\beta$-葡聚糖燕麦品种等高工程成分的品种资源,突破专用品种少的瓶颈。开展挤压、萌动、发酵、过热水蒸气处理等新技术研究,实现燕麦高值化(高营养、高健康功效)加工;开展节能增效加工技术攻关,提高产品率、降低整体能耗;开展副产物综合利用关键技术研发,提高资源利用水平。实施创新高峰工程,加速科技成果转化。

## (四)助力"健康中国"战略,实施燕麦健康食品功能验证与开发

燕麦低血糖生成指数食品包括低GI(血糖生成指数)食品、低嘌呤食品、低蛋白食品、低脂肪食品等,是在"三高"人群和潜在糖尿病人群高发背景下,适应时代发展和人民健康需求,开展的以燕麦为主体的健康食物研究。实施"绿色健康工程",推动在品种、种植、加工等领域健康观念的融入和健康支撑体系建设。做好居民健康教育与宣传,改善消费者健康状况。加强跨学科合作,深化燕麦功能食品开发和健康评价研究,服务于国家大健康工程。适时启动燕麦饮食对消费者健康调理作用研究,通过大规模的社区饮食干预对健康的影响研究,普及燕麦健康饮食知识。通过与临床营养、保健食品、机械制造等多学科交叉的跨界合作与技术创新,引导和提升我国燕麦功能食品的研究应用水平。推动有关

部门尽早发布燕麦健康指南(标识或者宣传),强化相关营养健康教育,促进特殊医用食品产业的发展,引领和开拓燕麦消费需求,改善消费者健康状况。

### (五)全面提高食用、饲用燕麦生产能力

随着"大、高、低"新产品研发力度的不断加大,对原料会有更高、更优、更多元的需求。在前期专用型品种选育研究成果的基础上,进一步强化满足不同产区大田生产、不同消费市场、多种类型产品加工特定需求的专用品种的选育,为燕麦新产品创制和规模化生产提供优质原料保障。大力发展燕麦饲草产业,通过培育燕麦饲草专用品种,改善饲草收获与加工机械化水平,研发新型燕麦饲草加工技术,尽快提高乌兰察布市燕麦饲草的营养品质、外观品质和供应能力。

### (六)燕麦生态建设

加强燕麦生态适应性研究,充分利用退化土地和边际土地,拓展种植空间。燕麦具有较强的适应性和耐盐碱、耐贫瘠的特性,对改善生态环境和中低产田利用与改造具有重要作用,可在盐碱地、沙荒地、中低产田直接种植,是治理盐碱化、沙化、荒漠化土地的先锋作物。应进一步研究燕麦的生理特性和种植制度、养地制度,拓展燕麦种植空间,探索改土增粮、增草的有效途径。同时随着气候环境和栽培耕作制度的变化,病虫草害也在发生相应的变化,需要对其抗药性进行监测,对潜在的病虫草害提前进行监测研究。解决原来化学药剂的大面积使用带来的负面影响所产生的问题。开展盐碱地栽培技术、沿山、沿边、沿路观赏燕麦荞麦配套技术等研究。

### (七)推进绿色制造

针对乌兰察布市绿色制造业现状,结合燕麦产业实际,因地制宜,稳步推进,加大先进节能环保技术、工艺和装备的研发力度,加快燕麦产业绿色改造升级。试点碳交易、碳储积制度,倒逼企业节能减排。大力研发推广物质、能量、水循环利用、副产物综合利用等先进技术,大幅降低能耗、物耗和水耗水平,实现绿色生产。积极推行循环生产方式,促进企

业、园区、行业间链接共生、原料互供、库存互通、资源共享。支持产业开发绿色产品，推进生态设计，显著提升产品节能环保低碳水平，引导绿色生产和绿色消费。

### (八)建设持续创新体系

长期、稳定、专项支持一批科研基础、人才梯队、学科建设、基础条件、创新氛围等方面具有较强优势的高校、科研单位和科研团队，形成固定的燕麦产业科技攻关团队，支持研究队伍针对乌兰察布市燕麦产业重大战略需求、国家科技前沿和在二者的结合点上开展一系列关于基础、应用基础的研究以及在产业开发上取得进展，并提供强有力的产业技术支持。集中资金人才和技术优势，重点支持燕麦深加工龙头企业产品的开发，根据大众需求及产区经济建设对燕麦加工业提出的要求，要在稳定产区燕麦生产数量与质量的同时，积极建设产区加工体系。在企业布局上注意大、中、小型加工企业相结合，以发展大、中型集生产、加工、贸易于一体的燕麦企业集团为主，鼓励小型企业积极发展具有浓郁地方特色的产品。通过良好的经济市场导向及政府宏观调控，实现燕麦从品种选育、栽培到营养特性功能化研究、产品化、市场化得到持续健康发展。

## 第二节　发展布局

整体构建良种繁育、标准化种植、加工、商贸物流和文化展示的燕麦全产业链条发展格局。

### 一、燕麦良种繁育

#### (一)发展目标

到 2025 年，力争使项目区优质良种覆盖率由目前的 50%提高到 70%。围绕“大、高、低”主攻方向，在燕麦育种目标设计中，将“大、高、低”品质要求作为重要依据，通过现代育种工程技术手段，2025 年之前选育成燕麦米加工专用品种 1 个，燕麦片加工专用品种 1 个，燕麦高蛋白品种 1 个，高 $\beta$-葡聚糖品种 1 个，饲用燕麦品种 2 个以上，全面支撑产业对优良品种的需求，实现生产标准化、经营规范化、运作企业化、服务社会化。

### （二）发展思路与布局

1. 采用育种创新技术，选育推广适合区域的优良燕麦品种

育种技术创新，开展分子育种、杂交优势利用、核不育育种、倍性育种等新技术新方法的创新性研究；盐碱地品种选育，以国内外174个燕麦品种为供试材料，对各品种主要农艺、品质及产量性状进行了研究分析，筛选出适宜盐碱地种植的燕麦品种；特色品种选育，针对燕麦的不同用途，即传统食用型、广泛食用型、饲用型，不同的栽培特性，即抗旱性、抗病性、高产性，不同的成熟期，即早熟型、中熟型、晚熟型，培育适应不同需求的燕麦品种；种质资源保护方面征集、鉴定、利用野生资源。乌兰察布野生燕麦资源非常丰富，野生燕麦一般都具备抗逆性强的特点，作为资源和杂交亲本应用有很好的利用价值，可以选出优良新品种，而且可以创造出更多更好的裸燕麦、普通燕麦新种质。利用燕麦种质资源开展多种间聚合杂交，创造新资源多种间聚合杂交，属种间远缘杂交，丰富遗传基础，加大变异，创造新的种质资源。

2. 在燕麦重点旗县建设良种繁育圃

提供根据燕麦区域布局，在商都县、察右中旗、察右后旗、兴和县、察右前旗5个重点旗县区建立5个良种繁育圃，每圃面积不少于100亩，总面积500亩。5个重点旗县区各建设10 000亩燕麦良种扩繁基地。依托国家燕麦荞麦产业技术体系岗位及试验站，大力提升种子产业的扩繁、复壮技术水平和供给能力，加快良种换代。结合现代分子生物学和技术手段选育出不同生态类型、不同成熟期、满足不同加技术需要的优质粮用、饲用和粮饲兼用的专用型裸燕麦和皮燕麦新品种（如传统面食专用型、燕麦片专用型、燕麦米专用型、燕麦草专用型等）。

## 二、燕麦标准化种植

### （一）发展目标

市域内燕麦平均播种面积为100万亩，年均总产量10万t，分别占

全省播种面积和产量的30%、40%。到2025年,规划发展到200万亩,总产量达到25万t。到2030年,规划面积稳定在200万亩,总产量达到30万t。

### (二)发展思路与布局

#### 1.开展燕麦栽培技术研究与示范推广

开展燕麦栽培技术研究,包括盐碱地燕麦的合理种植模式研究,盐碱地在种植燕麦时,应进行土壤全盐量及盐分组成的分析,方可制定准确的种植计划,同时可以进行产量的预测;抗逆丰产栽培技术研究,主要包括抗旱、抗风沙、抗盐碱丰产栽培技术研究,节水、保水,提高天然降水利用率研究和蓄沙固土、蓄水保墒,提高土壤肥力的可持续发展研究;以高产、超高产品种选育选用为中心的高产、超高产栽培技术的研究,创建高产、超高产样板示范田。

#### 2.合理部署燕麦种植区域

开展燕麦标准化种植,利用马铃薯种植,“马铃薯+燕麦”双轮驱动,将燕麦作为马铃薯的主要倒茬作物种植,发挥乌兰察布适宜大规模种植燕麦的独特地理优势,提升旱作农业的综合收益。重点种植区域包括1市(丰镇市)、4旗(察右前旗、察右中旗、察右后旗、四子王旗)、5县(商都县、化德县、卓资县、凉城县、兴和县)。

## 三、燕麦产品加工

### (一)发展目标

燕麦产业基本实现工业化。到2025年,燕麦加工率达到70%以上。燕麦关键环节核心技术和装备取得较大突破,支撑农业现代化和带动农民增收作用更加突出,满足城乡居民消费需求的能力增强。应用一批工业化关键共性技术,质量、品种和效益水平有较大提升,加工机械化基本普及。到2030年,燕麦加工率达到80%以上。产业技术体系创新能力显著增强,在“大、高、低”三大领域科研水平和产业规模走在全国乃至世界前列。

### (二)发展思路与布局

#### 1.构建从初加工产品到精深加工产品的多元化加工体系

乌兰察布燕麦加工应包括初加工产品、燕麦饲料产品、主食厨房产品和精深加工产品等。初加工产品主要包括一次性简单加工产品，如裸燕麦米、燕麦面粉等，初级加工产品加工工艺简单，但用量大，除部分直接食用外，主要作为深加工的原料。在初级产品加工方面主要开展产品加工质量和技术研究，提高产品的加工质量，降低成本，提高产品的产能和效益。

燕麦饲料产品主要是利用皮燕麦品种，加工成富含纤维，蛋白质含量高，脂肪含量高的优良饲料，作为奶牛、肉牛、家禽的优良饲料。

主食厨房产品包括营养燕麦片、燕麦馒头、燕麦肉饼、燕麦方便面、燕麦速食粥、燕麦面包等，加强主食厨房产品开发，主要面向北方口味，面向区域，开发适合北方市场的主食厨房产品。

精深加工产品包括新研发的产品、初加工产品的再加工，以及有关功能性成分的提取应用等。产品有燕麦片、燕麦饮料、燕麦啤酒、燕麦白酒、燕麦黄酒、燕麦茶、燕麦休闲产品、化妆品、燕麦$\beta$-葡聚糖、燕麦油等。

#### 2.形成以燕麦综合加工园为龙头、重点产地加工基地为配合的加工产业布局

在集宁区建设燕麦综合加工园，以政府为主导，引进大型燕麦加工企业，重点开展燕麦精深加工；在1市(丰镇市)、4旗(察右前旗、察右中旗、察右后旗、四子王旗)、5县(商都县、化德县、卓资县、凉城县、兴和县)建设燕麦加工基地，结合种植基地开展燕麦初加工、主食厨房产品加工和优质燕麦饲料产品加工。

## 四、商贸物流

### (一)发展目标

基本形成燕麦产业特色鲜明、功能完善、布局合理、产业联动的区域商贸物流新架构，到2025年建成两个区域性的燕麦专业化商贸物流中

心，实现消费零售总额达到150亿元。到2030年实现消费零售总额达到250亿元。

### (二)发展思路与布局

结合燕麦加工园区，开展燕麦商贸物流、电子商务、电商物流和冷链物流。加强物流基础设施建设，构筑立足全市，辐射呼和浩特、包头、鄂尔多斯等区域的现代物流体系。加大电子商务平台建设，运用“互联网＋”借助现有马铃薯和冷凉蔬菜等电子平台，将乌兰察布燕麦品牌打入高端市场。

完善市旗县乡村四级物流和电商网络建设，发挥电子商务平台作用，推进线上线下融合发展。

将不同的物流基础设施、商贸网点、物流网点，串起来，点、线、面结合，在空间中重新集聚和整合，形成布局合理、高效运行的现代物流体系。

## 五、文化宣传

将燕麦文化和乌兰察布市传统文化相融合，将燕麦文化与马铃薯文化、察哈尔文化整合推广。悠久的种植历史和不朽的饮食文化，为乌兰察布市发展和弘扬燕麦文化奠定了坚实的基础。进一步挖掘和整理燕麦文化，打造地区燕麦产业品牌，使乌兰察布市成为全国知名燕麦产区、加工区和文化传播区。加大对燕麦的营养价值、饮食文化、栽培种植等的宣传，对燕麦行业的生产、加工、流通、消费等进行全方位的服务。

继续举办燕麦(莜面)文化节，扩大文化节的影响力，以传承乌兰察布燕麦文化、传统农耕文化，以展示特色优势产品的知名度为主要内容。以燕麦文化节为平台，依托如画草原、绿色美食、优质食材等自然优势，全面宣传乌兰察布特色美食、绿色农畜产品及食品加工工艺，打造燕麦美食、乌兰察布燕麦文化品牌，助推乌兰察布燕麦品牌的市场影响力，促进一二三产业融合发展，搭建文化展示和燕麦产业发展的新平台。

将燕麦文化展示与乌兰察布市休闲旅游紧密融合，产生叠加放大的倍增效应。融合燕麦创意文化、开发燕麦创意产品，将其渗透和体现到乌兰察布市文化旅游业的各个方面和各个环节，促进燕麦产业与休闲旅游的深度融合。

燕麦田园风光游。在乡村游线中加入燕麦田园风光观光、燕麦种植体验等活动，将燕麦与传统农耕文化融合起来。发展燕麦休闲度假养生游。利用燕麦药食同源的健康保健作用，在休闲度假养生游线中融入燕麦保健产品品尝、燕麦美食品味、燕麦食疗等，将燕麦与养生文化融合起来。大力开发燕麦休闲旅游产品，采用合理的包装，开发适于携带的旅游产品，包括燕麦枕头、燕麦系列保健品、燕麦休闲食品等。

## 六、重点任务

按照“因地制宜、立足资源、优化配置、突出特色”的思路进行燕麦产业区域布局。围绕以燕麦为主的产品生产，以优化供给、提质增效、农牧民增收为目标，加大招商引资力度，引进培育龙头企业，提升产业化水平，构建全产业链，推动一二三产业融合发展。坚持走特色路，打绿色牌，着力培育新型农牧业经营主体，发展规模经营，强化基地建设，积极打造面向首都的绿色农产品生产供应基地。立足乌兰察布市资源优势和产业基础，借助“乌兰察布莜麦”地标产品的知名度和影响力，着力打造“中国燕麦之都”。在现有的基础上，按照燕麦产业发展目标和规划要求，采取市、旗（县）、乡（镇）联动的方式，政府、企业、农户经济组织、农民共建，建立包括政策、投入、科技创新、服务与培训等在内的保障体系。

### 1. 实施产业倍增工程，从燕麦产业链各个环节提高燕麦产业生产能力

从数量和质量上提升，促进乌兰察布市燕麦产业转型发展，做好产业上下游的衔接，从育种、栽培、田间管理、病虫草害防控、收获、储存、加工、销售等各环节提高产业链的活力，实现生产规模倍增、产量产值倍增和影响力倍增。

全面启动良种繁育、优质燕麦生产基地建设、燕麦产业示范园建设、燕麦生产加工项目、燕麦物流集散中心等重点项目建设。

扩大乌兰察布市燕麦生产规模，使燕麦常年种植规模稳定在 200 万亩，良种扩繁基地 5 万亩。加强农田水利设施建设，加快中低产田改造，

集成与推广应用全程机械化作业、节水灌溉、测土配方施肥、病虫草害综合防治等先进适用技术，加强种植技术培训，提高生产技术水平。

在燕麦生产规模增加的基础上，推进加工物流布局调整，优化产品结构，生产适销对路产品，扩大对外合作开发规模。使燕麦产业加工消费量到2025年比2020年翻一番，年均增速15%左右。总加工量、总产值等主要经济指标均在5年内实现翻一番，至2030年实现翻两番的目标。

合理布局燕麦产业，引进扶持燕麦龙头企业，增强龙头企业加工物流生产能力，加强燕麦加工物流企业的技术和设备建设，提高加工产品层次。通过改扩建，扩大规模，改进生产工艺，形成乌兰察布区域燕麦特有品牌。

2. 实施创新高峰工程，提高燕麦产业科技支撑力度

科技创新是产业提升发展的支撑和源泉，在燕麦产业发展中要坚定科技支撑的理念，加大科技投入，提高燕麦科研创新水平。

开展乌兰察布市燕麦科技创新平台建设、燕麦技术推广与服务体系建设、燕麦龙头企业科技扶持计划等重点项目建设。瞄准国际前沿和国内产业发展战略需求，整合乌兰察布市科技资源，对接国家燕麦产业科技平台、专家学者，各高校科研机构科技力量，瞄准区域发展和产业发展要求，引进先进适用技术和品种，开展应用基础及应用研究，兼顾科技研发、推广和技术培训。

增加基础设施建设和仪器设备投资，建成以燕麦科创平台、燕麦试验站为中心的市、县、乡、农民合作社四级技术服务体系。引进燕麦新品种，推广测土配方、抗旱栽培、病虫草害综合防治等技术，并集成配套在广种区推广，提高单产和总产量；培育燕麦新品种，提高品质；创建不同生态区域内的高产示范田，形成多个规模示范基地，辐射带动，扩大面积，建设标准化产业基地。

将企业作为科技研发的主体和主要载体。鼓励企业建设区域性或全国性工程技术研发载体。政产学研用协同推进，鼓励企业与高校、科研院所协同攻关。依靠科技创新和人才兴业，扶持企业优化产品结构，

提升产品质量，增加市场容量，提高企业效益。

在燕麦良种繁育和栽培生产中重点研发推广开展燕麦育种方法和育种材料改进，培育具有较强抗逆性的优质高产品种，形成多元化的燕麦品种选育体系，实现传统实用型、燕麦加工专用型、饲用型燕麦品种配套，实现燕麦“早中晚”熟型，“高中低”肥力系列品种配套。依托国家燕麦荞麦产业技术体系岗位及试验站，大力提升种子产业的扩繁、复壮技术水平和供给能力，加快良种换代。结合现代分子生物学和技术手段选育出不同生态类型、不同成熟期、满足不同加工技术需要的优质粮用、饲用和粮饲兼用的专用型裸燕麦和皮燕麦新品种(如传统面食专用型、燕麦片专用型、燕麦米专用型、燕麦草专用型等)。主要加工转化产品有“燕麦胚芽米”“燕麦麦片”“燕麦饮品”“燕麦保健品”“燕麦化妆品”及燕麦面粉、挂面、方便面等。燕麦优质率、商品率、加工率由2020年的50%、30%、30%，到2025年达到65%、40%、50%，到2030年达到80%、50%、60%。做到品种专用化，注重国外优良种质引入，做好国内外燕麦种质资源挖掘、鉴评和利用，选育不同加工用途、不同食用方法的品种。解决品种退化问题，加快优良品种的繁育、引进和推广，研究和集成燕麦高产高效配套技术，制定生产技术规程和栽培技术标准。研发、定型、推广燕麦种植、收获机械装备。燕麦饲草打捆、包装和转运设备水平向国内乃至国际先进水平看齐。促进标准化、规模化生产基地建设，实现机播机收的机械化作业，提高田间试验和大生产的机械化水平，降低成本，减轻农民劳动强度，提高燕麦的产品质量，调动农民种植燕麦的积极性，提升科学技术对燕麦产业的支撑能力。

在燕麦加工物流技术领域研发推广燕麦原料保质贮藏技术、传统食品加工技术提升、大众化食品节本高效加工技术、燕麦特色小食品技术、燕麦营养成分的分离和提取技术，微生物发酵技术、方便和休闲食品技术，开发饲料、饲草加工技术等，开发燕麦加工新产品，提升产品的质量和档次。开展加工工艺标准化与产业化研究示范；挤压、萌动、发酵、过热水蒸气处理等新技术研究，实现燕麦高值比(高营养、高健康功效)加工；开展节能增效加工技术攻关，提高商品率、降低整体能耗；开展副产物综合利用关键技术研发，提高资源利用水平；开展燕麦加工关键设备配套升级研发，提升产业装备水平；开展以燕麦为主的低生糖指数等特殊医用食品研发与开发及功效评价；进行临床试验，突出在临床手段支持下的燕麦制品与其他功能产品配合的健康调理评价；进行燕麦功能主食社区营养干预研究。通过加工技术的支撑，开发适合销售对路的“大、高、低”食品。

### 3. 实施绿色健康工程，培育区域燕麦特色品牌，提升产业影响力

落实党中央、国务院《“健康中国 2030”规划纲要》，结合燕麦产业实际，实施绿色健康工程。全面开展燕麦品牌推广项目、燕麦功能检测中心、乌兰察布燕麦“三品一标”认证项目、有机燕麦生产基地建设、燕麦种养循环示范园、燕麦有机肥替代化肥示范项目、燕麦文化推广项目等重点项目建设。

全面整合燕麦资源，打造乌兰察布“燕麦之都”区域品牌，依托燕麦生产加工龙头企业，带动优质及特有产品品牌。鼓励各类经营主体积极开展“三品一标”认证和著名商标、驰名商标的认证和打造。到 2030 年，打造乌兰察布燕麦产品驰名商标 2 个，著名商标 3 个。充分利用地区优势，依靠政府力量，积极培育和打造地域名优燕麦产品，实施优质燕麦产业化开发，在已有燕麦片、燕麦面的基础上，引进国外系列燕麦加工技术，按照不同人群消费习惯和营养水平，开发针对儿童、学生、妇女、老年人等特定消费人群及具有减肥、降血糖、降血脂等特殊功能的产品，开拓国内外 2 个市场，增强市场竞争力，形成品牌优势，带动燕麦产业发展再上新台阶。

突破品种制约瓶颈，培育高葡聚糖燕麦及符合健康营养需要的品种，积极示范推广。配套“健康品种”栽培体系。到 2025 年采用优质专用品种的种植面积比 2020 年扩大 1 倍以上，到 2030 年，采用优质专用品种的种植面积比 2020 年扩大 1 倍以上。鼓励企业采用“订单+”等合理的利益联结机制，自备、委托或订单种植“健康品种”。依托即将到来的国内外健康主食旺盛需求，形成健康品种的种源优势和规模优势。推动有机食品、绿色食品、无公害农产品在生产、加工中的应用，认证面积、

产品数量和销售额等主要指标5年内翻番。推广ISO9000质量体系和ISO22000标准体系，试点GAP（良好农艺操作）、GMP（良好操作规范）在企业的应用。建立企业原料、辅料、添加剂及主要加工环节的追溯机制。开展营养健康进社区等产业宣传活动。加强品牌经营体系建设，提高知名品牌经营能力。推行生产、加工全程标准化管理，建立健全农产品质量跟踪体系，确保燕麦及其产品的质量安全。制定燕麦及其产品的相关质量标准，规范市场秩序，引导市场良性发展，要从上档次、树品牌入手，扩大产业规模，提高燕麦产品的科技含量和品位。培养壮大农民经纪人队伍和中介组织，建立并规范市场营销网络，打造绿色品牌产品。悠久的种植历史和不朽的饮食文化，为乌兰察布市发展和弘扬燕麦文化奠定了坚实的基础。我国绿色制造发展起步晚，企业绿色化发展水平低，缺乏绿色装备、绿色生产车间、绿色生态工厂和绿色生态产业园。在生产过程中，企业目前更多关注效益和产值，对资源能源消耗相对关注少，更缺乏明确的资源消耗考核目标，缺乏绿色制造标准及规范。结合燕麦产业实际，因地制宜，稳步推进，加大先进节能环保技术、工艺和装备的研发力度，加快燕麦产业绿色改造升级；试点碳交易、碳储积制度，倒逼企业节能减排。大力研发推广物质、能量、水循环利用、副产物综合利用等先进技术、大幅降低能耗、物耗和水耗水平，实现绿色生产。积极推行循环生产方式，促进企业、园区、行业间链接共生、原料互供、库存互通、资源共享。支持产业开发绿色产品，推进生态设计，显著提升产品节能环保低碳水平，引导绿色生产和绿色消费。

为进一步挖掘和整理燕麦文化，打造地区燕麦产业品牌，使乌兰察布市成为全国知名燕麦产区、加工区和文化传播区。加大对燕麦的营养价值、饮食文化、栽培种植等进行宣传，对燕麦行业的生产、加工、流通、消费等进行全方位的服务。创办每年一届，集技术研讨、燕麦订单、市场推广、品牌宣传为一体的燕麦文化节，通过燕麦节这一平台，展示各种燕麦相关产品，主动学习借鉴国内外的成功经验，同时将燕麦产业科研成果、发展模式、发展理念推向全国，推动全国燕麦产业的发展。

### 4. 实施前瞻瞭望工程，促进燕麦产业向智能化方向发展

为落实创新、协调、绿色、开放、共享的新发展理念，提高燕麦荞麦产

业的战略前瞻性和协调性，强化顶层设计，实施前瞻瞭望工程。加强产业经济和技术经济的先导性研究，谋划产业总体布局和创新方向。发挥龙头企业在行业发展规划编制、产学研引导资金计划等工作中的能动性。对行业内重大技术改造、技术引进、投资与开发项目进行前期论证。主动对接国家“一带一路”倡议，推动中国燕麦产业“走出去”。加强引智，扩大与国际燕麦产业界、学术界的交流。每 3 年举办 1 次国内产学研讨会，促进国内产业界和学术界的充分交流。